2014 互联网保险行业发展报告

Internet Insurance Development Report 2014

中国保险行业协会　编著
INSURANCE ASSOCIATION OF CHINA

支持单位：招商信诺人寿保险有限公司

中国金融出版社

责任编辑：贾　真
责任校对：张志文
责任印制：程　颖

图书在版编目(CIP)数据

2014互联网保险行业发展报告/中国保险行业协会编著.—北京:中国金融出版社，2015.7

ISBN 978-7-5049-7967-4

Ⅰ．①2… Ⅱ．①中… Ⅲ．①保险业—网上销售—经济发展—研究报告—中国—2014　Ⅳ．①F842.

中国版本图书馆CIP数据核字（2015）第113682号

出版发行	中国金融出版社
社址	北京市丰台区益泽路2号
市场开发部	(010) 63266347，63805472，63439533（传真）
网上书店	http://www.chinafph.com
	(010) 63286832，63365686(传真)
读者服务部	(010) 66070833，62568380
邮编	100071
经销	新华书店
印刷	北京市松源印刷厂
装订	平阳装订厂
尺寸	169毫米×239毫米
印张	18.5
字数	270千
版次	2015年7月第1版
印次	2015年7月第1次印刷
定价	108.00元

ISBN 978-7-5049-7967-4/F.7527

如出现印装错误本社负责调换　　联系电话（010）63263947

编委会

主　　　任：朱进元

副 主 任：刘　琦　　陈志松

编委会委员：（按姓氏笔划为序）

　　　　　　王永文　　王国平　　王海峰　　王道南

　　　　　　朱宏玲　　李继伦　　杨晓灵　　张文杰

　　　　　　易欢欢　　贾海茂　　徐海峰　　傅志超

　　　　　　廖　刚

执行主编： 刘　琦

执行副主编：（按姓氏笔划为序）

丁　柯　　丁峻峰　　李　伟　　杨文梅

赵　岩　　侯　娟　　闻学臣　　郭　红

梁树春

编写组成员：（按姓氏笔划为序）

刁乃波　　王晓晔　　尹　琦　　冯　琳

冯敏华　　任小琼　　刘　立　　刘　智

刘笑男　　刘媛媛　　孙　卓　　杨　晶

杨骎骎　　何亚芳　　宋大程　　宋斗妍

张　欢　　张　亮　　林新雨　　国　晟

岳云峰　　周　晶　　郝晓波　　桂昭君

徐逸闻　　凌　峰　　黄士杰　　崔　帆

董　洁　　蒋新伟　　颜舒南　　霸兆宇

序

以互联网和大数据为核心的信息技术，是创新驱动发展的先导力量，是经济新常态下促进我国经济转型升级的重要环节。党中央国务院高度重视互联网在现代经济体系中的作用，十八大报告中明确把"信息化水平大幅提升"纳入2020年全面建成小康社会的目标之一。2015年《政府工作报告》旗帜鲜明地提出从国家宏观层面制定"互联网+"行动计划，并对促进互联网金融健康发展作出重大部署，从战略高度上肯定了互联网在金融市场体系中的重要作用。2014年8月，国务院印发《关于加快发展现代保险服务业的若干意见》，明确提出保险业要积极运用新技术促进销售渠道和服务模式创新，为互联网助力现代保险服务业进行了精准的顶层设计。互联网的快速发展将成为未来行业发展的重要驱动力。

过去几年中，保险业顺势而为、勇于探索、开拓创新，通过加大技术投入和优化业务流程，利用大数据和云计算等新技术创新产品和经营模式，促进互联网保险新业态快速发展，保险业的行为方式和市场格局发生了深刻的变化。一是互联网保险规模不断扩大。2011~2014年，互联网保险市场经营主体由28家增至85家，保费收入从2011年的32亿元猛增至2014年的859亿元，增幅超过26倍，占行业总保费的比例上升至4.2%。二是专业互联网保险公司试点稳步推进。在支持保险公司开展针对互联网的渠道、产品、服务和管理创新基础上，中国保监会率先开展了专业互联网保险公司试点，2013年批准众网保险行业发展报告》。

中国保险行业协会希望借由本书的出版，延续2013年的专题研究成果，记录和反映互联网发展大潮对保险市场的深刻影响。在研判市场现状中探求行业未来，为新业态发展贡献战略性创见。

二、主要内容

本书立足经济新常态，围绕2014年我国互联网保险运行情况，从发展概况、经营成果、商业模式、创新特点和前景趋势等多个维度，全面深入地阐述了互联网保险的既有成果及发展态势。全书共27万字，分为六个章节：

第一章通过剖析内涵实质、业务规模和发展特点展现了我国互联网保险业务的发展轨迹。第二章全面分析了产险、寿险2014年互联网保险的经营成果及诸多共性、个性发展特点。第三章系统梳理了产险、寿险公司面对互联网经济战略机遇所采取的多样化商业模式。第四章通过丰富的案例分析，探讨了互联网对传统保险行业的深刻影响和行业创新实践经验。第五章科学展望互联网保险的未来发展方向，阐述了互联网在推动保险业创新升级方面发挥的重要作用。第六章精选了来自专业机构和专家学者的观点性文章，展现业内外有关互联网金融和互联网保险的前沿、权威观点。

本书集中展示了诸多独家研究成果和重要论断，主要呈现以下特点：

一是紧扣热点，站位全局。本书顺应了当前国家经济战略和现代保险服务业发展的新要求，从行业层面高度，首次对截至2014年末行业内已形成的互联网保险战略定位和经营模式进行了全面归纳和深度剖析，开创性地总结出产寿险不同的互联网保险组织架构类型，较为全面地呈现了保险业紧抓"互联网+"战略机遇，实现产业转型升级的探索轨迹。

二是立足现实，冷静客观。本书实事求是、辩证分析，在2013年的基础上，成倍扩展了分析维度，从产品、业务、渠道、竞争等多个方面对85家经营互联网保险业务公司的海量业务数据进行整合分析，并精心收集散落在各个公司的有益实践经验，用数字说话，系统严谨地展现了当前互联网保险的经营成果和创新实践。

三是关注长远，着眼未来。经过近些年的发展，互联网保险新业态日趋成熟，对其未来走势的初步探索和科学展望显得十分必要。区别于2013年，本书结合经济新常态下的机遇和环境，着眼于"互联网+"行动计划的推进和互联网保险生态圈的构建，首次尝试对互联网保险的前景趋势作出审慎展望和适度判断。

三、鸣谢

感谢中国保监会对中国保险行业协会开展互联网保险行业分析与研究工作的大力支持，项俊波主席再次为《2014互联网保险行业发展报告》作序，体现了监管部门对行业新生业态创新发展的亲切关怀和高度关注。

本书在撰写过程中得到各会员单位的鼎力配合，全书的立意主旨、结构框架及大量一手经营数据，均来源于行业支持。各单位凝智聚力、集思广益，推动互联网保险研究迈上新台阶，使得本书内容更丰富、视野更广阔、角度更全面。

感谢本书课题组参与公司和相关人员。课题组核心参与单位包括华夏人寿、国华人寿、中国人寿、泰康人寿、招商信诺、人保财险、平安产险、阳光产险和申万宏源，他们派出的骨干人员在课题研究期间付出了大量的时间和精力，在课题的分析、讨论、资料汇总与研究方面精益求精。此外，平安人寿、太保寿险、阳光人寿、国寿电商、太平电商、众安保险、蚂蚁金服、安永、和讯等业内外机构也积极参与报告撰写工作，为课题研究提供了许多有价值的洞见。招商信诺人寿保险有限公司连续第二年提供出版经费赞助，在此表示衷心的感谢。

由于我们水平有限，加之时间仓促，本书难免存在不妥、疏漏之处，恳请各方专家不吝赐教！

编委会

二〇一五年六月

目 录

第一章　拥抱"互联网+"：互联网保险行业发展综述　　1

第一节　互联网与互联网经济　　3
第二节　2014年互联网保险行业发展现状及机遇　　10
第三节　互联网保险与保险互联网　　18
第四节　互联网保险发展新趋势　　24
第五节　对行业发展互联网保险的建议　　26

第二章　2014年互联网保险市场经营成果分析　　29

第一节　财产保险篇　　31
第二节　人身保险篇　　50

第三章　行业互联网保险商业模式分析　　71

第一节　财产保险篇　　73
第二节　人身保险篇　　88

第四章　互联网保险的创新与思考　　111

第一节　互联网保险的思维运用　　113
第二节　互联网保险的渠道博弈　　125
第三节　互联网保险的产品创新　　136
第四节　互联网保险的运营革命　　146

第五节　互联网保险的技术管理　　　　　　　　　　161

第五章　互联网保险的发展前景与趋势展望　　173

第一节　互联网保险持续高速增长，业务占比不断提升　175
第二节　跨界融合成为新常态，多元主体提升市场化效率　180
第三节　经济形态的转变孕育新需求，保险业态注入新力量　182
第四节　互联网助力渠道转型升级，线上线下协同推进　184
第五节　配合费率改革，基于数据资产进行精准产品定价　188
第六节　依托保险"三化"，衍生互联网保险"三化"　190
第七节　回归保险历史本质，互助保险开始兴起　192

第六章　互联网金融观点精选　　195

保险公司的数字化战略　　　　　　　　　　安　永　197
浅谈互联网保险与第三方平台的合作与发展　　王　蕊　207
保险O2O发展路径分析　　　　　　　　　　茹珊珊　213
互联网金融　　　　　　　　　　　　　　　殷剑峰　221
互联网思维　　　　　　　　　　　　　　　陆晓野　241
互联网金融的发展趋势及下一个十倍大风口：保险
　　　　　　　　　　　　　　　　　　　　易欢欢　256

附录：2014年互联网人身保险网销专属渠道产品清单　271

参考文献　　281

第一章 拥抱"互联网+":互联网保险行业发展综述

第一章 拥抱"互联网+":互联网保险行业发展综述

2015年3月5日,十二届全国人民代表大会第三次会议上,李克强总理在《政府工作报告》中首次提出"互联网+"行动计划,推动移动互联网、云计算、大数据、物联网等与现代制造业的结合,促进电子商务、工业互联网、互联网金融健康发展,引导互联网产业拓展国际市场。"互联网+"代表的是一种新的经济形态,是互联网与传统行业进行的深度融合。国家希望用国内相对优质与国际领先的互联网力量加速改造制造业,提升效率、品质、创新、合作与营销能力,以信息流带动物资流,推动传统产业升级、换代,打造国际竞争力。同样,"互联网+保险"是借助大数据、搜索引擎、云计算、移动互联和物联网等互联网技术对传统保险行业进行创新、升级、改造的过程。可以预见的是,随着国家"互联网+"行动计划的逐步落地,中国保险业也必将在互联网技术的支持下呈现出全新的发展面貌和风范。本章将从当前互联网经济发展的大背景着手,系统提炼本书观点,呈现互联网保险新生业态拥抱"互联网+",探索成长的发展轨迹。

第一节 互联网与互联网经济

一、我国互联网发展的现状

自20世纪90年代互联网进入商用以来,发展十分迅速,成为当今世界推动经济发展和社会进步的重要信息基础设施。经过二十几年的发展,互联网已经渗透到经济社会活动的各个领域,推动了全球信息化革命。

2015年2月,中国互联网络信息中心(CNNIC)发布的《第35次中国互联网络发展状况统计报告》显示,我国互联网的发展呈现如下趋势和特点:

一是网民规模维持增长态势,覆盖率接近五成。手机是新增网民最主要的上网设备。截至2014年12月,我国网民规模达6.49亿人,互联网普及率为47.9%,较2013年底提升了2.1个百分点。在2014年新增网民中,64.1%的网民使用手机上网,手机作为第一上网终端的地位较为稳固。

二是手机应用多线爆发。截至2014年12月,中国手机网民规模达5.57

亿人，网民中使用手机上网人群占比由2013年的81%提升到85.8%。在即时通信领域，手机使用率首超PC端。截至2014年12月，我国即时通信网民规模为5.88亿人，其中手机即时通信网民数为5.08亿人，较2013年底提升了5个百分点。2014年手机旅行预订呈爆发式增长。数据显示，手机预订机票、酒店、火车票或旅行度假产品用户规模达到1.34亿人，较2013年增长194.6%。另外，网络视频用户虽然整体规模增速放缓，但手机端超越PC端，成为收看网络视频节目的第一终端。

三是网络购物继续保持较高增长，覆盖人群逐步趋于全民。截至2014年12月，我国网络购物用户规模达到3.61亿人，较2013年底增加5953万人，增长率为19.7%；我国网民使用网络购物的比例从48.9%提升至55.7%。2014年网络购物市场主要呈现普及化、全球化、移动化的发展趋势，网购群体主流年龄跨度增大，向全民扩散。

四是网民人均周上网时长持续增长，对互联网信任度加大。2014年，中国网民人均周上网时长长达26.1小时，较2013年底增加了1.1个小时，网民对互联网应用的广度和深度日益提升。2014年，有54.5%的网民表示信任互联网，相比2007年的35.1%，网民对互联网的信任度有较大幅度的提高。

二、互联网引发的社会变革

互联网的快速崛起不但改变了人类的信息传播方式，而且深刻影响着人类的生产生活方式，引发了前所未有的社会变革。

一是信息传播方式的变革，改变了人类的生活模式。主要表现在信息获取方式、社交娱乐方式和购物交易方式的变革。互联网突破了媒体传播的区域限制，具有时效性强、传播速度快、信息量大、传播领域广的特点。这种传播信息的广泛性和实时性，使得人们生活中的即时通信更为方便，社交娱乐更加活跃丰富，如门户网站取代纸质传媒、在线视频取代传统电视等。电子商务改变了人们传统的购物和交易方式，改善了信息不对称的问题，提升了用户体验。

二是商业模式的变革，改变了社会生产方式。在流通领域，电子商务的崛起改变了传统的线下商业模式。以阿里巴巴为代表的综合性电子商务平台，经过十几年的发展，出现了B2B、B2C、C2C等各种模式。随着中国网络购物渗透率不断提升，对传统零售企业产生了深刻影响。在传统制造领域，互联网技术能够帮助企业推动产业链升级。例如，互联网可为化工行业提供从供应商库存、货运物流到下游客户需求等方面细化的实时数据，互联网可提高预测的准确度并优化生产计划。制造设备公司可以通过实时数据监测设备的运行情况，优化设备的售后服务。汽车行业方面，领先的制造商已经使用实时数据来优化供应链的库存水平及运输线路，通过互联互通，进行维修保养提醒和远程车况检测，既为经销商节省了服务成本，又为车主节约了时间。在医疗行业领域，远程医疗和远程检测在患者和千里之外的医学专家之间建立起全新的联系，在一定程度上缓解了医疗资源的不平衡。

三、互联网引发的金融业变革

金融行业在互联网技术的浪潮冲击下也不可避免地发生变革。2013年被称为"互联网金融元年"，移动互联网时代的来临和移动支付的出现，使得余额宝产品诞生并迅速掀起互联网金融的浪潮。自此，P2P网络借贷平台快速发展，众筹融资平台开始起步，第一家专业网络保险公司获批，一些银行、券商也以互联网为依托，对业务模式进行重组改造，加速建设线上创新平台，互联网金融的发展进入了新的阶段。2014年以来互联网金融更是进入全面爆发的阶段，传统金融机构进一步互联网化，接入电商及P2P领域，而互联网企业也加快了金融服务布局。例如，中国工商银行打造的"大电商平台"、中国建设银行的"善融商务"、招商银行的"小企业专属互联网融资服务"、第一家网络保险公司"众安在线"的正式运营等各种互联网金融业务风生水起。

我们看到，金融领域的各子板块被互联网渗透的程度还是不一样的，在银行、证券、基金、信托、保险等金融领域中，银行、证券业的金融改革力度较大，互联网金融改革步伐加快，比如P2P、第三方支付、众筹、证券等互联网经纪业务快速发展。相对而言，传统保险行业的互联网化发展相对滞后。当前大部分保险公司开展的主要还是保险互联网业务，将保险业务搬到网上，侧重于品牌宣传、增加获客和降低交易成本。随着"互联网+"行动计划在国家层面的确立，互联网保险的发展空间将会更广阔。

四、互联网经济在中国方兴未艾

互联网经济是依托信息网络，以信息、知识、技术等为主导因素，通过经济组织方式创新，优化重组生产、消费、流通全过程，提升经济运行效率与质量的新型经济形态。《互联网经济：中国经济发展的新"模式"》一书提出，互联网经济的主要表现形式可分为五类，其框架如图1-1所示。

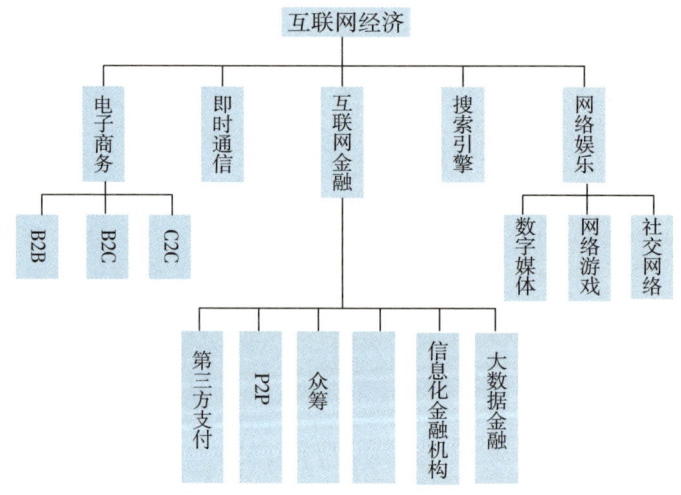

图1-1　互联网经济分类图

中国互联网经济飞速发展。根据艾瑞咨询统计数据显示[①]，2014年中国网络经济营业收入规模达8706.2亿元，其中，PC网络经济营业收入规模为6377.3亿元，营业收入贡献率为73.3%，移动网络经济营业收入规模为2228.9亿元，营业收入贡献率为25.6%，移动互联网对整体网络经济的营业收入贡献率进一步提升。从1994年我国正式接入互联网开始，我国互联网经济发展基本与世界发达国家保持同步。自2010年以来，互联网经济更是

---

① 艾瑞咨询：2014年网络经济核心数据发布。

第一章 ◆ 拥抱"互联网+"：互联网保险行业发展综述

以GDP增速5～7倍的速度增长。麦肯锡全球研究院的报告①指出，2010年中国互联网经济只占GDP的3.3%，落后于大多数发达国家。到了2013年，中国互联网经济占GDP比重（iGDP指数）升至4.4%，已经达到全球领先国家的水平。预计2013~2025年，互联网在中国GDP增长中的贡献率可望达到7%～22%。

互联网已经成为中国经济的重要驱动力，更重要的是，它还将改变经济增长的模式。2014年习近平主席在阐释新常态经济时曾表示，中国经济的驱动力将从要素驱动、投资驱动转向创新驱动。过去20年来，中国依靠投资驱动和劳动力扩张来拉动经济，而互联网能够在生产力、创新和消费等各方面为GDP增长提供新的动力。互联网使信息更加透明，投资决策更加优化，资本配置更加有效，工作效率也会得到极大提升。互联网经济可能会带来一些风险和冲击，但最终将有助于中国实现更为可持续的经济增长模式。波士顿咨询公司预计，到2016年，中国互联网经济规模将与美国互联网经济规模持平②。目前中国已涌现出一批具有国际影响力的互联网经济和服务品牌，比如阿里巴巴、腾讯、百度、京东、网易等。其中，阿里巴巴成为中国最大的互联网上市公司，市值接近百度与腾讯之和。

互联网加快了有效市场机制的形成，加强了竞争。在互联网经济时代，信息资源、信息技术及信息网络运行平台正在成为经济与社会发展的主导因素，网络化正在成为社会生活的主导方式。麦肯锡全球研究院选择了六个代表性行业进行深入分析，从宏观角度量化它们对整体经济的价值贡献。预计到2025年，互联网将对GDP带来可观的贡献（见图1-2）。这些行业覆盖了制造业与服务业的不同类型产业，包括连续生产与离散生产行业，以及企业与半公共性质的服务业。与此同时，互联网也能够产生全新的创新力量。

---

① 麦肯锡全球研究院：《中国的数字化转型：互联网对生产力与增长的影响》，2014年7月。

② 波士顿咨询公司：《网络连接世界：4.2万亿美元的机遇二十国集团的互联网经济》。

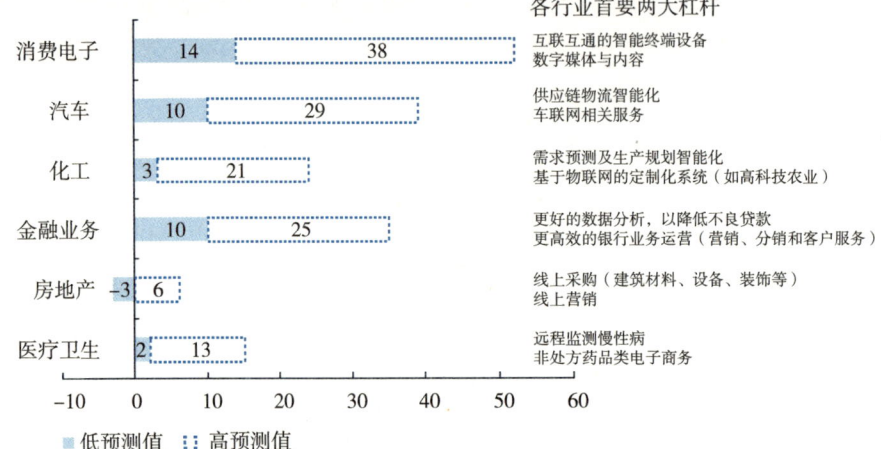

图1-2 互联网对六大代表性行业的价值贡献

五、中国互联网经济迅猛发展的原因分析

第一，现代信息技术逐步成熟和商业化。从1994年中国接入国际互联网以来，互联网已经经历了近20年的发展。网速的提高，网络安全性的加强，移动互联网、大数据、云计算等现代信息技术的发展都为互联网经济在国内的发展提供了支持。在中国，发展最健康、最重要、最能体现互联网经济发展的就是电子商务模式。自1997年起，电子商务已经走过了17年的发展历程。

第二，市场竞争不充分，部分领域存在巨大的发展空间。经过多年的改革，我国已经建立了比较完善的市场经济体系，但是在部分领域，比如银行业，还有诸多政策限制。现在，互联网正成为中国经济转型升级的"新引擎"，互联网拥有独特的驱动力，促进产业转型，催生新经济，赢得"后发优势"。

第一章 ◆ 拥抱"互联网+"：互联网保险行业发展综述

第三，中国国情现状提供了发展机会。一是中国庞大的人口为互联网带来巨大的发展红利。中国互联网络信息中心（CNNIC）报告预计未来15~20年，中国网民人数将超过10亿人，是美国的4倍左右。二是城镇化为互联网经济发展创造后发优势。电子商务可以避开传统产业发展的一些限制条件和地点、时间要求，提供广阔的发展空间。麦肯锡调查发现，中国网络零售额中约60%为网上消费取代线下零售，其余的40%则是没有网购就不会发生的新增消费。这种消费现象在欠发达地区尤为明显，在三四线城市占比近60%。

第四，国家鼓励、促进互联网经济创新发展，为互联网经济快速发展创造了良好的政策环境。党的十八届三中全会通过的《中共中央关于全面深化改革若干重大问题的决定》提出，"发展普惠金融，鼓励金融创新，丰富金融市场层次和产品"，为我国金融业的发展指出了一个新的方向和业务蓝海。2015年3月5日，国务院总理李克强在《政府工作报告》中首次提出"互联网+"行动计划，这意味着互联网经济发展得到政府的肯定和支持。

六、互联网经济前景广阔

互联网经济呈现产业融合的趋势，传统产业与互联网经济之间经历了从碰撞、抵制、竞争到逐步融合发展的过程。

一是在未来工业互联网将会带来巨大商机。2012年，GE公司在报告[①]中指出：将传统的工业（涵盖制造、自然资源开发、建筑、公用事业等）与运输业和医疗保健业加起来，全球经济的46%或全球产出中的32.3万亿美元，将得益于工业互联网。工业互联网通过平台、网络和数据的开放，引入第三方创新者，结合软件和大数据分析，可以突破物理和材料科学的限制，将打造全新的服务和商业模式，改变世界的运行方式。李克强总理提出的"互联网+"战略的背景与思路，与美国的工业互联网理念相类似。

二是电子商务将开拓更广阔的应用空间。随着移动互联网、云计算、大数据等新一代信息技术的创新应用，电子商务不断创新商业模式，成为未来

---

① 参见："Industrial Internet: Pushing the Boundaries of Minds and Machines"。

互联网经济的核心。

三是互联网金融将成为互联网经济的亮点。互联网金融已经出现借贷"P2P化"、融资"众筹化"、支付"移动化"、银行"网络化"和货币"虚拟化"五个重要发展趋势。互联网金融发展还在摸索阶段，商业模式也在不断创新和变化。

四是移动互联网前景广阔。根据艾瑞咨询数据[①]，2014年中国移动互联网市场规模为2134.8亿元，突破千亿元大关，同比增长115.5%；移动互联网市场保持快速增长，商业环境逐渐成熟。艾瑞咨询认为，2014年移动互联网的持续高速增长，一是由于智能手机的大面积普及，移动端庞大的用户基数已成定型；二是电商、游戏、广告等传统PC经济已逐渐适应移动端发展，并且在已有商业模式的基础上，不断拓展出创新应用及服务，带来持续的市场增长。

第二节　2014年互联网保险行业发展现状及机遇

国务院《关于加快发展现代保险服务业的若干意见》（以下简称《若干意见》）鼓励保险业积极培育新的业务增长点，支持保险公司积极运用新技术促进保险业销售渠道和服务模式创新。在经济新常态背景下，保险业积极贯彻落实《若干意见》文件精神，顺势而为，积极拥抱互联网变革，2014年实现了保费规模跨越式发展。

一、2014年互联网保险发展现状

（一）继续保持快速增长态势

根据中国保险行业协会的统计，2014年保险业互联网保险业务收入为858.9亿元，同比增长195%。2014年，互联网渠道保费规模比2011年提升了

---

① 艾瑞咨询：2014年网络经济核心数据发布。

第一章 ◆ 拥抱"互联网+"：互联网保险行业发展综述

26倍，占保险业总保费收入的比例由2013年的1.7%增长近4%，对保险业保费增长的贡献率达到18.9%，比2013年提高8.2个百分点，成为拉动保费增长的重要因素之一。2014年开展互联网保险销售业务的保险公司有85家，新增了26家，超过我国现有财险、寿险公司机构数量的一半。财产保险公司互联网业务累计保费收入505.7亿元，同比增长114%，占产险累计原保费的6.7%，同比提高3.1个百分点。人身保险公司互联网业务实现保费收入353.2亿元，同比增长5.5倍，占人身险累计原保费的3%，同比增长2.3个百分点；与2011年相比，爆发增长了33倍，年均增长率达到225%。

2014年，我国互联网保险继续保持高速增长，其主要原因包括：一是伴随着互联网金融的热潮，理财型保险产品在网上，尤其是在第三方电商平台上的销售热度继续，同时互联网车险保费收入增速处在一个明显的上升通道中；二是保险公司对于互联网渠道的重视度大增，加大力度拓展互联网渠道。尤其是中小保险公司积极转战互联网，寻求新的市场空间，这也在一定程度上促进了互联网保险的兴起和发展，比如2014年光大永明在网销渠道上销售的光明财富系列产品，贡献了61亿元保费。

（二）险种发展不均衡，车险占据半壁江山

从产品种类来看，互联网保险产品逐渐丰富，已从最初的车险、意外险等条款、费率标准化程度较高的险种，逐步扩展到货运险、信用险、万能险、健康险等一些条款相对复杂的险种。从险种结构来看，发展依然不均衡，财产保险公司的车险发展速度更快，人身保险公司的长期寿险、健康险发展相对较慢。2014年互联网保险保费收入中，占比和贡献最大的险种依旧为车险，占比为56.4%，比2013年提高了4个百分点，理财险（万能险和投连险）占总体互联网保险规模保费的30.4%，分红型寿险占5.5%，意外健康险占3.6%，普通型寿险占2.5%，占比最低的为非车财产险，为1.5%。

近几年，车险业始终保持快速发展的势头，原因有以下两个：一是我国已成为全球第一大汽车消费市场。根据工业和信息化部发布的2014年全年汽车工业经济运行情况数据显示，2014年我国销售汽车2349.2万辆，同比增长6.9%，销量保持世界第一，为车险业带来了巨大的发展机遇。二是对于

保险行业来说，车险是刚性需求最强、保费空间巨大的险种，从重要性来说完全称得上关乎国计民生。车险主要的服务人群对便捷、高效的服务有着更强烈的需求。最近几年，保险、汽车、汽车售后市场等相关行业都在高度关注车险服务的互联网化。相比之下，寿险尤其是期交的长期险险种，保险功能不易被大众理解，且一般需要大量的服务跟进，所以互联网渗透率较低。目前健康险和财产险在中国市场上保费规模整体很小，民众接受度并不是很高，所以互联网保费无论是规模还是占比都比较低。

（三）财产险公司互联网保费收入主要通过官网实现，人身险公司以第三方平台销售为主

2014年，财产险公司通过官网达成的保费收入为4545亿元，占财产险公司互联网保险整体保费收入的比例高达90%，是当前财产险公司开展互联网保险业务的主要模式。其中，中国人保财险、平安产险、中国大地保险、太保产险、阳光产险的官网保费收入均超过10亿元。在28家建立了自主官网的财产险公司中，有17家主要通过官网开展互联网保险业务（官网保费收入占比超过70%）。与之相对应的是人身险公司互联网保费收入则大部分来自于第三方平台（包括互联网公司平台、兼业代理类、专业中介类），2014年寿险公司通过第三方平台销售的保费收入为335亿元，占人身险互联网保险整体保费收入的95%，而通过官网实现的保费仅18亿元，占互联网人身险总保费的5%。

（四）多种经营模式并存，第三方电商平台日趋成熟

从经营模式来看，有自建网站平台、与第三方合作、保险中介公司平台等多种形式。在经营互联网保险的85家保险公司中，69家公司通过自建官网开展经营，68家公司与第三方电子商务平台进行深度合作，其中52家公司采用官网和第三方合作"双管齐下"的商业模式。在服务方式上，开始通过微信、易信、支付宝钱包等多种移动互联网平台开展销售、宣传和服务。

整体而言，第三方网站平台逐渐成熟和规范，包括天猫、苏宁易购、京东商城、携程等多家主要的电商平台均开始销售保险产品，而且保险产品线也日趋丰富。例如，淘宝保险是目前中国最大的保险第三方平台。2010年淘宝保险平台正式上线，至今已有4年多的时间，目前合作保险公司已有46家，合作伙伴数量是各渠道里最多的。淘宝保险的产品线主要有三条：一是由各保险公司旗舰店提供的产品，由淘宝保险平台集中展示，伴有销量和评价的呈现。二是淘宝专供的保险产品，主要是针对淘宝和天猫等平台的货品售卖定制的配套保险产品。三是淘宝和保险公司一同研发的创新型保险产品，如赏月险、吃货险。电商平台凭借庞大的客户资源和大数据分析能力，相较于保险公司自办网站具有较大的优势，是目前各大公司互联网保险销售的重要平台。

（五）产品创新步伐加快

一是互联网保险催生险种创新。互联网、移动互联网改变了人们的消费习惯，新的生活场景则相应催生了大量新的保险产品（见表1-1）。比如，泰康人寿推出的"求关爱"，这款完全根据微信"熟人"社交平台特性"量身定制"的产品，突破了传统保险的收费和承保方式，将互联网思维融入到产

表1-1 2014年部分保险公司新险种情况

险种	保险内容	保险公司
娱乐宝	打出"全民娱乐，你也是出品人"的口号，以"100元就能投资电影"为宣传亮点	阿里巴巴与国华人寿联合推出低门槛的投连险
"求关爱"微互助	"微互助"是一款短期防癌疾病保险，1元可购买保额1000元的防癌保险，还可以通过好友"互助"的方式，最多互助99次，保额最高可到10万元	泰康人寿与微信
健康随心保	首款全透明的互联网重大疾病保险"健康随心保"，在业内首次公布精算报告，具备透明化、个性化、低保费高保障及免责条款少等特性，让广大消费者"明明白白买保险"	阳光人寿
理财日	弘康人寿电商渠道全力打造的精准营销平台"理财日"，每月逢8日、18日、28日面向公众开放。"在线理财"系列产品起购金额为1000元，预期年化收益率为7%，通过官网、微信等平台进行	弘康人寿

续表

险种	保险内容	保险公司
关爱宝	互联网重大疾病产品。该产品可为3~50周岁人群提供一年期25种重大疾病健康保障，保额最高为20万元，具有按年投保、无须体检即可投保、一经确诊快速赔付等特点	华夏人寿
退货运费险	如果交易发生退货，会按照保单约定的理赔金额，赔偿退货过程中产生的运费	众安保险、华泰财险
囧途险	当消费者搭乘飞机时，遭遇各种流量控制和延误，赶不上年夜饭的时候，或可以得到补偿	华泰财险
手机碎屏险 手机防盗险	用户手机发生意外时可以申请理赔	中国人保财险和360共同推出手机防盗险；众安保险和手机厂商推出手机碎屏险

品中。通过微信朋友圈本身就拥有的信任关系，使保险所蕴含的"关爱"和"互助"的精神在圈子中得以发挥。

二是平台搭建成为互联网保险的创新焦点之一。中国平安将"壹钱包"作为整个平安互联网金融的核心平台，将其打造成为可以帮助客户进行财富管理、健康管理、生活管理的移动社交金融服务平台。一些互联网企业也不放弃平台战略，腾讯利用微信平台，阿里巴巴利用淘宝平台打造自己的保险平台战略。

（六）互联网保险竞争加剧

传统保险公司正在加速进入互联网保险布局。大型保险公司纷纷成立了自己的互联网保险团队，中国平安、太平洋保险、新华人寿、太平人寿、中国人寿等纷纷成立独立的电子商务公司，布局互联网专业经营。中小型保险公司也不甘落后，纷纷推出了保险在线销售，并通过微信公众号推广营销。

互联网企业更是跑步进入互联网保险行业。自淘宝之后，更多门户网站加入了互联网保险市场中，保险公司与之联手开发推出了满足互联网用户需求的保险产品。目前，淘宝、苏宁、京东、腾讯、网易等均已涉足保险销售。苏宁易购的合作保险公司主要包括中国平安、太平洋保险、泰康人寿、阳光保险和华泰保险5家；京东商城目前与泰康人寿、太平洋保险等7家保

第一章 拥抱"互联网+":互联网保险行业发展综述

险公司开展了合作;腾讯拍拍网主要合作保险公司有平安产险、阳光产险、太保产险、安盛天平;网易保险目前以车险产品为主,合作保险公司包括中国平安、中国人保、太平洋保险、阳光保险和中国大地保险5家,电商竞争日益激烈。作为国内首家互联网保险公司,众安保险发展快速,成立一年以来,累计服务投保件数超过8.4亿件,平均每天的下单量超过230万件,累计服务客户数超过1.8亿人次,远超传统保险业。

(七)步入规范监管时代

从2005年4月国务院颁布《中华人民共和国电子签名法》强调电子签名同手写签名或印章具备同等法律效力,以支持电子商务发展以来,中国保监

表1-2 保监会发布的2009~2014年互联网保险相关法律法规

颁布时间	监管法规	核心意义
2009年12月	《保险公司信息化工作管理指引(试行)》	促进保险公司信息化工作管理,提高保险业信息化工作水平和运营效率
2011年8月	《中国保险业发展"十二五"规划纲要》	大力发展保险电子商务,推动电子保单以及移动互联网、云计算等新技术的创新应用
2011年9月	《互联网保险业务监管规定(征求意见稿)》	促进互联网保险业务规范健康有序发展,保护投保人、被保险人和受益人的合法权益
2011年9月	《保险代理、经纪公司互联网保险业务监管办法(试行)》	促进保险代理、经纪公司互联网业务的规范发展
2013年8月	《关于专业网络保险公司开业验收有关问题的通知》	针对专业网络保险公司开业验收,制定了有关补充条件
2014年1月	《关于促进人身保险公司互联网保险业务规范发展的通知(征求意见稿)》	为促进并规范人身保险公司互联网保险业务发展,维护市场秩序,切实保护消费者合法权益
2014年4月	《关于规范人身保险公司经营互联网保险有关问题的通知(征求意见稿)》	为促进并规范互联网保险发展,规范人身保险经营,维护市场秩序,保护消费者合法权益
2014年12月	《互联网保险业务监管暂行办法(征求意见稿)》	规范互联网保险经营行为,保护保险消费者合法权益,促进互联网保险业务健康持续发展

会相继印发了一系列政策法规保障并支持互联网保险的发展。从近几年相关互联网保险的法规和政策来看，还是以促进为主，规范并行（见表1-2）。

今后，随着互联网保险的快速发展，针对保险公司新渠道、新险种的监管法规及措施将会进一步细化，以合理控制风险、保护消费者的合法权益。此外，监管机构仍需加强对传统金融业互联网化的引导，推进金融创新步伐。

总体来讲，近两年互联网保险有了快速发展，但还存在产品单一、同质化的问题，产品创新亟待突破瓶颈；信息披露不充分、信息安全风险不容忽视；线上和线下的资源整合能力不足、售后服务等问题，总体来讲还处于初级发展阶段。

二、互联网保险发展的历史机遇

在我国保险费率市场化改革进程中，互联网技术带来的产业融合、客户的全新定位、互联网金融的异军突起，为互联网保险的发展提供了前所未有的历史机遇。

第一，从政策环境来看，保险行业政策利好。政府进一步简政放权，《国务院关于加快发展现代保险服务业的若干意见》进一步明确了保险业在国家治理能力现代化和经济金融布局中的重要战略地位，保险监管市场化改革红利显现，保费增速企稳回升，监管鼓励创新、开拓进取，为互联网保险发展提供了政策空间。此外，2015年3月5日李克强总理在《政府工作报告》中，两次提到了"互联网金融"，首次将"互联网+"行动计划提升为国家战略，并明确要求2015年要"促进互联网金融健康发展"。政府对于互联网金融发展给予前所未有的重视和肯定，使我们看到了互联网保险发展的更多机会。

第二，从经济环境来看，保险密度和保险深度水平低更是互联网保险发展的机遇。2014年我国保险密度达到了237.2美元/人，虽然增长迅速，但数值仍然较小，仅为英国、美国等国家的1/20左右，发展空间巨大。近年来，我国保险深度一直在3%左右徘徊，没有呈现出增长趋势，在国民经济中的地位也没有提升。传统保险行业亟须变革的大背景给互联网保险发展带来很

第一章 ◆ 拥抱"互联网+":互联网保险行业发展综述

大的空间和机遇。

第三,从市场环境来看,我国利率市场化改革还在进行中,保险费率市场化进程领先,使互联网保险理财产品有了生存空间,消费者希望能够获得高于银行存款的收益率,费率市场化推出的一些新产品满足了消费者的理财需求。

第四,从产业环境来看,互联网技术促进了行业的融合,打开了互联网金融的发展空间,对互联网保险的发展也是如此。互联网金融彻底摆脱了时间、空间的限制,互联网技术引发了包括金融业在内的产业革命,新出现的产品、服务往往跨界完成,这种融合为未来互联网保险的发展创造了巨大的想象空间。

第五,从客户环境来看,互联网技术改变了传统保险机构的客户定位,"80后"或"90后"都是在互联网时代成长的一代人,这对传统金融机构竞争潜在客户的渠道选择提出了新挑战,也赋予了新的机遇。截至2014年12月,我国网民规模达6.49亿人,互联网普及率为47.9%,20~49岁年龄段网民比例合计达67.6%,其中20~39岁年龄段的网民占比达55.3%,这部分网民正是互联网消费的潜在客户。网络的迅速普及,网民数量的急剧增加,网民年龄分布与网络消费群体年龄的高度吻合,都将极大地推动互联网保险的发展。另外,中国网民的收入水平构成正在逐渐提高,收入水平与消费能力成正比,收入越高,可用于互联网保险的消费也越高。CNNIC数据显示,2014年中国网民收入水平分布在1000元以上的比例达71.8%,较2013年上升5.9个百分点。

第六,从技术环境来看,随着互联网的深入应用,特别是移动互联网技术的发展、物联网的盛行、云计算和大数据的兴起,新兴信息技术向生产生活、经济社会发展各方面的渗透,进一步推动了创新形态的演变,将改变保险业的竞争格局,为保险公司带来发展机遇。

第三节 互联网保险与保险互联网

一、互联网保险与保险互联网的内涵

目前互联网与保险融合的模式通常分为两类，一类是互联网保险；另一类是保险互联网，如果想清楚两者的内涵，并进一步阐述分析它们之间的区别和联系，有必要从互联网金融与金融互联网说起。

2013年被称为"互联网金融元年"，在这一年互联网金融得到了蓬勃的发展。阿里巴巴通过发行余额宝拉开了互联网金融的序幕，随后各种"宝宝"的出现将互联网金融推向高潮，第三方支付平台、P2P、众筹模式、互联网保险各种模式百花齐放。"互联网金融"这一概念的提出则要追溯到2012年，谢平教授首次在《互联网金融手册》一书中指出，互联网金融是一个谱系的概念，涵盖因为互联网技术和互联网精神的影响，从传统银行、证券、保险、交易所等金融中介和市场，到瓦尔拉斯一般均衡对应的无金融中介或市场情形之间的所有金融交易和组织形式，这一理论的提出具有开创性意义，但也有学者认为该定义过于理想化。

之后，阿里巴巴创始人马云在2013年提出，未来的金融有两大机会，第一个机会是金融互联网，即金融行业走向互联网；第二个机会是互联网金融，即纯粹的外行领导，其实很多行业的创新都是外行进来才引发的，金融行业也需要外行注入新鲜元素。从经营主体上对两者进行界定区分，即金融互联网是金融机构对互联网技术的引用，是金融业务的电子化，并没有引起商业模式的实质性转变；互联网金融是互联网电商等非金融机构依托于支付技术、云计算、大数据和社交网络等互联网工具和手段，介入金融领域，从而提供更多的金融服务。这一观点得到国内许多学者的支持，但该定义并不严谨，现阶段大多数互联网电商也只是作为一个销售平台，最终的金融产品提供方、资金运用方、后续服务方仍是基金、保险等传统的金融机构。鉴于金融业的专业性以及准入门槛极高，互联网本身是无法创造出金融的，因此

第一章 ◆ 拥抱"互联网+":互联网保险行业发展综述

仅从经营主体上对两者进行区分并不全面充分。该定义具有一定的狭隘性,一定程度上将金融机构和互联网企业对立起来,既容易引起两方的争论,也不符合现代金融与互联网融合的大潮。

因此,有学者提出了另一种方法——通过看互联网技术在金融业务实践中是否得到了充分运用、是否在各个环节起到了关键性的作用来区分两者,按照此种思路来定义互联网保险和保险互联网,即保险互联网指保险公司将一些传统业务全部或者部分的从线下向线上转移,着重解决单个保险机构或运营环节的效率问题;互联网保险是借助大数据、搜索引擎、云计算、移动互联和物联网等互联网技术对传统保险行业进行革新、升级和改造,是基于互联网技术的保险创新和保险重塑。

二、互联网保险与保险互联网的区别

互联网技术在保险业务中的应用深度,以及是否起到关键性作用是互联网保险与保险互联网的最大的区别。就保险互联网来说,互联网技术在其中的作用主要为投保、支付、保全、理赔以及其他衍生功能的线上应用,保险公司更多的是将线下的产品简单地放在线上渠道销售并进行后续服务,是基于互联网技术对传统保险业务流程中某些环节的替换、简化、优化或重构,所呈现的效果表现为交易成本下降、效率提升、新渠道的开拓以及市场份额的扩大,最终体现的优势在于通过互联网将保险公司最大的成本——人工交易及运营成本降到最低(著名咨询公司 Booz Allen 和 Hamilton 的研究报告指出,互联网将降低整个保险行业成本的60%以上),从而有可能创造出相较于传统渠道来说费率更低的互联网专属产品,让利于客户。但值得注意的是,保险互联网在风险控制等方面并没有作出实质性改进,甚至因为互联网渠道是基于客户主动购买的这一特性,而使得认为自身存在某一类较高风险的客户,更加积极地自发选择购买相应的保险产品。反之,对于那些对自己风险评价较低的客户,则不会关心或购买保险产品。举例来说,身体健康的人可能很少关注健康类的保险产品,而身体素质不佳的人则更可能主动上网浏览健康类信息、购买重大疾病保险等产品。从这一层面上来说,有可能暴露出更严重的信息不对称、道德欺诈以及逆向选择等风险问题。

互联网保险则是互联网在保险产业链上的运营和渗透，是基于"平等、开放、协作、分享"的互联网精神，"极致体验与平台思想"的互联网本质追求，以及大数据、搜索引擎、云计算、移动互联和物联网等互联网技术对传统保险行业的一次革新升级。以大数据和云计算的运用为例，当消费者交易行为数据可实现分析、预测时，当保险公司获取和深度挖掘信息的能力大幅提高时，互联网保险就可以把某一类消费者的潜在有效需求挖掘出来，为他们量身定制保障产品；可以对风险因子进行无限细分，使其碎片化，由客户自主设计产品；更可以根据消费者的历史交易记录、客户画像，甚至预期行为等大数据的计算，提升保险公司与客户之间的信息对称性，从而差异化地提高或降低费率，有效把控风险。举例来说，数据监测到某人过去十年中每天坚持锻炼1小时以上，膳食结构合理，健康状况良好，则他的重大疾病保险保费可以下调3%；另一个人过去5年且预计未来很长一段时间都生活在重度污染地区，且有吸烟等爱好，则他的重大疾病保险保费会上涨5%。

三、互联网保险与保险互联网的关联

第一，如同互联网金融和金融互联网的本质还是金融，作为金融业中最复杂的保险业，互联网保险与保险互联网的本质也还是保险。不管互联网技术发展到哪一步，在其中起到的作用有多大，互联网保险与保险互联网的本质特征不会发生变化，基本功能仍集中在风险管理和资源配置，而互联网只是一种媒介、一种技术、一种工具而已。

第二，互联网保险与保险互联网同是保险与互联网融合的产物，只是处于两个不同的发展阶段。保险互联网属于两者融合的初级阶段，在这一阶段主要表现为：

一是渠道上的融合。具体体现为保险公司将互联网作为一种新型的销售渠道，开始自建PC、移动官网或与电商企业合作，搭建互联网销售平台，并且将其与传统线下渠道进行融合，发挥"1+1>2"的作用。财险、寿险已有69家公司建设了自己的官网平台并陆续开通了移动官网，68家公司与淘宝、网易、中民、大童等多家电子商务平台、门户网站、保险超市开展了第

第一章 拥抱"互联网+"：互联网保险行业发展综述

三方渠道的合作。此外，还有不少保险公司将互联网技术应用于个险、银保、电销等渠道，开展了传统转网的业务模式。

二是业务流程上的融合。具体体现为保险公司将传统的线下承保、保全、理赔、续期以及其他保单贷款等衍生功能实现线上应用，目前已有多家保险公司官网可以实现线上的E化服务，除了最基本的保单查询、修改保单基本信息、电子函件之外，还扩展到续期缴费、保单挂失、保单贷款、生存金领取等多项功能，服务平台也从传统的PC官网平台扩展到移动官网、微信、APP等移动端，进一步提升了客户体验。

三是产品上的初级融合。具体体现为通过压缩人工交易成本，开发出低费率的互联网产品，这类产品以阳光人寿的"健康随e保"为代表，该产品为一款专为互联网渠道开发的重大疾病类产品，开发定价时即去除了附加费用，因此在同类产品中综合性价比较高，体现了互联网产品透明化的特点；开发针对互联网产业链的嵌入式产品，这类产品以华泰财险的退货运费险为代表，在当今这个网上购物盛行的时代，一直存在着退货时谁来承担运费的问题，这也逐渐成为了阻碍电子商务发展的一大瓶颈。据统计，在网购退货的交易纠纷中，近半数是由于买卖双方对退货运费问题协商不一致产生的。在此背景下，华泰财险推出了针对性的专属保险产品——退货运费险，该产品直接嵌入网上交易的流程中，只需在购买商品时选择即可，可以和货款合并到一起支付，受到了广大网购买家的欢迎。未来，随着互联网行业的快速发展，相信会随之产生许多互联网特有的风险，而专门为互联网产业服务的保险产品也会越来越完善、越来越多样化。

互联网保险以保险互联网的发展为基石，是保险与互联网融合的高级形态，在这一阶段，主要表现为：

一是产品上的高级融合。采用大数据、云计算等互联网技术，开发定制化产品，针对每个用户的个人情况和历史数据进行分析，进行单独的费率厘定，从而实现费率和风险的对等；同时保险公司还可以把风险因子列得非常清楚，使其碎片化，让客户来根据自己的需求自主设计产品。

二是业务流程上的融合。具体体现为：全业务流程均可在线上实现，极少甚至不需要核保人员、理赔人员等人工的介入，而传统的线下和电话服务也有望被大面积替代，从而进一步降低保险公司的运营成本。

三是思维上的融合。将自由开放的互联网思维及理性谨慎的金融理念相融合，在此基础上制定经营战略、优化业务流程、设置组织架构，真正达到改革创新的效果。

值得注意的是，尽管互联网保险是最终的理想形态，但在近期内，保险互联网仍然占据主导地位，并且具有重要的意义。原因在于：

一是传统的保险销售方式是通过销售人员向客户推送产品，而互联网的特性则决定了以客户主动购买产品为主。目前我国国民保险意识普遍不强，大多数人都无法意识到自身面临的风险以及保险能够带来的保障功能，因此很少会上网主动浏览购买保险产品；此外互联网保险中不存在面对面式的柜台交易，所有交易以电子商务的形式在网上完成，没有专业的销售人员来根据客户自身情况为其介绍合适的产品，而广大客户也鲜有人能够看懂复杂的产品责任和条款，再加上因为虚拟化的网上交易所产生的不安全感，以上原因可能使客户不愿意通过互联网渠道来购买保险，因此目前互联网渠道相较于其他传统渠道，力量还相对弱小。在当前阶段，线上线下相结合的模式更符合当前的环境，一方面，可以借助传统渠道庞大的销售队伍推销互联网保险产品，引导客户触网，让客户了解互联网渠道购买产品的便捷性和优越性，从而逐渐培养客户网上购买保险的习惯，为互联网保险业务的开展奠定良好的基础；另一方面，互联网技术也可以为销售人员的个人展业提供有力支持。比如通过互联网获取客户名单配合传统渠道实现精准营销，或是通过移动终端为代理人展业提供更多的便利条件，目前许多保险公司尝试的网电结合模式以及代理人移动智能终端就是很好的例子。

二是目前互联网企业通过把控互联网主要入口，存储着海量的用户数据，而大型保险公司在其长期的经营中也积累了庞大的客户数据，但涉及商业机密和核心资源，在现有的条件下无法做到数据的共享或外包服务。因此，互联网保险面临着数据垄断的问题。此外，保险公司的大数据处理分析能力普遍偏弱，并未能将现有客户数据有效地利用起来。保险公司数据的标准化建设、数据挖掘以及最终形成可以实际应用的分析结果等，也将是一个漫长的过程。

第一章 ◆ 拥抱"互联网+"：互联网保险行业发展综述

三是我国的个人征信系统仍不完善，大数据没有发挥出应有的作用。在我国，个人征信系统主要包括网上信贷记录，缺乏大量的实际数据支持，难以满足快速发展的互联网保险需求。举例来说，一个人的网上交易的退货率、差评率等，都可以纳入征信系统的考察范围，为个人费率的个性化定制提供依据。但由于征信系统数据的不完善、不公开，以及技术层面的原因，近期还很难实现这一点，这在一定程度上阻碍了互联网保险的创新。

综上所述，由于种种客观原因，在近期内，互联网保险仍将占据主导地位。当国民保险意识大幅提高，具备一定的保险知识，有主动购买保险的需求，并且大数据、云计算等技术发展成熟且实际投入应用后，互联网保险才能发挥它真正的力量。

四、结语

互联网保险和保险互联网，它们的本质都是保险，区别主要在于两者分属于保险与互联网融合的不同阶段，以及互联网技术在保险业务中起到的作用和应用的深度不尽相同。我国的互联网保险以1997年第一个面向保险市场和保险公司内部信息化管理需求的专业网站——互联网保险公司信息网的诞生为起点，在之后的十几年中历经了兴起、发展以及不断成熟的过程，先后经历了长达十年之久的萌芽期与突飞猛进的探索期，目前已经进入了全面发展阶段，各家保险公司依托于官方网站、第三方电子商务平台、保险超市、移动互联网等多种方式，开展互联网保险业务，逐步探索互联网保险特有的商业模式及发展路径，也已有公司在尝试云计算、大数据、数据挖掘等技术在业务中的实际应用。未来，各家保险公司还将继续勇于改革，大胆尝试，充分发掘利用互联网新兴技术和工具，在实践中不断发展，真正实现两者的全面融合，最终达到通过互联网技术实现保险创新和保险重塑的长远目标。

第四节　互联网保险发展新趋势

一、保险业与互联网将进一步深度融合，提升市场化效率

互联网与金融相结合，这种结合是双向的，并无高下之分。金融企业拥有庞大的金融资产和深厚的金融实战经验，互联网企业拥有互联网思维和平台客户资源。两者携手合作，各展所长，成为推动经济发展的新生力量，更推动金融产品和服务的创新发展。随着经济转型和科技的进步，保险业与互联网的相互渗透程度逐步加深。一方面，互联网公司的金融化步伐将不断加快，更多的互联网公司将通过申请保险牌照、收购中小保险机构股权等方式进入金融保险领域；另一方面，传统保险公司的网络化比重将日益增大，它们将积极利用互联网思维和技术进行创新。多方参与的竞争化态势，进一步激发市场活力，推动市场化进程深化。未来，不排除整个保险的价值链会出现分拆与细分，如美国已经出现了细化趋势，谷歌和亚马逊逐步承担起了渠道和营销的职能，风险管理和理赔都出现了非保险公司的新型市场参与者（如Verisk、Guidewired等），互联网保险市场竞争将更加激烈。

二、技术进步将推动传统保险商业模式的变革

当前大部分保险公司开展的互联网保险主要还是集中在降低经营成本、提高运营效率和争夺客户资源方面，未来，移动互联、物联网和大数据等信息技术的发展将深刻改变保险行业运营模式，主要包括以下三个方面：

一是大数据应用可以提升保险经营管理水平。保险公司大数据分析可以运用在产品定价、核保、市场营销、销售、客户服务和理赔运营等各个环节中，提高准确性和及时性；保险公司内部的运营管理也可以通过大数据分析提升运营效率和管理水平。

二是云端的远程信息系统提供保险产品的精准定价和服务。以车险为例，通过创新的车联网技术，使得车况、路况、驾驶员习惯都能得以实时捕

第一章 ◆ 拥抱"互联网+": 互联网保险行业发展综述

捉与分析，进而得到更为精准的定价和更为迅捷高效的查勘定损。再以寿险为例，卫星遥感、可穿戴设备等新技术应用，可以对客户及风险进行细化，风险定价技术革新，推动保险产品多样化、个性化。

三是移动互联网的普及优化保险流程管理。移动互联网保险，是将网络保险服务从PC端转移到了移动端。其特点是简单、高性价比（甚至免费）、社交比和私人定制，并利用互联网获取客户资源和大数据，实现精准营销和精准定价。同时，可以随时随地为客户提供便捷的服务。通过应用移动互联网信息技术，保险公司能够将全部的业务条线从定价、承保、销售，到保单管理、理赔服务全部在线完成，提高效率、降低成本的同时，能够通过业务闭环大大增强客户黏性。例如，随着移动终端的普及，可以通过APP等方式在线完成保险业务整个流程，提高客户黏性。

技术进步将推动保险公司销售模式由"销售导向"向"需求导向"转变；产品设计由"以产品为中心"向"以客户为中心"转变。传统保险更多地是依靠人海战术，成本高、效率低。伴随着互联网的不断普及，能够攻破制约保险产品销售的瓶颈，快速接触到更多的目标客户，同时获客成本大大缩减。互联网保险在产品、需求和客户群方面会产生新的"线上场景"，促进保险产品的创新。

三、新经济形态下孕育出保险新需求，促进跨界融合

融合经济正在逐步发展成为一个主流经济形态，电子商务即是零售行业与互联网融合后的一个重要产物，日后教育、医疗、旅游、家电、汽车、建筑等传统行业都会被互联网有机地渗透和影响，O2O、LBS（Location Based Services）等新商业模式也将纷纷涌现。同时，移动互联网和物联网等新兴技术的出现使得传统产业与信息技术的融合范围和深度进一步扩大，融合进程将加速推进。"互联网+"让各种业态的边际变得越来越模糊，在经济形态的转变过程中，衍生出大量新的市场需求，由于保险业的特殊性及生活、行业的广涉性，它正在继零售业、银行业之后，成为另一个融合互联网技术的创新产业。例如，保险业与医疗业开始跨业融合，保险公司与健康管理平台公司在互联网业务模式方面不断探索和尝试。

四、互联网保险监管将更加完善

2014年3月5日，国务院总理李克强在《政府工作报告》中指出："促进互联网金融健康发展，完善金融监管协调机制，密切监测跨境资本流动，守住不发生系统性和区域性金融风险的底线。让金融成为一池活水，更好地浇灌小微企业、'三农'等实体经济之树。"这说明政府一方面鼓励互联网金融健康发展；另一方面，需要加强金融监管，降低金融风险。与此同时，监管部门也在不断出台各项政策，推动互联网保险持续稳健发展。2014年4月出台的《关于规范人身保险公司经营互联网保险有关问题的通知（征求意见稿）》，从偿付能力、运营和业务系统等方面明确了人身保险公司经营互联网保险的门槛。2014年12月发布的《互联网保险业务监管暂行办法（征求意见稿）》更是从政策的角度，促进互联网保险发展走向正轨。随着我国政府大力推进互联网金融，2015年有望迎来互联网金融业的监管元年，全国性监管办法出台近在咫尺。未来，监管规则制定将坚持发展与规范并重的原则，鼓励创新，积极引导互联网保险健康规范发展。

第五节　对行业发展互联网保险的建议

一、打破思维定式，主动拥抱互联网

互联网是人类20世纪最重大的科技发明之一，深刻地影响人类社会文明进程。习近平主席指出，"当今时代，以信息技术为核心的新一轮科技革命正在孕育兴起，互联网日益成为创新驱动发展的先导力量，深刻改变着人们的生产生活，有力推动着社会发展。"中国保监会主席项俊波在2013陆家嘴论坛上提出，"要促进保险销售模式的更加多样化，从传统的渠道向借助互联网扩展，积极借助新渠道、新技术，密切关注新技术可能给行业带来的新机遇。"互联网拓展了保险行业的发展空间，提高了行业风险定价和管理能力，优化了行业销售模式，实现了精准营销，提升了行业客服水平，为保

第一章 ◆ 拥抱"互联网+":互联网保险行业发展综述

险业的发展创造了新的机遇。未来,保险与互联网的进一步融合将是大势所趋。二者的融合才刚刚起步,还没有形成一个完整的新的保险业态,还没有对传统的业务形态产生太大的影响和冲击,但是保险行业要居安思危、着眼长远,勇于打破原来的传统思维方式,重视互联网,拥抱互联网,以便在未来的市场竞争中立于不败之地。

二、加大信息技术投入,推动互联网保险发展迈上新台阶

近年来,保险业信息化基础建设力度不断加大,信息化应用覆盖面不断拓宽,移动互联网、大数据、云计算等信息新技术正快速应用到保险业的相关领域,在支持引领行业拓宽销售渠道、扩大服务领域、提升管理水平方面发挥着越来越重要的作用。但是,我国互联网保险目前发展水平还比较低,与银行、证券等金融同业及国外发展水平相比差距较大。随着国家"互联网+"行动计划的制订,保险行业应当坚定信心,加大对IT新技术的投入,实现多渠道融合、交叉销售、大数据分析及运用、业务实时处理、客服快速反应;抓住移动互联网、云计算、大数据等技术创新的机遇,积极研究互联网保险发展的内在运行规律和特点,加快互联网保险的健康规范发展,推动互联网保险发展迈上新台阶。

三、优化业务流程,建立自己的互联网保险平台

目前保险行业已初步构成了由官方网站模式、第三方电子商务平台模式、网络兼业代理模式、专业中介代理模式和专业互联网保险公司五大模式为主导的商业模式体系。其中,大型电子商务平台所拥有的流量和数据是其优势,使得它们成为当前互联网金融的主导者。

需要关注的是,如果行业严重依赖第三方平台,这个渠道未来就可能会步银保业务的后尘,最终沦落为第三方电商平台的赚钱工具,成为业务发展的鸡肋。保险行业应当积极思考和应对互联网金融的发展大趋势,在互联网金融领域进行战略性布局,增强保险公司提供现代化综合金融服务的能力。保险公司也可以借助电子商务公司的平台作用,推动形成不同业务板块的协

同效应和金融综合经营格局，增强整体竞争力。一是在现有的保险经营流程中，积极地运用和吸收现代科学技术，提高经营效率。例如，在寿险的营销员渠道，积极开发和推广运用移动展业系统，通过移动的方式完成核保、出单和收费的全部流程；在车险的理赔方面，推广移动理赔查勘系统，加强客户体验、提高运营效率和成本。二是在销售模式方面，通过移动互联网广泛获取客户，并且将网销客户和线下的销售渠道、经营流程结合起来，更好地促进保险产品的销售和客户服务的提升。三是在服务方面，一些公司已经实现了在线保全及理赔处理，这方面车险的动作比寿险要快一些，但更深层次的保险服务模式变革还不到位。运用互联网思维改造服务和运营流程，服务可以前置以促成销售。保险公司通过建立自己的电商平台，在客户服务、产品开发、流程再造、业务模式等方面进行全方位的创新变革。

四、重视和加强互联网保险信息安全工作，完善互联网保险监管政策，促进和鼓励互联网保险发展

在大力推动互联网保险发展的同时，保险行业要高度重视互联网保险信息安全工作，采取必要的安全措施，保障网络保险信息系统以安全方式运行，保障交易安全、数据安全、支付安全。监管部门要及时出台互联网保险的一揽子监管措施，对互联网保险保费确认、业务范围、成本核算、落地服务、产品费率、电子保单法律地位等方面加以明确规范，及时消除影响互联网保险发展的政策障碍，释放互联网保险发展的巨大潜能。

第二章

2014年互联网保险市场经营成果分析

第二章 2014年互联网保险市场经营成果分析

近年来，互联网保险发展迅猛，保险机构依托互联网和移动通信等技术，通过网络平台开展业务，行业市场经营成效显著，保费实现跨越式发展。本章基于中国保险行业协会的数据统计，关注聚焦2014年产寿险互联网保险市场经营成果，深入分析发展特点，全面呈现当前行业互联网保险发展整体现状和经营情况。

第一节 财产保险篇

一、市场参与主体不断增多，运用电商平台形式多样化

随着互联网金融的兴起，经营互联网保险的财产保险公司（以下简称财险公司）由2012年的18家增加到2014年的33家，增长幅度为83%。其中，中资保险公司26家（含独立电子商务公司3家），外资保险公司7家（见表2-1）。

表2-1 互联网业务参与主体

主体性质	2012年	2014年	新增	增幅(%)
中资保险(家)	13	26	13	100
其中：独立电子商务(家)	2	3	1	50
外资保险(家)	5	7	2	40
合计	18	33	15	83

在33家财险公司中，经营非车险业务的有31家，占比超过90%。其中，仅经营互联网意外健康险的公司有13家，仅经营财产险的为1家。中国人保财险等13家公司经营全险种（车险、财产险、意外险）业务，三星财险等3家公司仅经营车险业务。

各家保险公司运用电商平台开展互联网业务，形式呈现多样化，官方网站依然是主流，拥有微信公众号的保险公司也逐渐增多（见表2-2）。

表2-2　市场主体参与电商平台形式

电商平台	PC端	移动网端	APP	微信公众号	第三方合作
运用主体(家)	31	12	8	21	14
互联网参与主体(家)	33				
占比(%)	93	36	24	63	42

中国人保财险于2002年10月最早开展PC端互联网业务，平安产险、安盛天平紧随其后于2009年开展PC端互联网业务。中国人寿财险于2012年6月最早开展手机移动端互联网业务（见表2-3）。

表2-3　各主体互联网业务启动时间表

公司	互联网业务启动时间		公司	互联网业务启动时间	
	网销PC端	手机移动端		网销PC端	手机移动端
中国人保财险	2002年10月	2013年11月	英大财险	2013年1月	2014年5月
民安保险	2009年3月	暂未开展	三星财险	2013年4月	2013年8月
安盛天平	2009年4月	2014年5月	太阳联合	2013年1月	未开展
平安产险	2007年3月	2011年9月	美亚财险	2013年6月	2013年12月
中国信保	2010年5月	2015年1月	安联保险	2013年6月	暂未开展
永诚保险	2011年6月	2013年12月	太平财险	2013年7月	2014年10月
阳光产险	2010年7月	2014年8月	众安保险	2013年11月	2014年5月
中银保险	2010年8月	暂未开展	富德产险	2013年12月	暂未开展
安邦产险	2011年12月	2014年1月	安诚保险	2014年1月	暂未开展
华泰财险	2009年1月	2013年11月	长江财险	2014年1月	暂未开展
华安保险	2011年12月	2014年5月	长安保险	2014年2月	2015年2月
史带财险	2012年2月	2013年10月	永安财险	2014年3月	2014年4月
中国大地保险	2012年3月	2014年7月	天安财险	2014年4月	2014年12月
利宝保险	2012年3月	暂未开展	锦泰保险	2014年7月	暂未开展
中国人寿财险	2012年6月	2012年6月	信达财险	2014年7月	暂未开展
中华保险	2012年7月	2014年8月	紫金保险	2014年9月	暂未开展
太保产险	2012年8月	2013年4月			

二、财产保险互联网业务实现快速发展

(一) 2014年财产保险互联网保费收入突破500亿元

财险公司在实现交易成本降低和交易效率提高的同时,为客户创造更大的价值,也为客户带来更好的体验,互联网保险业务实现了快速发展。财险公司互联网保险保费收入从2012年的100.94亿元上升到2014年的505.77亿元,增加了404.83亿元,增长了4倍。与此同时,互联网业务规模占财产险业务的比重也不断增加,从2012年的1.83%增加到2014年的6.70%,新渠道地位不断提升。其中众安保险、民安保险、太阳联合等7家公司互联网业务保费占公司整体业务规模的比重超过10%(见图2-1、表2-4)。

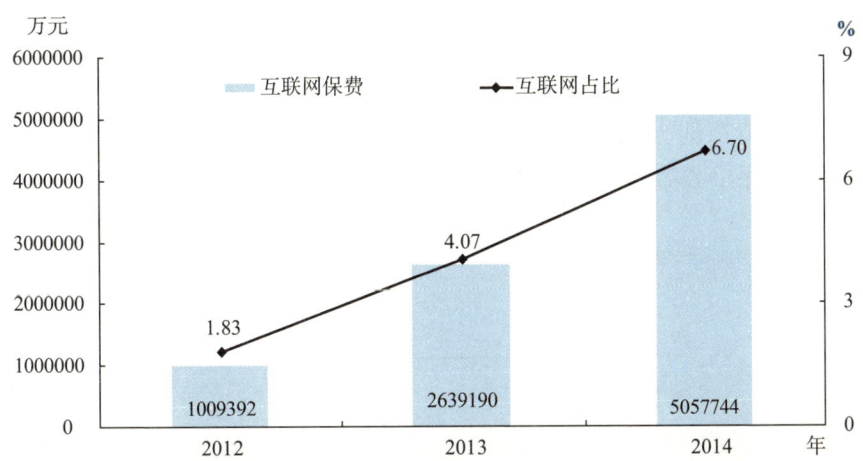

图2-1 2012~2014年互联网业务保费及占整体业务比重

表2-4 2014年互联网业务占比前10家财险公司

排序	公司	互联网保费(万元)	互联网占公司整体业务比(%)
1	众安保险	79410	100.00
2	太阳联合	481	19.30
3	中国大地保险	348070	15.57
4	华泰财险	80898	12.70

续表

排序	公司	互联网保费（万元）	互联网占公司整体业务比（%）
5	中国人保财险	2504226	11.58
6	平安产险	1457100	10.20
7	阳光产险	134097	6.33
8	安盛天平	25023	3.78
9	太保产险	348460	3.59
10	永诚保险	13444	2.30

（二）2014年财产保险公司互联网业务保单笔数突破20亿单，互联网客户突破12亿人

2012~2014年，财产保险互联网业务保单数及客户数激增，由2012年的3.55亿单、3.54亿人增至2014年的20.11亿单、12.16亿人，保单数增加了5倍多，客户数增加了3倍多。互联网业务保单数量和客户数占开展互联网业务公司整体保单和客户数比重接近60%（见图2-2）。

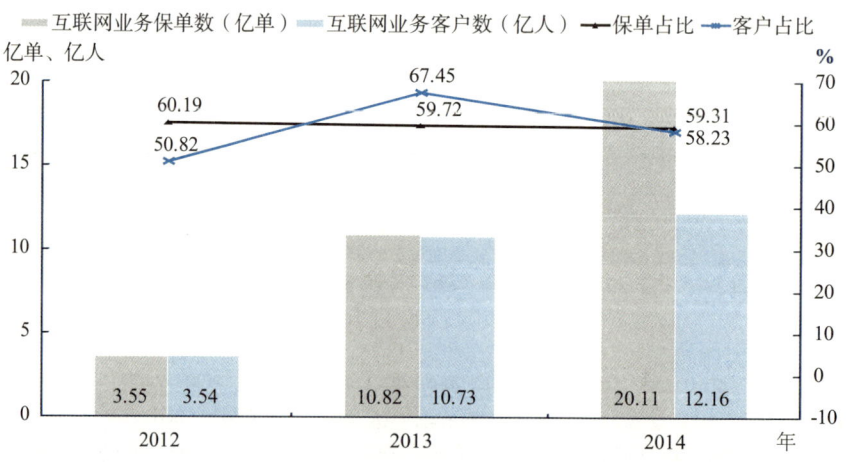

图2-2　2012~2014年互联网业务承保保单及客户情况

三、业务结构：车险业务占据主要份额，非车险业务服务能力提升

从总体来看，在财险公司互联网保险保费收入中，车险业务占据主体，财险业务保单数和客户数量最多，非车险产品的覆盖广度不断拓展，业务深度不断挖掘。从保费收入结构来看，2014年车险保费份额为95.81%，与传统业务中车险77.69%的份额相比高出近20个百分点，车险保费依然是互联网业务的主要来源（见图2-3）。

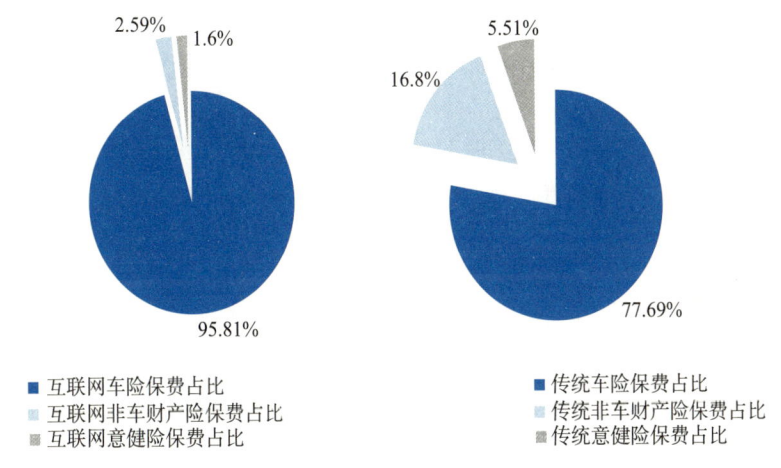

图2-3　2014年财产保险公司互联网业务保费险种结构图

从保单数量结构来看，2014年由于退运费险等大量的互联网财险产品的出现，互联网财险保单占据了98.17%的份额，远高于传统业务60.49%的份额，其次互联网意健险保单与车险保单份额相差不大，而传统渠道有11个百分点的差距（见图2-4）。

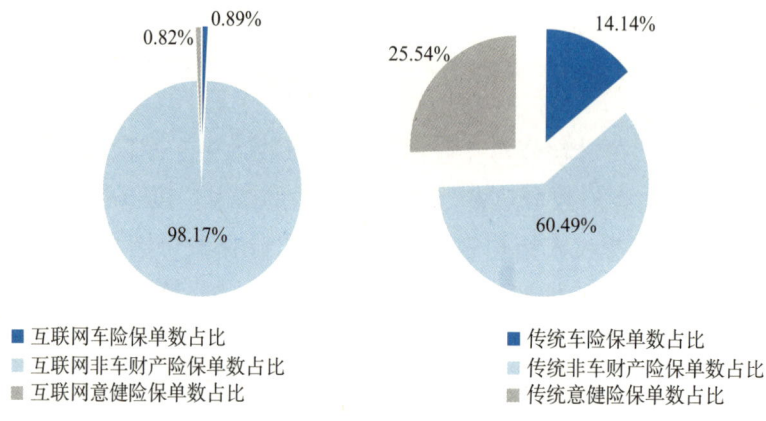

图2-4　2014年互联网财产保险公司业务保单数险种结构

从客户数结构来看，互联网财险客户数依旧处于领军之势，市场份额98%，意健险客户份额最少。传统渠道恰恰相反，意健险客户占了一半以上的份额，其次为非车财产险、车险（见图2-5）。

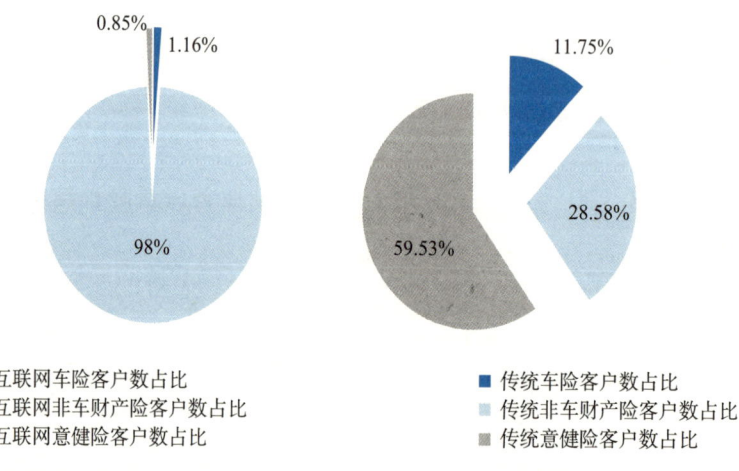

图2-5　2014年互联网财产保险公司业务客户数险种结构图

1. 车险经营情况

2012~2014年，经营互联网车险的财险公司由12家增加至20家，互联网车险保费收入由95.26亿元增加至484.57亿元，增长了4倍，占整体互联网业务的比重逐年提升，由94.37%提高至95.81%，占财险公司整体车险业务比也逐年上升，2014年较2012年提升了6.26个百分点（见表2-5）。

表2-5 2012~2014年互联网车险业务情况

分类	互联网车险保费（万元）	占整体互联网业务（%）	占整体车险业务比（%）	互联网车险保单数（万张）	互联网车险客户数（万人）
2012年	952584	94.37	2.97	291.85	243.44
2013年	2514227	95.27	5.72	867.10	731.20
2014年	4845742	95.81	9.23	1799.32	1409.29

2. 非车财产险经营情况

2012~2014年，经营互联网非车财产险业务的公司由9家增加至17家，保费收入由2.62亿元增长至13.10亿元，增长4倍，但占整体互联网业务比重一直保持在3%以下，占整体非车财产险业务份额持续上升，由0.40%增长至1.26%，提升0.86个百分点（见表2-6）。

表2-6 2012~2014年互联网非车财产险业务情况

分类	互联网非车财产险保费（万元）	占整体互联网业务（%）	占整体财产险业务比（%）	互联网非车财产险保单数（万张）	互联网非车财产险客户数（万人）
2012年	26161	2.59	0.40	34838	34824
2013年	75299	2.85	0.86	106715	106186
2014年	131032	2.59	1.26	197425	119204

3. 意健险经营情况

2012~2014年，经营互联网意健险公司由15家增加至30家，互联网意健险保费收入由3.06亿元增长至8.10亿元，增长了1.64倍，占整体互联网业务的比重逐年下降，由3.04%降至1.60%，降低了1.44个百分点；占整体意健险业务的比重略微提升，由2.14%提升为2.34%，提升了0.20个百分点（见表2-7）。

表2-7　2012~2014年互联网意健险业务情况

分类	互联网意健险保费（万元）	占整体互联网业务比重（%）	占整体意健险业务比重（%）	互联网意健险保单数（万张）	互联网意健险客户数（万人）
2012年	30647	3.04	2.14	209.95	166.47
2013年	49665	1.88	2.17	625.79	355.85
2014年	80971	1.60	2.34	1647.68	1027.88

四、销售平台：以官网为主，第三方与移动并存

财险公司积极建设官网电子商务网站，大力开拓第三方营销渠道，取得了较好的效果。2012~2014年，官网访问量由1.5亿次突破至8.6亿次；自主网站保费收入由86.06亿元增长至454.50亿元，比2013年增长124%。虽然其他渠道业务增速远快于公司官网，但是财险公司近90%的互联网业务依旧是通过自主网站实现的。

表2-8　2012~2014年财险公司互联网分渠道保费收入

模式	2012年	互联网业务占比（%）	2013年	互联网业务占比（%）	2014年	互联网业务占比（%）	同比增长（%）
PC官网	860642	85.26	2029554	76.90	4545020	89.86	124
PC第三方	72535	7.19	342289	12.97	277820	5.49	-19
移动APP	332	0.03	8083	0.31	115042	2.27	1323
移动官网/WAP	—	—	809	0.03	9544	0.19	1080
微信公众号	—	—	9554	0.36	109935	2.17	1051
移动第三方	—	—	1.8	—	339	0.01	18733

1. 自主网站

（1）公司自主网站建设情况。引入专业化网站建设团队，以客户体验为中心对网站进行迭代优化，建设功能丰富、导航清晰、界面简洁、安全快速、管理方便的官网商城。从自主网站访问量的统计结果中可以看出，截至2014年12月底，在33家开展互联网财产险业务的公司中，共计29家公司在

第二章 ◆ 2014年互联网保险市场经营成果分析

自主网站建设上进行了投入，2014年累计网站访问量最大的是平安公司，其次是太保产险、中国人保财险、安盛天平和阳光产险（见表2-9）。

表2-9　经营互联网业务的财险公司自主网站访问量

排名	公司	2014年自主网站访问量（万次）	占比（%）
1	平安产险	55499.27	64.16
2	太保产险	18650.01	21.56
3	中国人保财险	3115.24	3.60
4	安盛天平	2800.60	3.24
5	阳光产险	2382.17	2.75
6	中国人寿财险	679.25	0.79
7	永诚保险	543.47	0.63
8	中国大地保险	534.06	0.62
9	美亚财险	431.37	0.50
10	华泰财险	416.71	0.48
	其他公司	1454.18	1.68
	总计	86506.33	100

（2）自主网站业务情况。2014年，财险公司自主网站保费收入为454.50亿元，占财产保险互联网业务的比重为89.86%。其中，中国人保财险、平安产险、中国大地保险、太保产险自主网站累计保费收入均超过10亿元，对官网的依赖程度较高，九成业务源自官网。此外，中国人保财险和平安产险两家公司自主网站业务对行业贡献度合计为81.56%，处于行业垄断地位（见表2-10）。

表2-10　财险公司自主网站业务统计情况

排名	公司	2014年累计保费收入（万元）	占行业整体自主网站保费比（%）	占自身互联网业务比重（%）
1	中国人保财险	2403775.79	52.89	96.26
2	平安产险	1302907.01	28.67	91.34
3	中国大地保险	348070.47	6.89	98.26
4	太保产险	281024.42	6.18	80.65
5	阳光产险	94370.32	2.08	70.37

续表

排名	公司	2014年累计保费收入（万元）	占行业整体自主网站保费比（%）	占自身互联网业务比重（%）
6	中华联合	40259.00	0.89	100
7	安盛天平	18720.90	0.41	74.81
8	永诚保险	11223.30	0.25	83.48
9	华泰保险	3434.30	0.08	4.25
10	英大保险	3233.37	0.07	99.04
	其他公司	44051.02	0.97	—
	总计	4545000.00	100	100
	占行业互联网保险业务比重（%）	89.86	—	—

2. 与第三方平台合作成效显著

（1）淘宝网和网易网两家独大。2014年，财险公司通过与第三方网站合作实现保费收入27.69亿元，占互联网保费收入的比重为5.47%，其中车险保费收入11.24亿元，非车险16.45亿元。保费规模前三位分别是淘宝网（含天猫和支付宝）、网易、春秋航空。第三方平台之间发展相当不均衡，其中淘宝网（含天猫、支付宝）业务量占整个第三方平台的比重为61.96%，网易网业务量占比为17.47%，其他第三方平台业务量均较小。第三方平台整体保费规模占比较年初有明显提升，垂直平台和单独的中介平台仍有很大的发展空间（见表2-11）。

表2-11 主要第三方平台市场份额

渠道	2014年累计签单数量（万单）	2014年累计保费收入（万元）	占比（%）
淘宝网（天猫、支付宝、阿里）	188903	171546.00	61.96
网易网	16	48372.19	17.47
春秋航空	443	9451.13	3.41
去哪儿网	72	7035.14	2.54
携程旅行网	43	2937.27	1.06
其他第三方	889	37524.93	13.55
合计（含其他）	190366	276866.66	100

(2)车联网的跨界合作为用户提高体验,带来实惠。随着信息技术的成熟,车联网逐渐开始跨界合作,传统车厂和硬件公司、互联网公司合作的案例逐渐增多,车联网逐渐从行业层面转移到实用消费层面,能够提供多少有价值的服务,决定了企业在车联网领域能走多远。

平安产险借助百度提供的LBS服务,与元征科技联合推出了车联网智能硬件golo,用户可以通过golo(百度地图版)享受到由百度地图提供的路况、电子狗、限行的路况播报服务、室内外的反向找车服务。平安产险的加入,使得golo在给用户提供LBS服务的同时也给用户带来了实惠,用户可以通过平安车险提供的渠道,获得透明价格的直通车险服务。据悉,平安产险和百度还将联合制定安全驾驶的奖励积分系统,鼓励车主安全出行。借助OBD、LBS等领先科技手段,平安产险融合车险购买、道路救援、勘察理赔于一体的服务平台,并联合更多汽车产业链上的众多合作伙伴,围绕"买车、卖车、养车、用车、玩车"等场景,提供诸如加油、洗车等多元化服务。

3. 移动互联业务发展前景广阔

(1)移动互联业务的发展情况。微信作为移动互联领先的社交平台,与传统互联网及其他线下渠道相比具备三大独特优势:一是强大的流量导入;二是极佳的用户沟通体验;三是极强的社交属性。利用以上三大优势,引入电销中心成熟的人工服务模式,实现微信与人工座席的统一排队、统一路由、统一运营和统一管理,将网销高效率、低成本的优势和人工服务专业性强、体验好的优势有机结合,克服了传统网销缺少个性化响应、传统电销不利于复杂信息传递的弊端。以微信平台为代表的移动电子商务平台是科技与保险业务相结合的成功创新。

(2)移动互联业务的业绩情况。2014年,财险公司通过移动终端(APP、WAP和微信等方式)实现保费收入23.49亿元,占比为4.64%。其中,主要通过微信平台和APP实现销售(见图2-6)。

(3)移动互联建设力度不断加大。各家公司对移动互联网的建设不断投入,提升客户体验,提高理赔服务能力和水平。

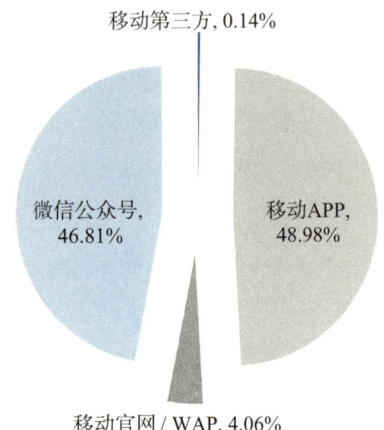

图2-6　主要移动平台市场份额

五、业务发展不平衡，市场集中度远高于传统业务

2014年，34家经营互联网保险业务的公司中，中国人保财险和平安产险两家公司贡献了接近80%的互联网业务保费，有26家财险公司的互联网业务市场份额低于1%。其中，中资财险公司保费收入为501.92亿元，占比为99.25%，8家外资保险公司为3.79亿元，占比0.75%。

从保费规模看，规模超亿元的财险公司共11家，合计保费收入为503.32亿元，占行业整体比重为99.52%；规模超10亿元的公司有5家，占行业整体比重为94.45%；规模超100亿元的公司有中国人保财险、平安产险两家，前3家财险公司合计保费收入为431.03亿元，占行业整体比重为85.22%。同期整体市场前3家公司（中国人保财险、平安产险、太保产险）累计保费占比为64.70%，互联网保险市场集中度远超过全渠道市场业务集中度（见表2-12）。

表2-12　2014年经营互联网业务财险公司的保费情况

公司	互联网业务保费（万元）	占行业互联网业务比（%）
中国人保财险	2504226	49.51
平安产险	1457100	28.81

第二章 2014年互联网保险市场经营成果分析

续表

公司	互联网业务保费（万元）	占行业互联网业务比（%）
太保产险	348360	6.89
中国大地保险	348070	6.88
阳光产险	134097	2.65
华泰财险	80898	1.60
众安保险	79410	1.57
中华保险	40200	0.79
安盛天平	25023	0.49
中国人寿财险	16929	0.33
其他公司	23431	0.46
总计	5057744	100

1. 车险市场集中度

2014年，互联网车险保费收入为484.58亿元，占互联网业务总体的95.58%。20家经营互联网车险的公司中，中国人保财险贡献了50%以上的互联网车险保费，其次平安产险贡献了近30%的互联网车险保费。保费规模超亿元的公司共9家，占行业车险互联网保费的99.56%；超过10亿元的公司为中国人保财险、平安产险、中国大地保险、太保产险和阳光产险5家公司，占行业车险互联网保费的97.65%；超过100亿元的公司仅有中国人保财险、平安产险，两家公司合计保费为393.45亿元，占行业车险互联网保费的81.19%。互联网车险市场集中度高于互联网保险总体的集中度（见表2-13）。

表2-13 2014年经营互联网公司的车险保费情况

公司	互联网车险保费（万元）	占行业互联网车险业务比（%）
中国人保财险	2501111	51.61
平安产险	1433399	29.58
中国大地保险	341386	7.05
太保产险	323812	6.68
阳光产险	132478	2.73

续表

公司	互联网车险保费(万元)	占行业互联网车险业务比(%)
中华保险	40200	0.83
安盛天平	24242	0.50
中国人寿财险	16756	0.35
永诚保险	11218	0.23
华泰财险	3371	0.07
其他公司	17769	0.37
汇总	4845742	100

20家经营互联网车险的公司中，互联网车险保单数以平安产险为首，以31.90%的互联网车险客户占比贡献了44.32%互联网车险保单；互联网车险客户数以中国人保财险为首，占20家互联网车险客户的48.41%。其中，互联网车险客户数超1万户的公司有9家，占行业互联网车险整体客户数的98.94%，超10万户的公司有6家，占行业互联网整体车险客户数的98.06%，超100万户的公司仅3家，占行业互联网整体车险客户数的87.32%（见表2-14）。

表2-14　2014年经营互联网公司的车险保单及客户情况

公司	保单数(张)	保单占比(%)	客户数(人)	客户占比(%)
中国人保财险	7235011	40.22	6822730	48.41
平安产险	7973196	44.32	4496149	31.90
中国大地保险	1051332	5.84	988443	7.01
太保产险	925177	5.14	925177	6.57
阳光产险	471561	2.62	464457	3.30
中华保险	124100	0.69	122859	0.87
安盛天平	80649	0.45	79510	0.56
永诚保险	37080	0.21	34499	0.25
英大财险	10566	0.06	10149	0.07
华泰财险	9536	0.05	9536	0.07
其他	70387	0.39	139429	0.99
汇总	17988595	100	14092938	100

2. 非车财产险市场集中度

2014年，互联网非车财产险保费收入为13.10亿元，占互联网业务总体的2.59%。17家经营互联网非车财产险的公司中，以众安保险为首，贡献了57%以上的互联网非车财产险保费，其次为华泰财险，贡献了近38%的互联网非车财产险保费。其中，超千万元的公司共5家，占行业互联网非车财产险保费的98.49%；超亿元的公司仅有华泰财险、众安保险两家，占行业财产险互联网保费的94.74%。互联网非车财产险市场集中度尤为显著。众安保险所有财产险业务均来自于互联网（见表2-15）。

表2-15 2014年经营互联网非车财产险公司保费情况

公司	互联网非车财产险保费（万元）	占行业互联网财产险业务比（%）
众安保险	74969.20	57.21
华泰财险	49177.60	37.53
中国人保财险	2006.03	1.53
平安产险	1710.44	1.31
阳光产险	1196.05	0.91
中国信保	897.86	0.69
太保产险	890.24	0.68
其他	184.40	0.14
汇总	131031.82	100

17家经营互联网非车财产险的公司中，互联网非车财产险保单数以众安保险为首，以24.15%的互联网非车财产险客户占比贡献了54.04%的保单；互联网非车财产险客户数以华泰财险为首，占17家互联网非车财产险客户的74.73%，客户数超亿人的公司仅两家，占行业互联网整体财产险客户数的98.88%（见表2-16）。

表2-16 2014年经营互联网公司的非车财产险保单及客户情况

公司	保单数(万张)	保单占比(%)	客户数(万人)	客户占比(%)
华泰财险	89779	45.28	89778	74.73
众安保险	107144	54.04	29016	24.15
太保产险	1033	0.52	1033	0.86
中国人寿财险	147	0.07	141	0.12
中国人保财险	125	0.06	125	0.10
其他	56	0.03	46	0.04
汇总	198284	100	120139	100

3. 意健险市场集中度

2014年,互联网意健险保费收入为8.10亿元,占互联网业务总体的1.60%。30家经营互联网意健险的公司中,华泰财险贡献了35%以上的互联网意健险保费,平安产险贡献了27%以上的互联网意健险保费。其中超千万元的公司共11家,占行业财产险互联网保费的95.99%;超亿元的公司仅有华泰财险、平安产险两家公司,占行业财险互联网保费的62.17%。互联网意健险市场集中度较车险及财险比较平缓(见表2-17)。

表2-17 2014年财险公司经营互联网意健险保费情况

公司	互联网意健险保费(万元)	占行业互联网意健险业务比(%)
华泰财险	28348.70	35.01
平安产险	21990.73	27.16
太保产险	8145.22	10.06
众安保险	4440.45	5.48
民安保险	3544.00	4.38
美亚财险	2698.23	3.33
史带财险	2437.98	3.01
永诚保险	2223.00	2.75
安联保险	1737.00	2.15

续表

公司	互联网意健险保费（万元）	占行业互联网意健险业务比（%）
中国人保财险	1108.71	1.37
利宝保险	1046.00	1.29
其他	3250.01	4.01
汇总	80970.03	100

30家经营互联网意健险的财险公司中，互联网意健险客户数以众安保险为首，占30家经营互联网意健险公司客户数的25.27%；互联网保单数以华泰财险为首，占30家经营互联网意健险公司的40.54%。其中互联网客户数超10万户的公司有10家，占行业互联网意健险客户数的96.72%，超百万户的公司有4家，占行业互联网意健险客户数的66.63%（见表2-18）。

表2-18 2014年财产险公司经营互联网意健险的保单及客户情况

公司	保单数（万张）	保单占比（%）	客户数（万人）	客户占比（%）
众安保险	219	13.22	212	25.27
太保产险	138	8.32	138	16.45
华泰财险	671	40.54	106	12.63
永诚保险	169	10.20	103	12.28
平安产险	211	12.74	97	11.56
民安保险	94	5.70	60	7.15
阳光产险	37	2.22	28	3.34
安盛天平	36	2.20	27	3.22
中国人保财险	21	1.27	21	2.50
史带财险	27	1.60	20	2.38
其他	33	1.99	27	3.22
汇总	1655	100	839	100

六、产品不断丰富,创新能力不断加强

2012~2014年,财险公司在相关监管发展指导的框架下,以满足客户的需求为目标,以用户体验至上为理念,以互联网大数据为依托,从保障内容和风险管控等方面不断创新,开发出了很多得到消费者认可、市场信赖的保险产品。

表2-19 2014年互联网财险前十大非车热销产品

排名	企业	产品名称	销售保费（万元）	销售件数（万件）	单均（元）
1	众安保险	网络购物退货运费损失保险	61314.44	105006	0.58
2	华泰财险	网络购物运费损失保险	48376.78	89768	0.54
3	华泰财险	春秋航空意外伤害保险	8655.33	443	19.52
4	平安产险	一年期综合意外伤害保险	6734.00	24	275.75
5	华泰财险	境外旅行人身意外伤害保险	4918.11	112	43.96
6	众安保险	营运交通工具乘客意外伤害保险	4655.69	233	20.01
7	众安保险	网络交易平台卖家履约保证保险	4305.69	6	779
8	太保产险	航空旅客意外伤害保险	3042.30	102	29.71
9	平安产险	境外旅游——全球	2780.00	12	234.22
10	美亚财险	旅行险	2698.23	12	230.95

2012~2014年,随着互联网非车险产品的发展,非车险产品愈加丰富,签单量大,单均保费小,成为了其主要特性。在非车险业务中,签单数量众安保险和华泰财险两家公司遥遥领先,合计签单量约为19.78亿单,单均保费仅为0.79元,这与淘宝、天猫合作产生的退运险业务是密切相关的(见表2-20和表2-21)。

行业基于互联网非车险产品单量大、单均保费低的特点创新研发电商小微产品自动化实务流程,实现了从承保到理赔的全流程无纸化运营,有效降低了运营成本。

表2-20 主要财险公司2014年互联网非车险业务签单量和单均保费

公司	2014年互联网非车产品单数(万单)	2014年互联网非车产品保费收入(万元)	单均保费(元)
众安保险	107362	79410	0.74
华泰财险	90450	77526	0.86
太保产险	1170	24024	20.53
平安产险	237	23701	100.00
永诚保险	169	2227	13.18
中国人寿财险	148	173	1.17
中国人保财险	146	3115	21.34
阳光产险	66	1619	24.53
安盛天平	29	781	26.93
美亚财险	12	2698	224.83
中国大地保险	5	615	123.00
其他公司	134	10881	81.20
汇总	199928	226770	1.13

表2-21 华泰财险及众安保险在淘宝、天猫签单量和单均保费

公司	渠道	2014年累计签单数量(万单)	2014年累计保费收入(万元)	单均保费(元)
华泰财险	淘宝网	89767.93	49177.57	0.55
众安保险	淘宝	90664.97	51210.2	0.56
众安保险	天猫	5087.877	4037.9	0.79
众安保险	支付宝	1020.939	619.6	0.61

七、区域分布上，沿海城市和长三角地区对互联网保险接受度较高

1. 互联网保险业务前5个普及省份

从互联网保险业务保费来看，全国省份中出产保费最高的5个省份为：

浙江、江苏、山东、广东、四川。

从互联网保险业务客户数来看，全国省份中客户最多的5个省份为：浙江、江苏、广东、山东、河北。

以上省份客户对互联网保险业务接受度高，更乐于依靠互联网完成保险的购买。

2. 互联网保险业务前5个普及城市（含直辖市）

从互联网保险业务保费来看，全国城市中出产保费最高的5个城市为：上海、杭州、苏州、南京、深圳。

从互联网保险业务客户数来看，全国城市中客户最多的5个城市为：湖州、上海、北京、杭州、深圳。

以上城市客户消费意识超前，善于利用互联网通道来消费保险产品。

第二节　人身保险篇

一、经营主体数量不断增加，公众参与热情高涨

近年来，互联网保险得到了全行业的高度重视，经营互联网保险的人身险公司数量不断增加，由2013年的44家增加到2014年的52家，同比增长18%；互联网人身保险投保客户数由2012年的1737万户增长至2014年的7240万户，增长了3倍以上（见图2-7）。

公开数据显示，2014年人身险业传统渠道客户数约2.3亿人，网销渠道客户数约7240万人。相对于已经发展了几十年的传统渠道，互联网保险发展时间还很短，但在客户积累方面已经初见成果，且随着时间的推移，网销渠道客户数与传统渠道客户数差距正在不断缩小。

总体来说，行业经营互联网保险业务和公众通过互联网渠道购买保险的热情空前高涨。买方和卖方这两个市场参与主体积极主动的状态是业务发展的重要条件，为互联网保险的持续快速发展提供了保障。

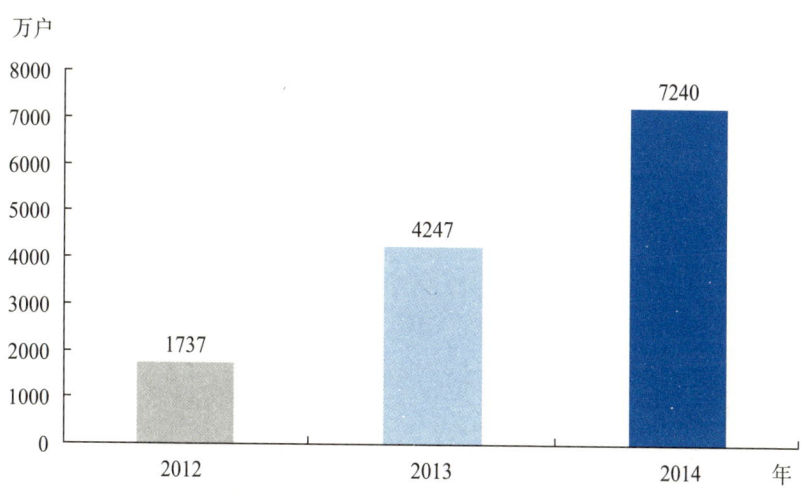

图 2-7　2012~2014 年互联网人身保险投保客户数增长情况

二、业务规模快速增长，承保保费激增

2014 年，人身险公司实现互联网保费收入由 2012 年 9.8 亿元飙升至 353.2 亿元，较 2013 年同比增长了 5.5 倍，较 2012 年增长了 35 倍，远远高于人身险业年均 20% 左右的增速，发展速度迅猛（见图 2-8）。

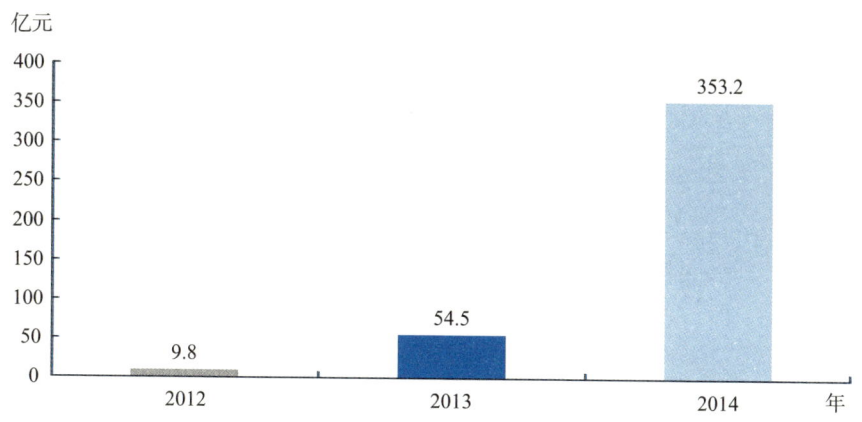

图 2-8　2012~2014 年互联网人身保险规模保费增长情况

随着业务规模的增长,互联网保险占人身险整体业务规模的比重也不断增加,虽然还无法与传统渠道抗衡,但从趋势来看,互联网保险的增长态势显著,有望成长为保险业的重要销售渠道和营销方式之一。

三、业务结构：以理财型业务为主，保障型业务为辅

2014年，人身险公司实现互联网规模保费为353.2亿元，其中寿险、意外险和健康险分别为329.8亿元、18.6亿元和4.8亿元，占比分别为93.4%、5.3%和1.3%；全年承保件数分别为208.5万件、8448.8万件和1842.7万件（见表2-22）。

表2-22 2014年各险类保费和件数情况

险类		保费（万元）	保费占比（%）	件数（万件）	件数占比（%）
寿险	普通型	213312.5	6.0	23.3	0.2
	分红型	471616.4	13.4	10.9	0.1
	万能型	2043476.6	57.9	126.4	1.2
	投连型	569889.6	16.1	47.9	0.5
意外险		185526.8	5.3	8448.8	80.5
健康险		47851.1	1.3	1842.7	17.5

（一）理财型业务规模保费占据网销人身险保费的七成

2014年互联网人身保险保费收入中，万能险和投连险保费合计高达261.3亿元，占比为74%，其中万能型保费较2013年增长了2倍，占据了半数以上的市场规模，是互联网人身保险最大的保费贡献者（见图2-9）。可以说，理财型产品（万能险和投连险）是互联网保险当之无愧的"保费王"。互联网保险市场形成了以理财型产品为主，保障型产品为辅的业务结构。

从2014年各公司网销渠道规模保费销售前十名的险种情况来看，除建信人寿在官网销售的一款年金产品外，其他均为第三方渠道销售的理财产品，收益率均在5%以上，保障型产品无一入围（见表2-23）。

第二章 2014年互联网保险市场经营成果分析

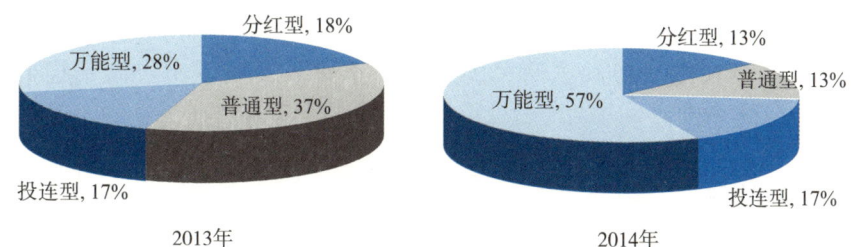

图2-9 互联网人身保险产品分布图（按产品设计类型划分）

表2-23 2014年互联网保险规模保费排名前十的产品

公司名称	渠道	产品名称	设计类型	承保件数（万件）	规模保费（万元）	收益率（%）
前海人寿	第三方合作	聚富三号	万能型	318.9	394878.7	6.48、6.6、6.9
生命人寿	第三方合作	生命e理财年金保险（万能型）升级版	万能型	15.8	372448	6.48
工银安盛	第三方合作	工银安盛人寿财富宝三号两全保险(分红型)	分红型	2.53	312241	5.50
光大永明	第三方合作	光大永明光明财富2号B款年金保险（投资连结型）	投连型	6.6	266142.4	2014年12月15日之前生效的保单为6.5%,12月15日之后生效的保单为6.3%
昆仑健康	第三方合作	存乐长期护理保险（万能型）	万能型	12.8	233930.6	6
珠江人寿	第三方合作	珠江汇赢1号终身寿险(万能型)	万能型	11.2	224438.1	6.5～7
光大永明	第三方合作	光大永明光明财富2号A款年金保险(投资连结型)	投连型	6.8	208129.8	2014年12月15日之前生效的保单为6%,12月15日之后生效的保单为5.8%
建信人寿	官网	金富跃年金保险	普通型	1.5	135036	4.03
阳光人寿	第三方合作	阳光人寿理财王两全保险(万能型)	万能型	0.6	72231.7	5.20
光大永明	第三方合作	光大永明光明财富2号（M2款）年金保险（万能型）	万能型	1.1	69168.1	6.60

53

在全民互联网理财的大潮中,理财型保险产品凭着相对稳定的收益和一定的保险保障功能,得到了网民的青睐和认可。互联网用户以年轻群体为主,呈现保障型产品的主动需求相对较低、理财型产品的主动需求旺盛的特点,同时,2013年起互联网金融的爆发式增长,在一定程度上也推动了理财产品销售火爆。

(二)保障型产品获客能力强

1. 保障型产品中,与第三方渠道合作的短期交通工具意外险销售火爆

从承保件数和获客能力方面来看,保障型产品占据绝对优势。2014年,理财型产品的承保件数仅占人身险公司网销承保总件数的1.7%。保障型产品的承保件数远高于理财型产品的主要原因是保障型产品中包括大量短期意外险和健康险,费率低,保费收入不高,但覆盖范围广,获客能力强。

从2014年各保险公司互联网渠道保障型产品销售前十名的产品看,以第三方渠道销售的交通工具意外险为主,健康险仅泰康人寿一款官网产品上榜(见表2-24)。

表2-24 2014年互联网人身保险规模保费排名前十的保障型产品

公司	分类	渠道类型	产品名称	产品类别	承保件数(万件)	规模保费(万元)	保险期间
合众人寿	保障型产品	第三方合作	合众网销航空意外计划	意外险	1481.5	35833.4	短期
阳光人寿	保障型产品	第三方合作	飞机乘客意外伤害保险(单程)	意外险	2793.968	27978.6	短期
人保寿险	保障型产品	第三方合作	人保寿险出行意外综合保障计划	意外险	936.7241	25169.39	短期
太保寿险	保障型产品	第三方合作	任我行交通工具意外伤害保险	意外险	1015.81	20316.15	短期
中航三星	保障型产品	第三方合作	航空旅客意外险	意外险	246.4537	4882.349	短期
阳光人寿	保障型产品	第三方合作	交通工具综合保险QN3卡	意外险	276.32	4144.8	短期
泰康人寿	保障型产品	官网	泰康e康B款终身重大疾病保险	健康保险	0.7114	3049.0741	长期

第二章 ◆ 2014年互联网保险市场经营成果分析

续表

公司	分类	渠道类型	产品名称	产品类别	承保件数（万件）	规模保费（万元）	保险期间
瑞泰人寿	保障型产品	第三方合作	瑞泰瑞驰交通工具意外伤害保险计划	意外险	148.35	3001.73	短期
太保寿险	保障型产品	第三方合作	旅游安全人身意外伤害保险	意外险	106.53	2823.43	短期
平安养老	保障型产品	第三方合作	高额航意外险	意外险	53.5	1604.3	短期

2. 保障型产品客户数明显占优势，理财型产品客户数增长迅速

表2-25　2012~2014年互联网保险保障型客户数VS理财型客户数

客户分类＼年份	2014	2013	2012
保障型客户数/理财型客户数	54.4	210.7	1588.3

从表2-25中的数据可以看出，近三年来，理财型产品的客户数与保障型产品客户数之间的差距逐年缩小，同时，如图2-10所示中的曲线趋势可以看出，理财型产品的客户数增长率明显高于保障型客户数增长率。理财产

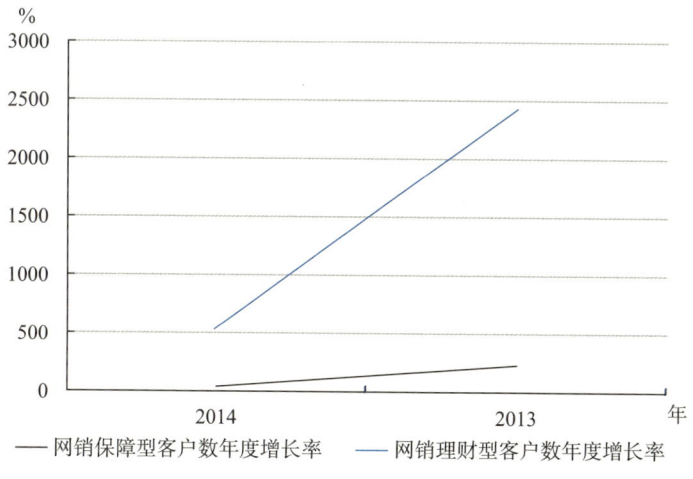

图2-10　网销保障型VS理财型客户数年度增长率对比

品以其更具黏性的特点，吸引越来越多的客户接触和了解保险，为保险公司的客户二次开发打下良好的基础。

理财险客户黏性较强，以理财产品作为突破口，让更多的网民接触保险、了解保险，进而挖掘保障需求，是互联网保险发展的重要方式。但对于人身保险行业来说，理财型产品的内含价值低于健康险和寿险等长期保障型产品。如果行业长期以理财型产品为主导，各家公司将发展重心放在比保费规模、拼收益，不利于行业的长期健康发展。避免理财产品的过度极端发展，也是各公司在发展过程中需要注意的问题。

（三）意外险件数称王，但保费占比逐渐下降

2012~2014年，意外险的承保件数和保费规模均大幅增长，但在各险类中的保费占比呈逐年下降趋势，由2012年的49%下降至5.3%，主要原因是网销意外险多为短期险，件均保费低，无法与理财型产品等高件均产品抗衡。

意外险保费占比不高，但承保件数占据半壁江山，占互联网保险承保件数的80%，堪称"件数王"。在意外险中，一年期及一年期以内的短期意外险占比为92.3%，可谓"件数王中王"。

短期意外险件数占比高，一方面，是因为短期意外险主要与出行和旅游相关，保险期间灵活，且价格低廉，是客户主动需求较旺盛的险种。另一方面，也受保险公司经营策略的影响。这类险种保费不高，但投保客户数和承保件数可观，是各家公司获客的主要险种。在淘宝保险频道上，可以看到不少公司以几元甚至1分钱的价格销售交通工具意外险，这与公司战略相关，通过廉价的短期意外险获客，后续进行客户经营和需求挖掘，完成客户转化。

未来的意外险经营，与日渐旺盛的旅游市场息息相关。随着人们生活水平的日益提高，旅游成为重要的休闲度假方式。根据统计，2014年我国旅游接待总人数为37.6亿人次，内地公民出境总量达1.17亿人次。"互联网+旅游"将给互联网保险带来巨大的商机和市场空间，保险公司可深入挖掘旅游意外的市场需求，继续推动意外险发展。

第二章 ◆ 2014年互联网保险市场经营成果分析

从承保件数来看,2014年各公司互联网渠道销售件数最多的险种以短期意外险为主。如表2-26所示,2014年市场上销售火爆的产品以第三方渠道销售的理财产品为主,保障型产品中的意外险在件数上占绝对优势。

表2-26　2014年互联网保险承保件数排名前十的产品

公司	分类	渠道类型	产品名称	产品类别	设计类型	承保件数（万件）	规模保费（万元）	保险期间
交银康联	理财型产品	第三方合作	财富稳赢	人寿保险	万能型	10322	42043	长期
北大方正	保障型产品	第三方合作	保利来终身寿险（万能型）	人寿保险	万能型	9458	20000	短期
阳光人寿	保障型产品	第三方合作	飞机乘客意外伤害保险（单程）	意外险	普通型	2794	27978.6	短期
合众人寿	保障型产品	第三方合作	合众网销航空意外计划	意外险	普通型	1481.5	35833.4	短期
太保寿险	保障型产品	第三方合作	任我行交通工具意外伤害保险	意外险	普通型	1015.8	20316.15	短期
人保寿险	保障型产品	第三方合作	人保寿险出行意外综合保障计划	意外险	普通型	936.7	25169.39	短期
前海人寿	理财型产品	第二方合作	聚富三号	人寿保险	万能型	318.9	394878.7	长期
阳光人寿	保障型产品	第三方合作	交通工具综合保险QN3卡	意外险	普通型	276.3	4144.8	短期
中航三星	保障型产品	第三方合作	航空旅客意外险	意外险	普通型	246.5	4882.349	短期
瑞泰人寿	保障型产品	第三方合作	瑞泰瑞驰交通工具意外伤害保险计划	意外险	普通型	148.4	3001.73	短期

理财险和意外险的客户主动需求较强,符合互联网保险目前客户群体的消费特征,在互联网保险发展初期具有相对优势。随着客户消费习惯的养成,互联网保险客户对保障型产品的需求将不断提升,行业应采取循序渐进的方式,以相对简单的保障型产品为突破口,探索和培养客户需求,不断创新保障型产品的承保流程、产品形态,逐渐积累客户,推动互联网保险的平衡发展。

（四）健康险业务规模小，未来成长空间大

在所有险类中，健康险的保费收入和承保件数均最低，保费收入仅约为意外险的1/4，件数仅约为意外险的1/5。这与人们的健康意识日渐提高、老龄化社会的到来等趋势似乎并不匹配。究其原因，主要有以下三个方面：

一是健康险的在线投保流程局限性。健康险的投保流程较其他险种更为复杂，健康告知较多，涉及既往病史和理赔信息的，往往需要人工核保。按照传统渠道产品的投保规则，健康产品达到体检标准的额度最低，因此，被保险人年龄偏高或投保健康险保额偏高时，为防止逆向选择风险，通常无法通过在线方式购买，必须进入线下流程。这造成了保额较高的健康产品目前无法通过互联网销售的问题。

二是产品保险期间短，保额低，无法满足客户需求。目前的互联网保险健康产品保险期间通常比较短，保额普遍偏低，一般不超过20万元，对于重大疾病类产品而言，不能全面满足客户的保险需求。

三是互联网保险的购买群体年轻化。互联网保险的客户群体呈现年轻化特征，主流人群是"80后"和"90后"，这部分客户处于身体健康状况较好的人生阶段，对健康保险的主动购买意识不强。这就造成了健康保险的主动购买行为较理财险和意外险等明显较弱。

健康险在互联网保险中的规模较小，与强烈的市场需求之间是矛盾的。如何解决健康险在互联网平台上的销售瓶颈，成为健康险在线销售和发展的关键。针对健康险发展中存在的流程、产品等问题，提出如下建议：

一是简化健康险投保流程，解决信息不对称的问题。健康险的销售建立在保险公司对被保险人的健康信息了解较为充分的基础上，目前这种信息不对称的问题，需要采用线上复杂的告知、线下的体检或健康资料提供等方式解决。要简化健康险的投保流程，就需要打破这种不对称的局面。

通常，为了解决这一问题，部分公司在代理人渠道的移动展业客户端嵌入了在线智能核保系统，即健康告知内容可以根据客户的回答进行即时交互，并与再保公司的核保评点系统对接，即时返回核保结果。但这种方式在网销渠道还没有广泛使用：一方面，目前大多数公司的互联网保险销售依赖

第三方平台，系统对接和开发不便；另一方面，这种频繁交互、相对复杂的健康告知方式，客户体验不佳，不太适合互联网渠道。

随着大数据的广泛使用以及征信体系的完善，保险公司对客户的健康评估可以不再依赖传统的方式，而是尝试与医保平台、征信体系等对接，形成建立在大数据分析基础上的新型核保方式，这样既能解决投保流程的问题，也能够提升风险管控的水平。

二是丰富健康险产品线，提供满足客户健康险需求的优质产品。目前，互联网保险在售的健康险产品，由于投保流程和风险管控手段的不足，呈现保额低、保险责任单一和保险期间短等特点，不能满足客户对健康保险的需求。

在上述问题解决后，网销健康险的产品责任、保险期间和保额等都可以更为宽松，为客户提供更丰富的、选择空间更大的产品线，满足客户不同层次的健康险需求。

四、渠道结构：以第三方平台为主，自建官网为辅

互联网保险自2013年开始快速成长，经过一年多的发展，互联网保险的销售渠道日益丰富和多元化，由2013年淘宝一枝独秀到2014年各渠道百花齐放，越来越多的网站和机构开始涉足保险业务，为互联网保险的快速繁荣发展提供了丰富的平台和空间。

截至2014年底，在52家开展互联网保险业务的人身险公司中，有41家公司自建在线商城（官网），45家公司与第三方电子商务平台合作，34家公司采用官网和第三方合作"双管齐下"的商业模式。2014年通过第三方渠道实现规模保费335.43亿元，占人身险公司互联网总保费的95%，是官网保费的19倍之多；承保件数达到1.05亿件，占总承保件数的99.56%，是官网承保件数的224倍。互联网保险的渠道结构形成了以第三方平台为主、自建官网为辅的格局。

目前，与人身险公司合作的第三方渠道主要包括互联网平台（淘宝、网易、腾讯、京东、百度等）、专业中介（慧择网、中民网、新一站等）、兼业代理（携程网、去哪儿网、艺龙网、航空网站等）三种类型。

（一）官网经营模式分析

1. 行业官网经营情况概述

官网是人身险公司最早开展互联网保险营销的渠道，近年来随着互联网技术的普及，各家公司均不断加大投入，以客户体验为中心对官网进行适销性改造，从单一的品牌宣传功能逐步向营销平台转换。2014年人身险公司通过官网销售实现保费收入17.75亿元，占其互联网保险总保费的5.03%，承保件数为46.58万件。

2. 官网经营的优劣势

与保险公司的官网相比，第三方渠道凭借流量优势，在保费量和承保件数上占有绝对优势。在第三方渠道如火如荼发展的情况下，部分公司坚持对官网的精细经营，是出于对官网独特优势和未来经营战略的考虑。官方网站作为保险公司的自营渠道，既有其不可替代的优势，也有不足之处。

（1）优势。官网具有更强的自主性和灵活性，能够按照产品形态设计承保流程，在续期交费和后续服务上具有天然优势；客户黏性高，能够在客户心目中塑造较强的品牌意识。因此，官网在保费规模上虽不及第三方渠道，但其重要性仍不可小觑。

（2）劣势。与淘宝、京东等第三方平台相比，官网的流量不足，建设成本高，需要专门的团队维护和宣传，从性价比上来说，第三方平台更加"物美价廉"。

3. 人身险公司官网经营情况

统计数据显示，2014年官网承保保费前五名的公司分别为：建信人寿、泰康人寿、中航三星、国华人寿和阳光人寿；官网承保件数前五名的公司分别为泰康人寿、平安养老、阳光人寿、友邦人寿和建信人寿。

2014年网站访问量最大的是太保寿险，其次是泰康人寿、国寿电商、国寿股份、阳光人寿和招商信诺；网站日均独立访客数最大的是建信人寿，其次是太保寿险、平安人寿、泰康人寿和信诚人寿；网站转换率最高的是友邦人寿，其次是陆家嘴国泰、复星保德信、昆仑健康、太平人寿、泰康人寿和国华人寿，如表2-27所示。

表2-27　寿险公司官网经营前十名的情况

序号	指标名称	投保客户数（万户）	日均独立访客（万户）	网站流量（万户）	自主网站转换率（%）
1	友邦保险	3.97	0.04	488.24	28.54
2	陆家嘴国泰	0.21	0.01	76.19	5.69
3	复星保德信	0.14	0.01	24.31	3.84
4	昆仑健康	0.69	0.05	82.26	3.60
5	太平人寿	0.65	0.05	43.93	3.55
6	泰康人寿	127.63	13.30	11860.11	2.63
7	国华人寿	0.44	0.10	232.87	1.25
8	新华人寿	0.65	0.17	96.54	1.05
9	中德安联	3.14	0.84	122.23	1.02
10	中意人寿	0.36	0.13	98.77	0.77

从自主网站的流量数据看，各人身险公司之间的官网流量差异较大，可见各家公司在互联网经营上的侧重点有很大的不同。自主网络转换率前十名中，年轻寿险公司占比更大，一定程度上是因为年轻寿险公司在互联网渠道经营中倾注了更多的精力。

（二）第三方渠道：渠道日益丰富，互联网平台为主流

近年来，随着互联网平台的崛起，第三方渠道不断丰富，逐步形成了互联网平台为主、兼业代理类及其他为辅的格局。互联网平台保费市场份额由2012年的33%增长到2013年的69%，2014年稳定在68%；兼业代理类的保费市场份额由2012年的62%降至2013年的29%，2014年稳定在30%；专业中介类的市场份额均为1%。兼业代理类平台因其丰富的客户资源和与代理产品更匹配的消费场景，仍具有较强的市场竞争力（见图2-11）。

1. **互联网平台**

2014年人身险公司通过互联网平台实现保费收入231亿元，同比增长740%，产品销售数量由2012年的122个增至669个，与2013年同比增长76%（见图2-12）。

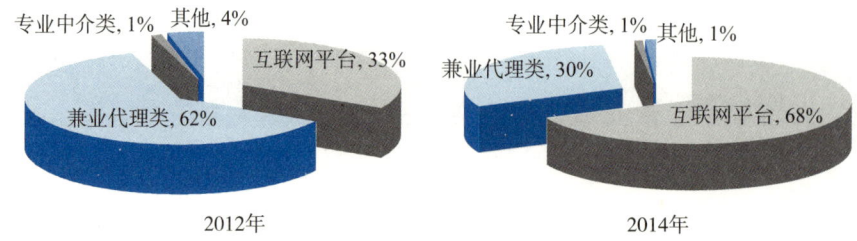

图2-11 各大类渠道保费市场份额

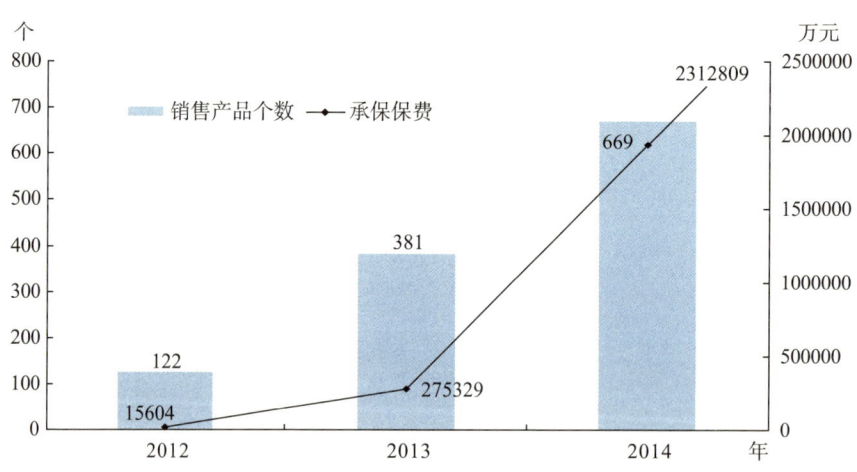

图2-12 2012~2014年第三方渠道——互联网平台的承保变化趋势

（1）淘宝保费收入最高，但市场份额下降。在互联网平台类渠道中，淘宝（含天猫、支付宝、招财宝等）可谓独霸天下，但随着网易、京东、苏宁易购等其他互联网保险平台的业务推动和发展，淘宝市场份额已由2012年的99%、2013年的95%下降至2014年的67%（见图2-13）。虽然市场份额下降，但淘宝渠道占整个互联网渠道的份额仍然是最大的。网易平台2014年业务快速增长，互联网市场占比为28%。这种总体保费激增、经营主体日益丰富多元的市场竞争格局，有利于行业的持续健康发展（见表2-28）。

第二章 2014年互联网保险市场经营成果分析

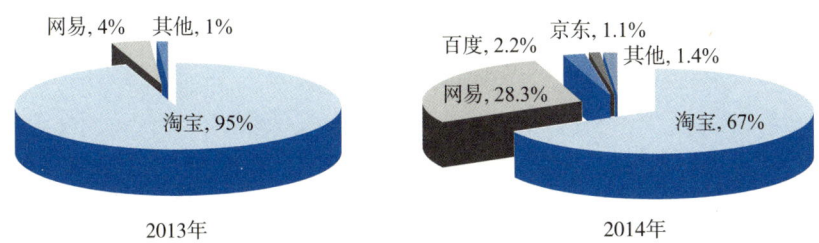

图2-13 互联网平台市场份额

表2-28 2014年互联网平台企业承保保费和承保件数增长情况

序号	平台名称	2014年承保保费（万元）	保费同比增长（%）	承保件数同比增长（%）
1	淘宝（含天猫、支付宝、招财宝等）	1293814.4	497	610
2	网易	547395.9	4785	34
3	京东	21038.0	7320	46
4	铜板街	5131.4	711	504
5	趣拿软件科技有限公司	3572.6	462	341
6	腾讯（含微信等）	2216.5	348	130
7	苏宁易购	1756.3	12466	125318
8	电信	703.0	213	167

2014年，合作最多的互联网平台企业仍然是淘宝（含天猫、支付宝、招财宝等），有28家公司与淘宝合作。近三年，这些公司与淘宝合作的产品数量和销售业绩逐渐攀升，2012~2014年在淘宝销售的产品个数分别为52个、218个、350个。

淘宝作为拥有海量客户的超级销售平台，具有不可比拟的客户资源优势，这也正是很多保险公司愿意与淘宝合作的原因。淘宝的保险频道、招财宝、支付宝等平台都有保险销售板块，是保险行业重要的销售平台，但目前淘宝等第三方平台均存在流程设计过于简单的问题，无法个性化对接保险公司平台，在复杂产品销售、续期收费和相应的服务上，还存在很大的改进空间。

这也正是一些公司对官网的经营比较看重的原因。虽然第三方平台有超高的流量，能够产生喜人的销售业绩，但受平台特点的约束，灵活性不足，官网恰恰能够弥补这一缺陷，按照险种特点设计个性化的、与产品特点相匹配的业务流程，提供周到的后续服务，给客户更好的体验，形成品牌意识和客户黏性。保险公司在经营过程中，可根据自身经营战略和产品特点，恰当地进行销售渠道选择。

（2）2014年互联网平台新增渠道表现不俗。除2013年已销售互联网平台外，2014年新增了不少互联网平台新渠道，其规模保费占2014年互联网平台保费的3%左右。其中，保费前三名的是百度42702万元、中国国际金融有限公司8835万元、陆金所721万元；从成交量来看，尤为突出的有360网购平台（490万件）（见表2-29）。

表2-29　2014年互联网平台新增渠道实现保费收入前3名的情况

序号	平台名称	2014年承保保费（万元）	2014年保单件数（万件）
1	百度	42702	2.9
2	中国国际金融有限公司	8835	0.1
3	陆金所	721	0.1

2. 兼业代理类平台

近年来，兼业代理类平台因产品均顺应市场需求，保费收入保持较高增长速度。2014年兼业代理类平台实现保费收入近101亿元，同比增长234%；平台件均保费增值569元，比2012年增长1033%；产品销售数量由2012年的64个增至273个，增长212%。

兼业代理类渠道更关注产品与渠道本身诉求点的吻合，具有与保险产品更匹配的消费场景。例如，航空公司网站和旅游网站销售航空意外险时，更容易激发客户的购买欲望，符合客户消费习惯。经统计，2014年保费前十名的网站均为银行网银、自助终端、航空网站及旅游网站（见表2-30）。

表2-30 2014年兼业代理类平台实现保费收入前十名的情况

序号	平台名称	2014年承保保费（万元）
1	工商银行自助终端	330174.0
2	建设银行	148748.0
3	工商银行网银、融e购	134721.0
4	去哪儿	66108.1
5	携程	63015.8
6	光大银行	50083.4
7	航空网站（含国航、南航、海航等）	7626.1
8	艺龙（含艺龙航空）	1702.5
9	航联保险销售（北京）有限公司	547.1
10	其他旅行社网站	504.2

3. 专业中介类

2014年专业中介类平台实现保费收入2.6亿元，同比增长206%，较2012年增长953%；2014年该平台件均保费2.6万元，较2012年增长629%；产品销售数量由2012年的101个增至335个，增长143%。

专业中介类2014年保费前五名的为英大长安保险经纪集团公司、华康保险代理有限公司、慧择网、北京明亚经纪有限公司、中民网，其中英大长安保险经纪集团公司保费尤为突出，占专业中介类2014年保费的56%（见表2-31）。

表2-31 2014年专业中介类平台实现保费收入前五名的情况

序号	平台名称	2014年承保保费（万元）
1	英大长安保险经纪集团公司	12107.0
2	华康保险代理有限公司	1270.7
3	慧择网	1055.4
4	北京明亚保险经纪有限公司（包括700度）	753.4
5	中民网	710.1

五、市场竞争格局：中小公司领跑市场，大型公司注重获客

传统保险经营需要渠道铺设、代理人聘任和培训等大量资金和资源投入，而互联网是一个开放、宽容、低门槛的平台，对于中小公司和新成立的年轻公司来说，"互联网+保险"是一次逆袭和弯道超车的机会。

2014年，光大永明、工银安盛、前海人寿等中小公司的规模保费领跑互联网保险市场，可谓异军突起（见图2-14）。网销保费排名前十的人身险公司合计实现规模保费301.3亿元，占互联网人身保险总保费的85.3%，其中光大永明、工银安盛、前海人寿、生命人寿和珠江人寿位列前五。保费规模排名前列的中小公司，大多采用与第三方渠道合作的方式，大力推广万能险、投连险等理财类产品，快速拉升保费规模。

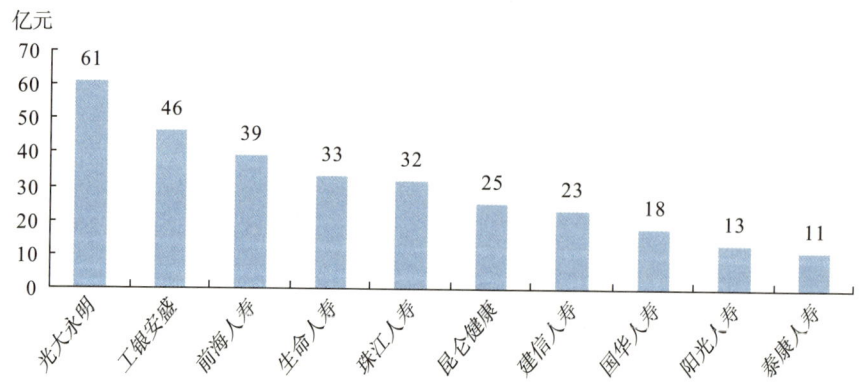

图2-14 互联网保险规模保费排名前十位的寿险公司

2014年中小公司互联网保险业务增速位居行业前列，增长率排名行业前十名的公司中，以中小公司和年轻公司为主。其中，建信人寿、信诚人寿、前海人寿、光大永明的增长率在15倍以上。建信人寿由2013年1万余元的规模保费，在2014年爆炸式增长至23亿元，官网和第三方经营同时发力，规模保费排名行业第六名，可谓互联网保险的一匹"黑马"。由此可以看出，互联网平台给中小公司和年轻公司提供了迅速崛起的机会，各家公司可以根据自身经营战略，抓住互联网保险发展初期的有利机会，快速成长，提升自身品牌影响力（见表2-32）。

表2-32 2014年互联网保费同比增长率行业前十名的寿险公司

排序	公司名称	2014年保费同比增长率(%)
1	建信人寿	1364843.0
2	信诚人寿	7635.6
3	前海人寿	3321.4
4	光大永明	1555.2
5	英大人寿	813.4
6	新华人寿	628.1
7	海康人寿	454.3
8	招商信诺	304.2
9	幸福人寿	277.1
10	人保健康	249.7

与之相对应的是，阳光人寿、泰康人寿、合众人寿、人保寿险、国寿养老、太保寿险、平安人寿等大中型公司在承保件数和投保客户数上处于领先地位。2014年承保件数排名行业前十的人身险公司合计9973.7万件，占互联网人身保险总承保件数的95%（见图2-15）。

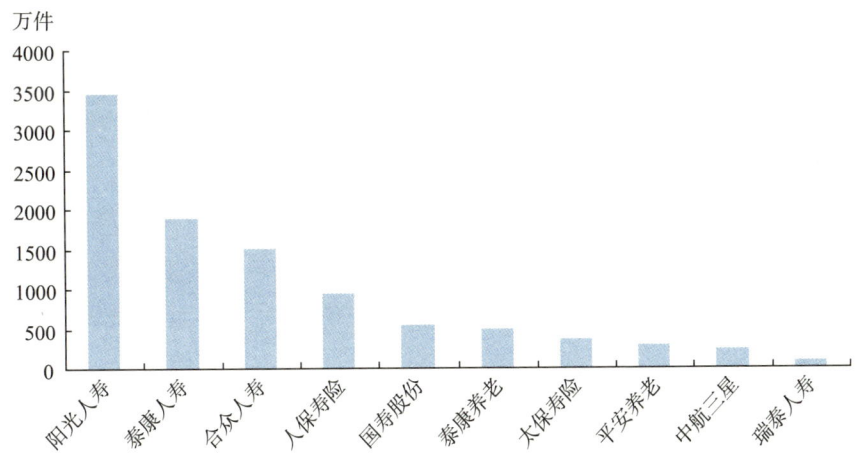

图2-15 2014年承保件数行业排名前十的寿险公司

中小公司的保费占优势，大中型公司的件数拔头筹。这一现象的背后，是不同类型的公司互联网经营战略的差异。

平安人寿、泰康人寿、阳光人寿等公司在互联网保险领域投入较早，形成了具有品牌识别度的官网平台，积累了大量的客户，在传统保障型产品的销售上有优势，从公司战略层面形成了互联网保险的发展规划，目前阶段聚焦获客和保障型产品的经营，在理财类产品的推广和运营上则用力不足。

中小公司在"互联网+保险"的风口上，借助理财类产品迅速进入，一方面，能够产生保费规模；另一方面，能够借助理财产品的黏性和品牌宣传作用，积累客户，塑造公司品牌，培养用户习惯，为未来在互联网保险领域的深耕奠定基础。

互联网保险的快速发展，为新兴的中小公司带来了巨大的发展空间和机会。只要能够识别客户需求，提供符合客户预期的产品，持续创新，把握机遇，同样能够成功突围，在这个新的领域中占得一席之地。

六、互联网保险客户黏性高，业务品质好

互联网保险与传统渠道的经营模式差异较大，通常由客户根据自身需求主动购买，购买流程便捷、产品透明度高，销售误导等问题明显减少，续期情况良好，且客户认可度较高，重复购买率高于传统渠道。

（一）13个月继续率明显高于传统业务

13个月继续率是人身险公司的生命指标，历来得到各家公司的高度重视。经统计，2012~2014年寿险业网销13个月继续率整体保持在90%左右，比传统渠道平均高出10个百分点，明显高于传统业务。

互联网保险是客户基于自身需求主动发起的购买行为，信息公开透明，客户可对比多家公司产品，全面比较后慎重选择。传统业务渠道长期被诟病的销售误导问题，在网销渠道很大程度上得到了较为有效的解决，因此，继续率指标总体较好。

互联网保险的客户群体相对年轻，对新生事物接受能力强，对行业的评价和认知尚处于空白状态，保险业长期以来因销售误导和理赔难等问题造成

的负面形象，可以在新的领域和客户群体中得以转变。只有始终秉持以客户为中心、重视客户体验，不误导、不欺骗，保险业才能得到客户的认可，才有未来的繁荣发展。随着竞争的日益加剧，如何做好互联网保险产品宣传中信息真实性管理，将成为行业需要高度重视的课题。

（二）互联网保险客户重复购买率高于传统渠道

中国保险行业协会统计，2014年互联网保险客户重复购买率平均为15%，比传统渠道的12%高出3个百分点，互联网保险的客户重复购买率高于传统渠道。

传统渠道的重复购买通常由代理人或续期收费人员促成，互联网保险没有代理人介入，客户的购买行为通常基于理性的比较和分析，较高的重复购买率反映了客户对互联网保险产品的认可和满意。在没有代理人引导的情况下，客户主动购买，且重复购买率较高，反映了客户对互联网保险产品和服务的满意度相对较高。

综上所述，2014年互联网保险发展快速，规模保费飙升，渠道持续拓展，继续率良好，以多样的产品、便利的服务赢得了客户的认可和青睐。一些中小公司把握市场机遇，积极创新，取得了喜人的成绩。同时，我们也应该看到，互联网保险目前仍以第三方渠道的理财产品为主要保费来源，真正能够体现保险保障功能的产品还需要进一步推广和拓展，保险公司的产品开发、流程改造、服务配套和渠道经营等仍需提升，以客户需求为中心，用互联网先进的技术和理念改造传统保险业，为保险行业的繁荣发展腾飞插上翅膀。

第三章

行业互联网保险商业模式分析

第三章 行业互联网保险商业模式分析

互联网因其对生产要素配置的优化集成作用，积极而深刻地影响着保险业的行为方式和市场格局。在互联网保险新兴业态跨越式发展的过程中，行业主动适应经济新常态，顺势而为，积极拥抱互联网变革，纷纷布局战略经营，不断探索开拓，创新商业模式，为"互联网+"在保险业的落地生根、为互联网保险持续稳健发展奠定了良好的基础。本章从多个维度对主要保险公司的商业模式进行深入分析，总结保险公司在互联网保险商业模式上的有益尝试和多样化探索路径。

第一节 财产保险篇

一、财险公司对互联网保险业务的战略定位

互联网保险业务作为一种全新的业务形式，市场潜力巨大，未来在互联网技术的推动下必然迸发出蓬勃的生机，这种发展趋势对财险公司来说既是机遇也是挑战。当前各家财险公司纷纷开始着手互联网保险业务的布局——建立官网、与第三方合作、推出APP，并且在公司内部建立起适应互联网业务发展的组织架构。基于对互联网保险业务的认识和自身业务的发展状况，各家财险公司对互联网保险业务也进行了不同的定位（见表3-1）。

表3-1　各公司互联网保险的战略定位

公司	战略定位
中国人保财险	建立"以客户为中心"的综合、便捷化线上服务平台，搭建线上线下一体化保险服务体系，以满足客户多元化的保险需求
中国人寿财险	通过发展线上线下互动、互融、互通的一体化网销业务，满足客户需求，做好客户服务，做到在线经营、在线决策、在线竞争、在线宣传，打造线上优势，实现"国寿一网、一网打尽"
太保产险	深化移动互联技术的应用，完善从公司到客户端对端的互动营销和服务体系，实现经营管理效率和客户服务体验的提升

续表

公司	战略定位
平安产险	围绕车主需求，以电商化运作模式，构建集合保险、车主生活、综合金融及合作能力于一体的网销大平台，给客户打造个性、多样、完整的以保险产品为核心的金融生态体系，作为平安集团衣食住行战略中"行"门户的实施者。平安产险将不断推动互联网保险与传统保险业务的并重发展，未来将着力把互联网保险打造为重要渠道之一
中国大地保险	形成"五位一体"的销售模式，"五位"指官网、微信、电商平台、直团、联合网站；"一体"指积分商城。自有渠道在营销策略上注重线上、线下渠道资源整合，产品策略上通过与车险搭配非车产品进行组合销售；外部渠道在营销策划上注重借助外部渠道优势进行营销，产品策略上更侧重于提供定制化产品，通过产品与外部渠道的结合进行场景化销售
华安保险	电子商务平台是实现以客户为中心的管理模式的深入点，是为客户提供服务及互动管理的平台，是公司特色业务的重要支持平台，是公司业务销售的新兴平台，以此促进公司业务健康可持续发展
太平财险	互联网保险销售是公司未来发展的制高点，是打造核心竞争力的关键点
中华保险	中华网销致力于走专业化发展的道路，建造一个快速、便捷、安全，产品种类涵盖财险、寿险、投资、理财，能够实现电销、网销、移动终端三位一体的线上线下融合的综合金融保险服务平台
阳光产险	在公司内部，互联网保险业务的定位一方面是互联网产品开发、销售、客户服务及品牌传播的平台，规模保费的主要贡献渠道；另一方面，也将成为引领、推动整个财险公司互联网转型的引擎和动力，为传统渠道的互联网转型提供工具、平台及其他支持
华泰财险	进一步强化提升、聚焦专注，打造华泰电商差异化竞争优势，探索华泰特色的互联网保险新模式
天安财险	高度重视互联网保险的系统平台及营销能力建设，并将其视为公司未来业务发展的重要增长点
史带财险	利用互联网做好细分市场，提供差异化及创新化的竞争产品，实现保费利润与保费规模双重突破的重要销售模式
永安财险	互联网保险是公司未来六年重要的增量销售渠道，是实现"弯道超车"的利器

第三章 ◆ 行业互联网保险商业模式分析

续表

公司	战略定位
永诚保险	一是结合目前公司移动互联网发展的现状开展保险营销和运营客户的探索及尝试；二是加强互联网渠道合作，坚持走"销售场景化、责任碎片化、产品定制化"的发展思路，结合各种互联网应用场景和特定人群定制产品，建立O2O一体化的营销服务模式；三是突破单一保险的思维，发挥保险风险管控和增信等特点，尝试与其他金融产品在资产证券化等领域的合作，加强保险在新金融生态圈中的应用
安邦财险	借助互联网的翅膀，将拓宽销售渠道，利用互联网思维，提供更加具有创新性的产品与服务回馈客户与市场
中银保险	建设以用户需求为中心的网电销一体化平台，实现全流程线上线下的深度融合，嵌入中国银行集团网络金融体系中，互联网保险是公司未来发展的重点方向
英大财险	紧扣"效益优先、兼顾规模"发展主线，继续转变电商业务发展方式，深化结构调整，积极开拓客户资源，充分利用互联网等先进工具，整合电销、网销资源，建立起电商管理垂直化、分散业务电商化、电商作业专业化、电商费用精细化的电子商务事业部体系及业务模式，实现保费高速增长，并最终实现盈利
安盛天平	安盛天平定位于互联网保险，结合国际先进保险管理技术，发挥本土实践经验，实现向O2O经营模式的转型
民安财险	将互联网作为重要战略进行研究与筹备，利用互联网实现销售模式的重大突破和创新，成为新的业务增长点
利宝保险	关注用户诉求，以用户体验为中心，使用"移动+"社交方式创新车险服务体系，让优质用户获得超出预期的全新车险体验，让普通消费者变成品牌粉丝，获得病毒式扩张，破坏传统车险竞争格局，赢得市场份额
安诚保险	以建立价值客户体系为目标；以细分市场为措施，提供差异化竞争产品和服务；以科技手段实现集中运营和管理
紫金财险	针对互联网发展快速创新、快速迭代等特性，2015年，公司广泛开展市场调研，正在积极探索互联网保险的发展模式、发展战略

续表

公司	战略定位
信达财险	定位于除公司物理机构网点外的"低成本"、"轻人力"的重点业务增长渠道和新型客户信息来源渠道
美亚财险	积极筹备车险的网销平台,将大力推进网上直通车险,力求为本公司车险业务的发展作出重要的贡献
三星财险	参考母公司三星火灾在韩国已经成功的互联网保险经验,引进先进的管理和技术,打造真正的纯互联网保险,做到快速、方便、信赖,零骚扰,树立保险行业新标杆,做中国人喜爱的企业
长安保险	希望通过互联网保险加快推动公司的整体转型,努力打造一个集产品形态创新、设计、定价、承保、理赔、服务等一体化平台,探索以大数据为基础的互联网保险商业模式,真正实现"互联网金融"
锦泰保险	公司对电子商务定位为"平台",主要采用O2O的模式,致力于形成一个"线上营销(网络推广)、交易——线下服务体验(理赔服务、增值服务、实体门店、会员活动等)+线下营销(传统销售渠道推广、线下广告推广、活动等)——线上交易"的闭环式、线上线下充分融合的锦泰电商生态圈
长江财险	持续有序、集约稳妥地实施互联网保险战略,充分运用大数据、云计算的巨大潜力,对现有标准化的意外健康险、家财险、责任险等保险产品、运营和服务模式进行重构。精选第三方合作平台,充分利用B2C、B2B等多种模式,拓展营销空间,构建官网直销、第三方平台分销相结合以及PC端、移动端全覆盖的一体化营销模式,向全国市场延伸业务
众安保险	众安保险作为国内首家专业互联网保险公司,自成立以来一直基于服务互联网、保障互联网的思路,根据互联网电商领域、社交领域及互联网金融等各种场景下产生的保险需求,定制化地设计开发保险产品

对于大型财险公司来说,互联网保险业务有望成为拓展销售渠道、完善客户服务的平台。财险公司传统线下渠道获取的客户,大部分是要靠业务员或者中介公司去推动的,严格来说,公司对这部分客户的掌握是相对偏弱

的。互联网去中心化的特点，使得财险公司能够通过打造互联网端的平台来广泛获取客户，降低与客户的接触成本，加大获客的广度和深度；客户的选择成本相对传统渠道要低得多，因此作为直接接触客户的线上平台，互联网保险业务成为各家财险公司完善客户服务的重要渠道。例如，平安产险作为平安集团衣食住行战略中"行"门户的实施者，以电商化运作模式，构建集合保险、车主生活、综合金融及合作能力于一体的网销大平台，为客户打造个性、多样、完整的以保险产品为核心的金融生态体系。中国人保财险建立"以客户为中心"的综合、便捷化线上服务平台，搭建线上线下一体化保险服务体系，以满足客户多元化的保险需求。

对于中小财险公司来说，互联网保险业务是公司实现弯道超车的利器。目前，高度集中的财险市场结构对中小财险公司来说，发展空间较小。互联网保险的发展使得中小财险公司有机会从互联网的大潮中争取某些产品的更多市场份额，实现渠道的差异化竞争。互联网保险不仅仅是保险产品的互联网化，而且开启了保险业全新的商业模式和服务模式，弥补了传统模式线上服务能力的不足。互联网保险的发展是产业变革的历史趋势，也有可能成为财产保险市场新一轮竞争格局形成的分水岭。因此，各家保险公司都在发力互联网保险业务，将发展互联网保险作为一个重点扶持和资源倾斜的战略方向。例如，利宝保险便期望使用"移动+社交"方式创新车险服务体系，让优质用户获得超出预期的全新车险体验，让普通消费者变成品牌粉丝，获得爆发式扩张，从而打破传统车险竞争格局，赢得市场份额。

二、财险公司经营互联网保险业务的组织架构

为更好地开展互联网保险业务，各家财险公司通常在组织架构上也进行了相应调整，一般采取五种形式：事业部制和准事业部制、子公司制、部门制、多部门管理制、纯互联网模式。对互联网业务比较重视，且发展较为成熟的保险公司一般会单独成立事业部或者子公司来统筹互联网业务的经营；互联网业务处于发展初期的保险公司通常是在原有的架构中设置专门负责互联网业务的部门，或者由多个部门来共同管理；另外，当前也出现了众安保险这样纯互联网的经营模式。

目前开展互联网保险业务的主要财险公司组织架构形式如表3-2所示。

表3-2 财险公司经营互联网保险业务组织架构形式

组织架构形式	保险公司
事业部制	中国人保财险、太平财险、阳光产险、中华保险、安盛天平、华泰财险、安邦财险、利宝保险
准事业部制	锦泰保险
子公司制	中国人寿财险、太保产险、平安产险
部门制	中国大地保险、华安保险、天安财险、史带财险、永安财险、永诚保险、中银保险、安诚保险、紫金保险、长江财险、富德财险、信达财险、英大财险、长安保险、三星财险
多部门管理制	民安保险、美亚财险
纯互联网模式	众安保险

（一）事业部制和准事业部制

事业部制，就是按照企业所经营的事业，包括按产品、按地区、按客户（市场）等来划分部门，设立若干事业部。事业部是在企业宏观领导下，拥有完全的经营自主权，实行独立经营、独立核算的部门，既是受公司控制的利润中心，具有利润生产和经营管理的职能，同时也是产品责任单位或市场责任单位，对产品设计、销售活动、理赔运营服务负有统一领导的职能。该组织方式更专业、独立、灵活，能充分集中调动公司内部资源，协调公司各部门合作，有利于互联网保险业务的专业化经营。

在财险公司内部，互联网保险业务尚属新兴业务模式，它不同于传统渠道垂直化的管理形式，成立事业部和准事业部更利于公司进行内部协调和投入资源，当前共有9家公司采用这种组织架构形式，其中，中国人保财险、安邦财险、阳光产险、华泰财险等8家保险公司采用了事业部制，而锦泰保险采用了准事业部制。该类型组织架构形式如图3-1所示。

第三章 ◆ 行业互联网保险商业模式分析

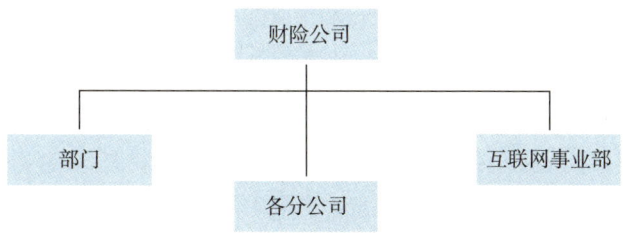

图3-1 事业部制和准事业部制组织架构形式

【典型公司解析】

1. 中国人保财险：独立的事业部制单位——电子商务中心

中国人保财险互联网保险业务由电子商务中心推动发展，它成立于2009年2月，是中国人保财险旗下的事业部制单位。2010年11月，开始经营互联网保险业务，负责产品设计、业务拓展、运营管理、客户服务等全方位经营管理。

产品设计方面：目前公司网销业务规模结构以车险产品为主，主要销售交强险和电销商业险产品；同时兼顾意外险、旅游险、家财险、责任险等标准化程度较高的非车险业务，开发了"美满E家"等重点在网销渠道销售的组合型非车险产品。

业务拓展方面：依托epicc官网，借助网络营销、落地服务、线下推荐等多种手段，综合应用B2C、B2B、O2O、C2B等电商模式，推动"以客户为中心"的线上线下服务资源整合。

运营管理方面：中国人保财险在网销业务发展初期，就确定了"总部集中管理、省级区域推动、地市落地服务"相结合的运营管理模式。依托该模式，网销业务既实现了有效的集中运营管理，又发挥了公司传统的落地服务优势，有利于保险消费者网购习惯的培养和服务权益的保护。

客户服务方面：依托公司系统内遍布全国的机构网点，为网销客户提供打单、配送、理赔、争议处理及各种增值服务。同时，不断完善网站功能，提供在线支持、优化客户体验，推出了24小时在线客服、承保理赔自主查询、电子保单、在线支付、网上询价、一键续保等多项方便客户的举措。

2. 锦泰保险：建立准事业部制的电子商务部

锦泰保险电子商务部定位为准事业部制，以总部专门部门为基础，以项目组推动为依托，以专项资源配置为支撑，以条线垂直管理和机构横向支撑为联动。电子商务部具体职能为：统筹并承担电子商务发展规划、系统建设、客户管理、服务规划、产品创新需求整合和新产品开发、指导分支机构电子商务业务运行及考核等管理职能。

（二）子公司制

大型的保险集团公司基于旗下业务发展的特点，在集团层面成立专管电商的子公司进行统筹运营，利用集团资源进行横向整合，有利于对互联网保险业务模式进行顶层设计，打通互联网业务流程的各个环节，对互联网保险业务进行更专业、独立、统筹、集中运营管理，这样更利于经营模式的顶层设计，可以避免集团下属子公司重复投入资源建立互联网业务模式，造成资源浪费。当前中国平安、太平洋保险和中国人寿3家保险公司均采用这种架构形式。比如中国平安成立了平安直通咨询有限公司，太平洋保险成立了太平洋保险在线服务科技有限公司，中国人寿成立了国寿电商，这些子公司均负责集团公司旗下所有专业公司保险产品的互联网业务销售。该类型组织架构形式如图3-2所示。

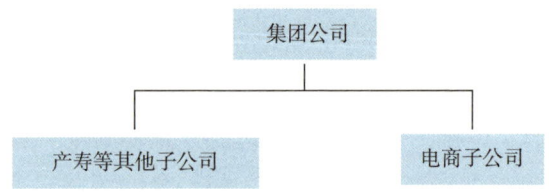

图3-2　子公司制组织架构形式

【典型公司解析】

中国平安：集团层面成立平安直通咨询有限公司，下辖平安产险新渠道事业部，负责运作产险互联网保险业务。

中国平安在集团层面成立了平安直通（原平安渠道发展咨询服务有限公司），主要致力于保险产品、银行理财型和信用卡产品等新的销售渠道的开拓与创新。平安直通下设有财险新渠道事业部，负责互联网保险从引流、营销、承保、服务的全过程。同时，平安产险借鉴成熟互联网行业模式，实行运营经理、产品经理制，并扩充了大数据专家、网页设计专家、交互体验专家等职能岗位，应对海量数据的冲击，建立用户友好的平台能力。

（三）部门制

中小财险公司在互联网保险业务方面起步较晚，并且市场份额还较小，但这块业务在公司内部通常具有战略性的地位，一般采用两种形式：一是成立统管互联网保险业务的一级部门；二是比如在电商渠道部下成立专管互联网业务的二级部门。这样，从公司内部来看，互联网保险业务获得的资源会相对平衡一些。目前，永诚保险、华安保险等15家保险公司就采用这种组织架构。该类型组织架构形式如图3-3所示。

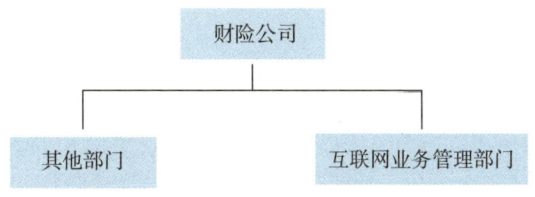

图3-3　部门制组织架构形式

【典型公司解析】

永诚保险：成立互联网业务部，打造互联网平台和销售互联网保险产品。

为适应公司的互联网发展战略，永诚保险对互联网保险业务的管理架构也进行了与时俱进的改革，从2010年最初定位于创新业务孵化器的创新业务部，发展到2012年的以车险电网销为主要业务的网电销业务部。2014年，为了更好地贯彻互联网发展规划，永诚保险再次对组织架构进行了相应的调整，在总公司专门成立了互联网业务部，实现了专业化、条线化和全险种的管理。

互联网业务部专注于网络、电话和移动媒体等新兴渠道的销售，负责探索互联网业务模式，是打造互联网平台和销售互联网保险产品的一体化部门。从部门职能上主要分为以下四个模块：

互联网直销业务：主要负责永诚保险电商网站、微信公众号等直销业务的管理，包括组织执行有针对性的互联网营销和推广。同时，对永诚保险互联网保险平台进行统一的规划和需求管理，并对各互联网平台业务运营情况进行指标监测。

互联网渠道业务：主要负责对互联网第三方网络渠道的拓展推动及营销方案的制订与执行，同时负责与第三方渠道的充分沟通。

电销业务：根据公司的发展规划和经营策略，制定电销业务的经营目标以及各项业务政策、费用预算、营销方案、KPI考核体系。

联络中心：主要负责永诚保险电话销售业务的达成，以及永诚保险多个渠道的互联网业务的在线客户服务。

（四）多部门管理制

有些财险公司在互联网保险业务上尚处于起步阶段，保费规模非常小，因此并未成立专职的部门进行运营管理，相关职能由多个部门共同承担。当前，美亚财险和民安保险就采用这种组织架构。

【典型公司解析】

美亚财险：互联网业务是由总公司相关部门专门负责和管理，其中直销业务由直销部统筹，包括网销、电销等多种渠道相结合管理日常业务；合作销售业务则由总公司个人保险部与渠道部共同负责，包括签订合同、产品培训等。目前，公司正基于合作平台的数据，进行一系列的互联网保险产品的开发。

民安保险：目前，尚未有统一的互联网保险组织架构，由总公司车险部、意外健康险部等专业险部门各自具体负责所属专业险的互联网业务拓展。

（五）纯互联网模式

目前，采用纯互联网模式的保险公司只有众安保险一家，其业务的所有流程全部在线上实现。作为国内首家专业互联网保险公司，众安保险自成立以来一直基于服务互联网、保障互联网的思路，根据互联网电商领域、社交领域及互联网金融等各种场景下产生的保险需求，定制化地设计开发保险产品，比如网络购物退货运费损失险、天气指数保险、网络账户安全保险等。为了更好地利用互联网拓展保险业务，众安保险搭建了扁平化的组织架构，建立项目管理制的产品开发体系：

一是前端业务人员提出新产品的开发需求，先由产品部内部进行初步审核，审核不通过不予以立项。

二是审核通过后，协同两核部门、法务合规部门、财务精算部门、再保险部门等各部门形成产品可行性报告。

三是形成可行性报告后，报公司业务管理委员会进行立项评议决策。

四是决策通过后，方可进行开发，并在产品上线前，再次由业务管理委员会评议，得到书面批复后才可正式上线推广。

通过多层次审核管理及公司决策层、内部两核、法务合规、财务精算、审计人员积极主动参与到各业务全生命周期中，及早发现风险，及早解决风险。

三、财险公司互联网保险业务商业模式分析

虽然各家保险公司会根据自身的情况以不同的组织架构来开展互联网保险业务，但在具体的业务模式上，主要通过官方平台、第三方合作平台和O2O创新三类销售和服务方式开展。

（一）官方平台

1. 官网

现阶段开通了官网的保险公司，其主要定位是获客引流，通过搭建一体化的网上商城平台，引导客户自主完成保险购买，从而培养客户的购买习

惯。对于线上自主意愿不强的用户，通过在官网建立咨询通道，完善客服座席咨询服务能力，引导、帮助客户上网完成交易。该模式是提升线上直通能力的有力补充，目标是推进服务的智能化，利用有限的座席人力在合适的时间、合适的环节给客户提供必要的帮助，最大化地促进客户在线上完成投保。客户在官网购买后再由客服团队进行客户回访，处理投诉或客户意见。通常保险公司官网提供的服务有：产品查询与介绍、购买、报价、支付、保单管理、理赔查询、在线咨询等，基本实现了保险服务的各类前端功能。

2014年，财险公司通过官网达成的保费收入为454.5亿元，占其互联网保险整体保费收入的比例达到89.9%，是当前保险公司开展互联网保险业务的主要模式。其中，中国人保财险、平安产险、中国大地保险、太保产险、阳光产险的官网保费收入均超过10亿元。在29家建立了自主官网的保险公司中，有22家主要通过官网开展互联网保险业务（官网保费收入占比超过50%），剩余7家保险公司通过官网达成的保费收入占比均低于50%。

【典型公司解析】

中国人保财险和平安产险两家公司目前都以官网为开展互联网保险业务的主要渠道，在PC端打造了一站式客户服务中心，积极搭建的一体化服务平台：积极推广电子保单下载、在线支付、自助批改等自助服务功能，丰富网站个人中心服务功能，加强线下客户的自助服务推荐。

2. 其他官方平台

除了官网以外，平安产险、太保产险、阳光产险、安盛天平等保险公司在互联网上还建立了其他自主运营的官方平台，包括移动官网、官方微信公众号、官方移动APP等，给拥有不同的互联网使用习惯的消费者提供了更多的官方接触通道。2014年，财险公司通过这三个移动端官方平台产生的保费收入分别为0.95亿元、10.99亿元、11.50亿元，分别占移动端整体保费规模为4.06%、46.81%、48.98%。其中，移动APP自主控制力度强、推广便捷、功能全面、场景普适，成为2014年多家保险公司力推的官方平台。

（1）中国人保APP。全面推广既有APP平台，提高经营效率。"中国人保"APP作为中国人保财险公司重要的销售与服务平台，为客户提供保险销售和服务于一体的保险生活解决方案，中国人保财险在移动互联端定位了自媒体、现有客户、潜在客户三个维度，启动"产品+APP"的推广方案，通过产品文案和活动策划、宣传海报等主视觉物料设计、应用市场自然排名优化等方式对APP平台进行营销推广。一是通过整合内外部的各类资源，策划持续不断的移动专属促销活动，不断调动既有APP用户的积极性，并利用外部渠道资源置换手段，通过"双重利益吸引"促进购买转化。二是结合消费环境定位推送产品，以场景式营销为核心强化产品在手机终端的认知和购买，促进访问量的激增。三是制订应用市场重点优化方案，对账户星级、评论、下载量等进行综合诊断，对重点应用市场实施APP下载引导，实现外部"中国人保客户端"APP认知及曝光，利用活动、促销、服务等吸引点，增强新增用户积累，最终实现规模增长。

（2）平安产险"好车主"APP。作为车险领域的创新前行者，平安产险积极应用互联网技术，结合销售和服务，对产品服务效率又进行了升级，2014年推出了基于车主需求的"好车主"APP，主打车险报价购买、一键报案理赔、查询代办违章等功能。其中，"买车险、查违章、办理赔"是"好车主"APP三大核心功能。在"好车主"APP买车险模块，用户只需要输入一些基本信息，即可方便、快捷地投保，投保完成后，关联个人信息，之后便可在"我的平安"里面查阅"我的车辆"及"我的保单"等相关信息。除了投保非常简单快捷，在查违章模块还可以查询违章情况。登录状态默认显示"我的车辆"违章情况，并且有代办违章、违章消息推送功能。这与过去需要自己去查违章，还要跑到交管部门缴费等传统模式相比，"好车主"足不出户就能解决难题。推出"好车主"，平安产险再一次将产品销售和服务完美地结合到了一起，进一步提升了服务支持的效率。

（二）第三方合作平台

从客户流量上来看，保险公司官网是无法与纯粹的互联网公司比较的，因而单独依靠保险公司自身平台来推动互联网保险的发展，其力量是十分有限的。官网的客群范围狭窄难以快速扩展，需借助第三方平台进行拓展，通过第三方平台的跨领域特性促进互联网保险生态的活力，让保险业务流入各行各业，融入客户的生活。2014年，财险公司通过第三方平台合作的业务保费规模累计27.69亿元，占其互联网保险业务整体保费规模的比例为5.47%。

第一批第三方保险电子商务网站，如慧择保险网、中民保险网、新一站保险网等主要提供旅游、教育等特定渠道保险服务，在线下与多家企业保持长期合作，在线上着力提升客户体验，在线投保流程优化程度远超保险公司官网平均水平。经过数年运营，已经形成多条稳定的业务渠道和一批忠实的客户群，成为互联网保险中一支不可忽视的力量。

在互联网保险的推动者中，淘宝、苏宁、京东、网易、百度等互联网巨头各显其能。其中，淘宝、京东、苏宁、网易纷纷在自己的网站上设置"保险频道"，销售车险、意外险等产品。这些互联网巨头因为早期主营业务的开展已经培养了大量的忠实客户，客户已经习惯通过这些网站来完成线上交易，它们的平台优势为互联网保险业务的发展奠定了客户基础。

保险公司借助第三方平台优势，将保险意识渗入多行业板块中，在体现保险的社会责任核心价值的同时，也进一步在电子商务领域中巩固保险战略布局。

现阶段，保险公司与第三方平台合作主要有三种形式：

第一，通过保险经纪公司（或专业代理公司）自有网站或其他第三方网站开展互联网保险业务。这种合作形式是以保险经纪（代理）和互联网公司为主导成立的专业保险网站，主要是通过保险超市的形式构建保险公司与客户的桥梁或者作为代理人与保险公司交易的平台。目前，各家保险公司合作的专业保险网站主要有慧择保险、中民保险、京东保险、苏宁保险、网易保险等。客户在这些网站上可以自由进行比价，购买流程就像平时网上购物一样，体现了以客户为中心的服务理念。2014年，在这种合作模式中，网易保险的保费规模是最大的，全年累计达4.84亿元，占互联网财产保险第三方平台整体保费规模的比例为17.47%。

第二，在第三方互联网平台开设网店，如淘宝保险。现在中国人保财险、平安产险、阳光产险、中国大地保险、安盛天平等保险公司均已开设了保险天猫旗舰店，实现了产品推广、购买、报价和在线咨询的服务，但并未提供保单管理的功能。这些旗舰店依托淘宝的平台，统一了购买与支付流程，将购买其他商品相同的体验进行了移植，大大方便了客户，提高了客户

第三章 ◆ 行业互联网保险商业模式分析

满意度。2014年，淘宝是在此种合作模式中处于绝对主导地位，全年累计保费规模为17.15亿元，占互联网财产险第三方平台整体保费规模的比例达61.96%。

第三，在第三方互联网平台其他商品或服务的销售流程中嵌入保险产品的销售，这种合作形式一般是基于对一定交易场景下附加产生的保险需求的满足，比如在机票销售流程嵌入航意险的销售流程，在自助行旅游套餐销售流程中嵌入旅游意外险的销售流程。保险作为电子商务交易中所衍生的需求，由客户自主决定是否投保，部分网站也会以推荐或优惠的模式吸引客户购买。目前，保险公司通过这种形式开展合作的第三方电子商务平台主要是携程网、去哪儿网、同程网等。2014年，通过这种合作形式产生的保费收入还比较少，前三大平台为春秋航空、去哪儿网和携程网，占第三方平台整体保费规模的比例分别为3.41%、2.54%和1.06%。

保险公司与第三方平台进行合作，往往能挖掘出客户新的保险需求，从而开发出新的基于互联网的保险产品，例如，能够实现自动赔付的航空延误险、基于网络购物的货物退运险和资金账户损失险等。互联网的力量是无穷的，与第三方平台合作无疑加快了保险行业的创新步伐，推动互联网保险生态圈的建设，拓展保险的服务范围。

当然，保险公司也已清楚地认识到借助第三方平台开展互联网保险业务的核心本质就是"借流量"，因此，这种形式在开展初期往往面临着三个问题：一是开始阶段只是简单地把线下产品搬到线上，因此造成第三方平台产品的同质化相当严重，为了吸引客户往往只能打价格战。二是大的平台型互联网公司掌握着网络流量的入口，而保险公司现阶段又十分依赖于这些平台的流量导入，因此议价能力比较薄弱。为了能得到更好的渠道支持，往往需要向第三方平台承诺较高的手续费。三是第三方网络平台出于掌控客户资源的考虑，不愿意将客户联系方式提供给保险公司，因此承保理赔信息推送、理赔协助、投诉处理等客户服务多由其主导。保险公司与客户之间的信息传递和沟通存在时滞，当客户对服务不满时保险公司难以第一时间获知并及时处理，易引发投诉升级。

（三）O2O创新业务

O2O模式与传统电子商务概念有较大差别，主要通过线上推广带动线下交易，以加大商户的参与和用户的体验感。简单解释就是网民可以在网上查找信息、对比服务和价格、线上下订单并付款，在线下消费产品或服务，主要适用于服务型产品。O2O模式可以将线上、线下的消费、服务更好地融合在一起，通过及时发布新品信息、打折信息等方式将线上顾客吸引到实体店里消费，获得更佳的体验。

保险行业O2O营销模式的兴起，是中国互联网保险发展现状的必然结果。保险公司结合行业监管和自身经营状况，开展了O2O营销模式的改造创新，在线上开辟专项投保通道，为客户提供更优的产品价格，在线下提供更好的增值服务。当前O2O营销模式尚处于探索阶段，财险公司已经开展的直团业务便是这种模式的实践，它采用了B2B的形式，开拓了企业团体业务渠道，为团体业务客户提供线上投保平台，带来实惠。

当然，O2O营销模式在不同险种营销过程中运用的情况不尽相同，车险互联网销售就十分适合采用O2O模式。其价值在于，大幅降低渠道成本，转而提升全流程的服务体验，这样既可惠及客户，又便于保险公司将更多的精力投入到提升企业服务品质上来。保险公司在运用O2O营销模式时，除提供理赔等必要的线下服务外，还可推出免费道路救援、免费代驾、代验车、代办维修等延伸服务，让客户在体会优惠的同时，享受更加丰富的服务。

第二节　人身保险篇

面对汹涌的互联网大潮，人身险业积极应对，勇于探索，各公司根据自身发展战略取向和优势对互联网保险业务给予不同的战略定位，采取了与之相适应的组织架构、经营模式及策略，商业模式呈现多样化特征。

第三章 ◆ 行业互联网保险商业模式分析

一、人身险公司对互联网保险业务的战略定位

互联网保险是保险行业的子集，是伴随互联网技术和互联网商业发展而出现的新蓝海。对于保险公司来讲，开展互联网保险业务，需要根据企业自身的战略取向和特点来确定该业务在企业发展中的战略定位。一个准确、科学的定位能使互联网保险业务的开展走上正轨，并给企业带来新的发展空间和利润；反之，不仅业务得不到发展，还有可能会伤及企业原有的市场和渠道。从各人身险公司对于互联网保险业务的战略定位来看，主要包含四个方向（见表3-3）。

表3-3 各公司互联网保险的战略定位[①]

公司	战略定位
安邦人寿	利用（移动）互联网思维与技术，结合大数据，成为集团整合所有业务板块与模型、整合国际化战略的骨干线
北大方正	新型销售模式，同时借助公司的服务提升客户忠诚度，这将是北大方正在未来的网销经营战略；现阶段作为一种全新的获客方式，为公司各渠道提供优质客户资源以供开发，同时网销渠道在业务开展过程中积累的经验为未来向轻资产、轻便型、具有互联网思维的公司转型奠定基础
长城人寿	公司的重点战略，将互联网保险作为公司品牌及产品宣传、扩大保费规模和公司规模的重要渠道
大都会人寿	互联网不仅是潜在的销售平台，也是一个便捷的客户服务平台；同时，互联网的发展也提供了一个实现公司整体运营数字化的契机
东吴人寿	将公司电子商务平台打造成一个包含销售、服务和宣传等功能的全方位立体平台，成为一个为公司规模和效益作出贡献的渠道
复星保德信	互联网保险渠道已作为单独部门进行核算，并且被视为重点发展的主要渠道之一培养

---

① 由各公司报送中保协互联网人身保险工作部的年度调研情况整理而成，按公司简称首字母排序。

续表

公司	战略定位
富德生命	通过提供保险生活服务广泛接触客户、高频互动，积累海量客户信息，搭建先进的数据系统平台，同时整合外部医疗健康、财富管理等资源平台，加快实现"数据获取、系统分析、精准营销、个性服务"完整闭环流程，促进公司管理运营水平和用户体验提升，摸索出一套成熟的管理模式和盈利模式，构建互联网保险经营新模式
工银安盛	建立银保网销、移动网销、电话销售、公司自营以及第三方合作"五位一体"的新型经营模式，稳步培育和提升新渠道业务的竞争优势与品牌影响力
光大永明	扩充客户数量，深度发掘客户资源；顺应市场需求，开发适合互联网销售的产品；搭建网络特色运营体系，提升客户体验；增强风险管控力度，重点关注信息安全
国华人寿	互联网保险就是保险行业最大的发展蓝海；发展互联网保险业务是实现和行业先行者同场竞技甚至局部赶超的希望；是迅速提升企业知名度和市场地位最高性价比的选择；是适应新兴网络人群的消费和使用习惯，满足他们的风险和财富管理需求的必由之路；是利用业务发展需要倒逼企业自身的全面改革和进步、提高可持续发展能力的推动力，是在互联网时代开展保险业务的必然选择
国寿电商	实施平台战略，通过综合销售、数据管理、创新服务为专业公司带来新客户、提供新平台、培育新能力、创造新的增长点
海康人寿	发展电子商务战略，将有助于公司进一步可持续发展与成长，同时也与公司长期的保障导向产品策略、透明化销售战略、直面客户战略与长期盈利性相符，是支持公司总体战略的重要组成部分
合众人寿	互联网保险发展战略作为公司的新兴销售渠道
恒安标准	对于互联网保险业务，恒安标准在未来几年将基于公司整体发展战略，进一步通过IT平台建设，借助数字化技术和新媒体工具，使销售人员能更便捷地销售，为客户提供更加便利的服务，积累客户，提升客户体验和品牌知名度
弘康人寿	互联网保险是公司对外的"窗口"，通过建立良好的舆论环境，打造"简单造就非凡"的企业品牌形象，将创新、简单、发展迅速的要素注入到品牌形象中；同时打造"低费率、高收益、简单透明"的产品品牌，不断强化渠道和产品特色，实现品牌和营销的融合，以互联网为媒介，大力提升软实力，最终实现品牌价值增值，将品牌升华成为公司价值

第三章 ◆ 行业互联网保险商业模式分析

续表

公司	战略定位
华汇人寿	充分利用互联网以及相关的新技术，发挥中介渠道优势，快速积累保费规模，并为其他业务渠道提供优质客户资源
华泰人寿	定位为模式创新，不以获得客户为目的，不以保费为衡量标准，坚持以模式探索、平台建设为重点，提升公司效率
华夏人寿	战略定位为市场创新者
吉祥人寿	通过互联网保险逐步融合其他业务渠道方式，为传统渠道提供加大业务拓展与提升客户体验支持
建信人寿	持续开拓和建立具有银行系特色的互联网保险业务模式
交银康联	立足互联网思维，在业务发展上深化依托母行及自身网络渠道发展网络业务经营，在销售服务上尝试运用移动互联技术，提升客户体验，建立以满足客户需求为导向的全新服务模式
君龙人寿	已将互联网保险业务定位为公司战略级项目，扩大公司服务范围及能力、建立实施差异化竞争和精准营销的基础，是公司现阶段及未来最重要的业务之一
昆仑健康	以直销为主，以中介为辅，通过前期销售万能险，在规模增长的同时积累客户，利用线上线下营销服务相结合的方式，提升核心业务占比，以此提高渠道整体利润贡献
利安人寿	未来三年总体策略是在保持适度保费规模的同时，逐步将业务类型从依托理财型产品及第三方渠道向情景型保障类产品和高内涵价值业务倾斜
陆家嘴国泰	开展资金型业务，增加短期获利，以达到提高公司品牌影响力、扩大保费收入、阶段性赚取超额利差及获取有效客户名单的目标
民生保险	将互联网保险作为近年来业务渠道的发展重点和公司经营的重要组成部分
农银人寿	公司将依托母行（中国农业银行）丰富的业务资源、强大的品牌优势、庞大和优质的网络客户，强化行司联动力度，深入开展网银银保通、母行官网、ATM等新型业务终端与多媒体电子商务平台；不断完善公司电子商务平台的各项功能，逐步融入母行网络金融与电子银行体系；实现银行、保险等各业务板块的贯通；做到"业务数据共享、服务标准统一、客户体验一致"；将母行打造成多维一体的集团化的现代金融服务体系

续表

公司	战略定位
平安人寿	互联网保险定位于互联网技术与传统业务相结合的金融互联网创新道路，最大限度的依托平台力量，发挥综合金融的强大协同效应，兼具平台和内容的双重优势，打通线上、线下两个渠道
平安养老	应用互联网新技术对传统业务模式及业务流程进行改造升级，拓展客户接触场景，提升销售及服务的便捷性，实现从单纯的线下销售模式向O2O经营模式转型
前海人寿	发展互联网保险是公司探索保险创新发展、促进传统业务模式全面转型升级的重要路径；2015年，公司将致力于网销平台的发展，努力将平台业务打造成为公司网销渠道业绩冲刺先锋，并将网销渠道打造为公司互联网新科技创新运用的探路者
人保健康	推动公司从产品销售向服务营销转变，从传统销售向精准营销转型，从单一模式向多点融合、跨界开拓转变
人保寿险	互联网业务不但承载提升产品销售、信息传递、客户服务效率提升的重任，更承担公司建立互联网生态、打造新常态存在形式的重任
瑞泰人寿	网销渠道将优势资源整合聚集到战略目标上，力求在网销系统平台的关键技术上取得更大突破，完成客户在线保单防伪验真、在线保全服务、保险产品信息咨询、询价谈判、在线交易、争议解决、赔付等功能；将通过资源整合完成OTO商务模式体系搭建，通过对用户进行合理规划，将线下活动与线上推广相互映射，把推广与营销做到最大化，引导网络客户体验在线购保，逐步优化公司客户群体
太保寿险	一是官网在线商城模式；二是第三方渠道合作模式；三是自建基于微信的"中国太保"服务号这一企业级应用平台
太平电商	定位为集团"以客户为中心的电子化综合金融服务平台"，重点发展互联网保险和互联网金融业务；通过聚焦网络主流客户市场，充分挖掘医、食、住、行、玩等方面的保障需求，实现"一个客户、一个太平、多种服务、多个产品"
泰康人寿	致力于打造公司的互联网生态圈，形成"免费产品获客—培养用户黏性和品牌认同—从用户到客户"的生态价值链，对应客户不同的生命阶段，提供不同需求的保险产品和相关服务，覆盖健康、人寿、养老和资产管理等各个领域
泰康养老	积极推动互联网保险发展，诉求以互联网思维改造、升级业务流程和服务内容为客户提供更便捷、更实惠的医养保险服务

第三章 行业互联网保险商业模式分析

续表

公司	战略定位
天安人寿	本着"以客户为中心"的指导思想,积极整合互联网资源,与第三方平台建立合作关系,引流客户,提升客户体验,掌握客户真实需求,逐步形成"以客户需求为导向"的C2B网络销售体系
新华人寿	一是进行互联网保险市场布局;二是获取大量客户资源;三是延伸作业空间;四是丰富集团公司利源
信诚人寿	充分利用网上交易平台的便捷性,全方位为各渠道提供方便、快捷的交易平台、获客通道,为公司提供新的利润增长点
信泰人寿	不仅仅只是一个新的业务渠道,更是公司未来生产力的重要发展方向
幸福人寿	高度重视互联网金融和互联网保险,并将其看做公司未来发展的战略突破点,在公司未来的发展中占有重要的战略地位
阳光人寿	将互联网作为集团三大战略之一,同时也是寿险最重要的战略之一;互联网发展定位为互联网产品销售、客户服务及品牌传播的平台、规模保费主要贡献渠道以及新的价值业务增长点
友邦保险	利用电子商务"低成本、广覆盖、交易便捷"的优势扩大业务来源、发掘潜在客户
招商信诺	在现有成熟电销平台的基础上,针对不同用户场景下的销售与服务,继续推进健康管理平台建设,打造贴近于用户健康管理的生态体系;同时,开辟移动应用、社交媒体等多元化的新媒体平台,实现网电的互转互通,形成提供多元化销售模式的网络新平台
中德安联	以发展自营平台为主,以保障型产品为主
中国人寿	把握互联网保险发展机遇,拓展新兴业务发展渠道,形成新兴业务增长极,并通过互联网保险与传统业务的深度融合,打通线上、线下互通互融,推进公司业务及经营模式的转型升级
中航三星	现阶段将网销渠道作为团体保险发展的一个主渠道
中意人寿	构建线上、线下相结合的全市场营销模式,成为快速积累客户量、创造保费和利润的平台
珠江人寿	把互联网保险渠道建设成为公司的重要战略渠道,并力争将公司打造成创新型互联网保险公司

（一）新型销售模式与服务平台

该定位将互联网保险视为一种新型销售模式及便捷的客户服务平台。比如，友邦保险利用电子商务"低成本、广覆盖、交易便捷"的优势来扩大业务来源、发掘潜在客户。北大方正通过互联网保险销售并借助公司的服务提升客户忠诚度，并将其作为公司在未来的网销经营战略。陆家嘴国泰通过互联网保险开展资金型业务，增加短期获利，以达到提高公司品牌影响力、扩大保费收入、阶段性赚取超额利差及获取有效客户名单的目标。

（二）新型专业渠道

采用该定位的公司视互联网保险为独立于公司传统渠道的重要业务渠道。比如，阳光人寿将互联网保险发展定位为互联网产品销售、客户服务及品牌传播的平台，规模保费主要贡献渠道以及新的价值业务增长点。长城人寿将互联网保险作为公司的重点战略，并将其作为公司品牌及产品宣传、扩大保费规模和公司规模的重要渠道。东吴人寿将公司电子商务平台打造成一个包含销售、服务和宣传等功能的全方位立体平台，并将互联网保险渠道作为单独部门进行核算，成为一个为公司规模和效益作出贡献的渠道。合众人寿及民生保险将互联网保险作为近年来业务渠道的发展重点，公司经营的重要组成部分。工银安盛建立银保网销、移动网销、电话销售、公司自营以及第三方合作"五位一体"的新型经营模式，稳步培育和提升新渠道业务的竞争优势与品牌影响力。

（三）与线下渠道的融合

该定位将互联网保险视为与线下渠道融合，并打通线上、线下渠道合力，促进传统渠道转型的重要手段。比如，平安人寿将互联网保险定位于互联网技术与传统业务相结合的金融互联网创新道路，最大限度地依托平台力量，发挥综合金融的强大协同效应，兼具平台和内容的双重优势，打通线上、线下两个渠道。平安养老应用互联网新技术对传统业务模式及业务流程进行改造升级，拓展客户接触场景，提升销售及服务的便捷性，实现从单纯的线下销售模式向O2O经营模式转型。中国人寿通过互联网保险与传统业务的深度融合，打通线上、线下互通互融，推进公司业务及经营模式的转型升级。招商信诺在现有成熟电销平台的基础上，针对不同用户场景下的销售与服务，继续推进健康管理平台建设，打造贴近于用户健康管理的生态体系，实现网电的互转互通，形成提供多元化销售模式的网络新平台。信诚人寿充分利用网上交易平台的便捷性，全方位为各渠道提供方便、快捷的交易平台、获客通道，为公司提供新的利润增长点。中意人寿构建线上、线下相结合的全市场营销模式，成为快速积累客户量、创造保费和利润的平台。华汇人寿充分利用互联网以及相关的新技术，发挥中介渠道优势，快速积累保费规模，并为其他业务渠道提供优质客户资源。吉祥人寿通过互联网保险逐步融合其他业务渠道方式，为传统渠道提供加大业务拓展与提升客户体验支持。

（四）促成公司互联网转型

该定位将互联网保险视为公司全面转型和升级，提高公司可持续发展能力的关键推动力，进而将公司打造成创新型的、全面拥抱互联网的保险公司。比如，大都会人寿认为互联网保险的发展提供了一个实现公司整体运营数字化的契机。富德生命通过提供保险生活服务广泛接触客户、高频互动，积累海量客户信息，搭建先进的数据系统平台，同时整合外部医疗健康、财富管理等资源平台，促进公司管理运营水平和用户体验提升，以构建互联网保险经营新模式。华泰人寿将互联网保险定位为模式创新，不以获得客户为目的，不以保费为衡量标准，坚持以模式探索、平台建设为重点，以全面提升公司效率。国华人寿认为利用互联网保险业务的发展需要，倒逼企业自身的全面改革和进步、提高可持续发展能力的推动力，是在互联网时代开展保险业务的必须选择。人保健康推动公司从产品销售向服务营销转变，从传统销售向精准营销转型，从单一模式向多点融合、跨界开拓转变。泰康人寿致力于打造公司的互联网生态圈，形成"免费产品获客—培养用户黏性和品牌认同—从用户到客户"的生态价值链，对应客户不同的生命阶段，提供不同需求的保险产品和相关服务，覆盖健康、人寿、养老和资产管理等各个领域。泰康养老积极推动互联网保险发展，诉求以互联网思维改造、升级业务流程和服务内容为客户提供更便捷、更实惠的医养保险服务。珠江人寿把互联网保险渠道建设成为公司的重要战略渠道，并力争将公司打造成创新型互联网保险公司。

以上互联网保险战略定位的划分对某家公司而言并非绝对，将互联网保险作为一个独立渠道发展的公司，也可能对互联网融合线下渠道的作用有所期待。这里只是根据各公司当前的业务侧重进行的归类，也是各公司根据本公司互联网保险发展的特定阶段作出的判断。

二、人身险公司经营互联网保险业务的组织架构

互联网保险在公司发展中的定位确定之后，选择一个适合市场特点，又符合企业自身条件的组织架构才能真正开展互联网保险的运营。一个成功的商业模式需要科学配置、高效调用公司的人、财、物等资源，这就有赖于一个合理高效的组织来实现。在互联网保险发展中，各家公司在组织架构建立上的差异往往成为决定其商业模式盈利水平高低的关键。从各人身险公司发展互联网保险的组织架构来看，主要包含七种类型（见表3-4）。

表3-4 各公司发展互联网保险的组织架构

组织架构	公司名称
专职一级部门型	大都会人寿、东吴人寿、工银安盛、光大永明、国华人寿、中国人寿、海康人寿、合众人寿、华汇人寿、华夏人寿、吉祥人寿、建信人寿、昆仑健康、利安人寿、民生保险、农银人寿、平安人寿、前海人寿、人保健康、人保寿险、瑞泰人寿、天安人寿、信诚人寿、信泰人寿、长城人寿、中德安联、珠江人寿
专业公司型	国寿电商、太平洋保险在线、太平电商、新华电商
渠道事业部型	富德生命、平安养老、泰康人寿、友邦保险、招商信诺
专职二级部门型	北大方正、复星保德信、恒安标准、太保寿险、幸福人寿、中航三星
兼职部门型	华泰人寿、君龙人寿、泰康养老
多部门型	阳光人寿、中意人寿
集团公司型	安邦人寿

第三章 行业互联网保险商业模式分析

（一）专职一级部门型

专职一级部门是指在公司总部经理室下辖的专职部门。采取此类组织架构的公司占据开展互联网保险业务公司数量的一半以上，是市场的主流组织架构。通常专职一级部门要承担互联网保险相关的自建直销业务发展、第三方渠道市场开拓、运营支持等职责。此外，部分公司的一级部门还肩负电销渠道管理、传统渠道与公司运营服务部门实现全面数字化或互联网转型等任务。从人力规模来说，专职一级部门根据公司业务发展情况，从十人以下到二三十人团队不等。

这种组织架构既兼顾了互联网保险作为可以单独存在的营销渠道的需求，又兼顾了为公司其他销售渠道及运营部门提供互联网技术及专业知识的需求。采用专职一级部门这种组织架构的优点在于两个方面：一方面，减少内部资源的整合时间，部门可以更好地支配公司已有资源，最大限度地使用公司已有的运营资源和系统资源；另一方面，部门可以更加专注于市场开拓和渠道建设，对市场动态更加敏感，迅速反应市场变动。同时，运营管理、信息技术、产品精算等后援部门独立于网销渠道，实现后援部门与前端渠道的博弈，有利于风险管控，对渠道健康、长远发展具有积极的作用。

其缺点在于互联网保险业务的发展容易受制于传统经营模式，可能面临新旧渠道之间的冲突。作为一个职能部门，只能在公司整体经营战略下进行互联网保险业务的拓展，部门责任较大。市场竞争激烈，而其管理权限和资源调配能力有限，进而导致创新和变革的力度或有不足。

平安人寿互联网保险销售业务由总公司统一负责，实行集中管理，无下属分支机构。总部负责部门为寿险网销业务部，其承担业务规划、系统与流程搭建及销售管理职责，客户属地分支机构负责保单配送、保全等客户服务工作。大都会人寿作为互联网保险业新军，2014年初开始数字营销项目的实施。整个数字营销项目组包含了大都会人寿纽约总部、亚太区和中国区的重要相关人员，公司所有部门均参加了该项目。成立的数字营销部与该公司现有的代理人渠道、银行保险渠道、电话直销渠道和团体保险渠道四大销售渠道并行，体现了公司对互联网保险业务的重视程度，且数字营销部肩负着公司内部全面数字化的战略任务。工银安盛总部的新渠道业务部于2013年成立,全面负责互联网保险和电话营销保险业务,其中包括制定新渠道业务的产品销售策略、渠道策略及市场营销、宣传推广方案,负责创新互联网保险的业务模式等。国华人寿互联网保险的主营部门为电子商务部,与工银安盛略有不同的是,国华人寿在2013年成立了"电子商务发展委员会"。委员会主任、副主任由国华人寿总裁室领导亲自担任,由电子商务部负责人担任委员会秘书长,协调互联网保险业务的日常经营管理,委员会还包括与电子商务相关的公司其他部门。国华人寿通过设置专门的发展委员会,避免了单一专职部门在推动公司互联网保险业务过程中可能遭到的权、责不对等的情况,保证了公司互联网保险发展战略的贯彻和实施,该公司2014年网销业务内含价值提升明显。

(二)专业公司型

专业公司是指为发展互联网保险等业务而专门成立的新公司,从人力规模上来看,专业公司设置初期通常在百人规模,随业务发展或将持续扩大。采取此类组织架构的公司多为综合经营的集团化保险公司,从数量上看,并非主流。

采用此类组织架构的优点有两个方面:一是公司发展目标明确,可以集中优势资源投入于互联网保险的专业化、市场化经营之中;二是可以突破传统保险经营模式的限制,扩展并完善综合金融平台,寻求新的业务增长点,增强平台竞争力。

之所以该模式未成为主流,原因或许在于前期投入成本较高,且互联网保险盈利预期尚不明确。此外,作为与集团内其他专业子公司并列的电商公司,与专业公司对互联网保险的定位和期待或有不同,这也可能导致双方在合作推进互联网保险业务时出现一些偏差,甚至冲突。从实际经营情况来看,各专业公司多数仍处于战略投入期。

此类公司包括太平洋保险在线服务科技有限公司(以下简称太平洋保险在线)、太平电子商务有限公司(以下简称太平电商)、新华世纪电子商务有限公司(以下简称新华电商)、中国人寿电子商务有限公司(以下简称国寿

第三章 ◆ 行业互联网保险商业模式分析

电商）等。以上各家专业公司在发展互联网保险业务时，往往要承担全集团（或母公司）互联网保险业务的运营管理等职责，以平台公司的身份为集团（或母公司）的互联网整体战略服务，通过综合销售、数据管理、创新服务为集团（或母公司）带来新客户、提供新平台、培育新能力、创造新的增长点。虽然有以上战略层面的共同作用，但各家专业公司在具体的业务运营及与集团（或母公司）旗下专业子公司的分工合作方面却各有特色。

太平洋保险在线成立于2012年1月，其作为太平洋保险集团旗下的全资子公司，充分运用互联网及移动互联网新技术，建设线上面向分散型客户的智能综合服务平台，包括互联网、移动互联网（APP、微博、微信）、电话等多样化接入方式。以太平洋保险在线商城为代表的官网直销业务由太平洋保险在线管理运营，而第三方渠道合作事项主要由太保寿险的创新发展部负责。创新发展部专注于通过电商网络渠道的保险销售，建立与合作对象之间的互信与长期关系，以混合创新模式切入合作项目，深度融入互联网生态圈，以市场化手段孵化合作网络与网销平台，并将优质成果反哺传统渠道。

太平电商负责太平集团电子商务业务的运作，融合渠道、业务和专业公司的经营特色，为客户提供专业的网络销售和平台服务。公司一方面作为集团创新发展平台，研究孵化创新金融项目；另一方面，作为集团统一网络管理平台，为集团各专业公司提供品牌宣传，客户服务及销售管理等服务支持。与太平洋保险在线略有不同的是，太平集团内的第三方渠道合作经营模式的拓展也由太平电商负责。

国寿电商是中国人寿集团顺应互联网、大数据时代要求，提供集团内综合金融保险服务的一项重要的资源整合平台。国寿电商为集团各专业公司提供电销、网销的销售平台，支持各专业子公司分别利用共享平台销售各自的产品。此外，国寿电商依托集团统一客户资源库，建立健全客户资源挖掘共享机制，促进集团客户资源的集中统一管理，用经营客户代替经营产品和业务。中国人寿在利用国寿电商统一平台开展官网直销之余，其创新型业务拓展及合作均由公司内部的电子商务部统一规划和组织实施。

新华电商作为新华人寿的全资子公司，负责互联网保险业务的经营和发展。新华电商是新华人寿的创新孵化器和大数据工场，这方面的作用，与前几家公司类似。与母公司新华人寿相比，新华电商的经营范围更宽，可以通过申请代理资格等形式有效延伸电商公司的作业领域，而不再受新华人寿作业资质和领域的限制，在立足保险业务的基础上，逐步向理财、基金等领域延伸，力求营造一个为客户提供一站式服务的新金融生态圈。

（三）渠道事业部型

渠道事业部包括采用事业部或准事业部制的公司。采取此类组织架构的公司在经营机制上相对灵活，互联网保险事业部能够依据公司的经营目标和制度，完全自主经营，充分发挥积极性和主动性。与一级专职部门相比，事业部自成系统，独立经营，因此，其经营自主权更大；与专业公司相比，事业部制仍属于公司体系内，沟通成本更低、管理效率更高。事业部作为利润中心，往往对于业绩要求较高，在互联网保险盈利预期仍不明朗时，还无法成为行业公司采取的主流组织架构。采用事业部制的公司包括富德生命、平安养老、泰康人寿、友邦保险、招商信诺。

泰康人寿在2008年便筹建创新事业部，逐步实现从服务向业务部门的转型，从此真正转型为业务部门，开始全力开拓电子商务经营模式，网销业务进入快速发展的新时期。进入2012年后，其网销业务模式已经成熟，逐渐形成完整的互联网技术团队、营销团队、产品研发团队，网销专属产品系列更加迎合市场。网络渠道的方便、快捷、信息透明以及成本低廉，受到客户和保险公司的认同，网络渠道已在该公司的品牌建设、客户经营、销售支持等方面发挥不可替代的作用。富德生命的电子商务中心专门开拓互联网保险市场，采用准事业部管理模式，下设产品策划部、营销推广部、渠道开拓部、运营服务部四大职能部门。平安养老由保险事业部负责：互联网保险业务的经营管理，其职责包括互联网保险产品设计及销售推动；互联网业务的平台规划、线上营销设计、运营服务以及投诉处理，提升客户体验；系统平台建设和技术开发支持等。友邦保险中国区电子商务部为中国区首席市场官下辖的一个独立渠道，分为前端商务和后端运营两个小组。招商信诺的网销业务，与传统银保业务、机构合作业务并列，作为直销渠道运营，向下划分为网电直销市场部和网电直销销售部两个大的分支。

第三章 ◆ 行业互联网保险商业模式分析

综上所述，采用事业部制开展互联网保险的公司，其职责相比专职一级部门制，更为全面，从人力配备上看，通常也更多。各事业部在系统运营支持，销售支持团队建设等方面投入更多，部分公司的后台座席人员规模超过300人，通过网电一体化的设计和独有的客户体验，为渠道真正创利奠定了坚实的基础。

（四）专职二级部门型

专职二级部门是指经营互联网保险的团队属于总公司一级部门内。采用该组织架构的公司大多处于互联网保险发展初期，公司的互联网保险业务还在探索阶段，人力资源配备还不够完善；借由专业公司开展互联网保险业务，保险公司仅需要在细分领域进行配合。采用专职二级部门的公司包括北大方正、复星保德信、恒安标准、太保寿险（第三方合作）、幸福人寿、中航三星。

北大方正的网销业务部是归属于电销业务部下的一个二级部门。其网销业务开展获得的客户主要也是为电销渠道开发使用，作为公司电销业务部下的一个二级部门存在。复星保德信互联网保险渠道目前暂时与银行保险渠道同属于一个大部门。作为独立核算重点发展的营销渠道之一，复星保德信互联网渠道在管理模式上，选择了扁平化的组织结构，有利于市场信息的收集和客户需求的响应。在业务模式上采取项目制管理，强化项目管理人的权、责、利对等，有利于将以往由多部门、多环节、多目标、多头管理构成的营销过程统一到特定项目的总目标之中，更便于监控预期效果和实际效益，充分调动员工的聪明才智、业务潜能和工作积极性，发挥人才、信息等资源的规模效应。恒安标准在传统销售渠道的基础上积极探索互联网保险的运行模式，2013年成立了电子商务团队，目前属于市场部。中航三星现阶段将网销渠道作为团体保险发展的一个主渠道，由团体保险部主力经营。太保寿险的第三方渠道合作事项主要由寿险公司的创新发展部负责，创新发展部在行政组织架构上属于法人渠道团体业务部下辖的二级部门。此外，创新发展部还为太保寿险积累网销与电商业务的实践经验，为团体保险的渠道创新与发展转型探索电商模式的可行路线。幸福人寿互联网保险暂时归属团体保险中介部，未来公司将根据互联网保险业务的发展情况，设置相应的部门。

（五）兼职部门型

兼职部门型组织架构是指公司并没有负责互联网保险的专职部门，该部门职能由公司各相关部门兼职分担。采用兼职部门型公司往往处于互联网保险试水阶段，部分公司有向专职部门架构转化的计划。此类公司数量不多，包括华泰人寿、君龙人寿、泰康养老。

华泰人寿互联网保险销售模式处于起步阶段，并非成熟的业务渠道，公司在架构设置上也选择兼职部门的方式。目前，公司在互联网保险业务方面进行更加积极主动的探索，成立了专门的互联网保险创新项目小组，小组成员由公司各相关部门专业人员组成，并建立互联网保险创新专项资金，全力支持公司互联网保险业务的发展。君龙人寿目前采取的是类似虚拟小组的人员结构方式开展互联网保险业务。通过整合业务、IT、财务、客服等部门的相关人员，建立相应配合机制开展业务，该类组织架构具有快速建立、迅速响应和跨部门解决业务需求的特点。泰康养老作为泰康人寿的子公司之一，依托母公司资源提供互联网服务，在泰康人寿移动互联部、系统开发部支持下开发客户服务系统和微信平台，泰康养老不设专职部门，而由系统应用部、运营管理中心、养老金管理中心负责服务创新，由中介管理部负责第三方网站销售合作，推进专业化销售管理。

（六）多部门型

多部门型架构是指参与公司互联网保险经营的主体部门超过一个，与兼职部门的区别在于，多部门型架构有专职的电商或网销部门，并有其他部门参与联合运营。与采用一级专职部门的公司相比，采用多部门型架构的公司对于互联网保险的重视程度和投入力度更大。采用此类组织架构的公司包括阳光人寿、中意人寿。

阳光人寿的互联网保险组织架构包括两个专职部门及一个专业项目组，其中互联网开发部主要负责公司整体互联网业务的管理及平台运营工作，具体包括制订互联网业务发展规划，推动电销、团险、个险、银保等传统业务线的互联网转型，促进线上、线下业务融合，根据各渠道互联网需求，建设和优化官网及微信等网销技术平台、开发相应功能模块等工作。网销管理部主要负责互联网渠道市场拓展工作，开展市场营销活动，研发适合网销的产品品类，完善网销产品体系。网销项目组主要负责淘宝渠道的业务对接及其旗下淘宝旗舰店、淘宝机票的运营工作。中意人寿目前将电子商务与信息科技组成联合部门开展公司的线上业务和运营。

（七）集团公司型

集团公司型组织架构是指集团化金融保险公司在实施互联网保险战略时，各专业子公司作为平台使用方，由集团公司全面负责集团整体互联网保险平台规划及运作。与专业公司型组织架构相比，集团公司型架构对互联网保险业务的协调推进能力及资源整合能力更强，但这种架构对于集团公司在互联网保险的管理和运作能力方面要求较高。

作为安邦集团旗下的寿险子公司，安邦人寿采用此类架构进行互联网保险业务拓展。安邦集团通过电商网站、安邦微博、安邦微信公众平台、安邦APP应用等跨平台的互联网布局，整合集团保险、汽车、金融租赁、银行、证券等业务资源，依托互联网将金融产品和客户对接，完成销售与服务。安邦集团对旗下寿险、财险、健康险、养老险的互联网业务进行整合，旨在利用（移动）互联网思维与技术，结合大数据，将安邦集团统一金融平台打造成为集团整合所有业务板块与模型、整合国际化战略的骨干线。

三、人身险公司互联网保险的经营模式与策略

（一）互联网保险经营模式

为了便于归类分析，我们将各人身险公司互联网保险的经营模式按照三个维度进行划分（见表3-5），分别是经营主体的角度、业务实现形式的角度

表3-5 互联网保险经营模式的不同维度

经营主体	纯自营业务、半自营业务、第三方业务
实现形式	全部线上、线上线下结合
目标客户	公司存量客户、网络增量客户

和针对目标客户的角度。

上述划分维度可以继续细化。例如，可以根据互联网保险的网络平台，分为互联网与移动互联网两类，但从主体角度而言，半自营业务模式已经包含了互联网与移动互联网两类平台。为了避免更多细致分类造成大类之间耦合度上升，不再进行更多维度的划分。根据以上划分，具体的互联网保险经营模式可视为各维度下的排列组合，存在多种情况。保险公司的互联网保险经营可能涉及多种具体模式，例如，某保险公司官网直销的纯自营业务，全部通过线上流程，针对新增客户实现网上保险销售。该公司还可能拥有完整的客户积分体系，可以针对老客户提供线上、线下结合的官网销售。下面对各个维度展开阐述，并在该维度下对各公司的经营模式进行梳理。

1. 从主体角度看互联网保险经营模式

主体角度是指经营互联网保险业务的主体是否为保险公司本身。其中，保险公司纯自营业务包括PC端官网、WAP网站、移动APP，此类自营业务属于官网直销范畴，保险公司拥有完全话语权，产品、平台、流程、支付、服务均在保险公司自有平台上完成（少量引入第三方服务，比如第三方支付、实体保单配送等）。

半自营业务以微信平台、易信平台、天猫旗舰店、众筹、团购业务为代表，此类业务属于借助第三方平台的自营业务，需遵循平台提供方的相应规则，并支付一定的相关费用（固定或业务分成），但业务的运作管理及营销推广主要由保险公司（或代理服务商提供）负责。

第三方业务指保险公司通过第三方代理渠道或分销平台开展业务，利用第三方的在线销售、场景、流量等资源拓展业务，主导权更多在后者。保险公司提供通用或专属的网销产品，通过接口等技术方式与第三方分销平台对接，核保、支付等关键环节视合作模式的不同，在某一方平台展开。保险公司仅需提供基本的产品与服务，不需介入第三方业务的运营及推广，有些第三方平台也承接部分客户服务功能。

从第三方平台是否具有网销保险资质来看，可划分为有代理资质平台（平台可实现网销流程，并代收保费，比如各类保险经纪网站）、无代理资质平台（平台仅实现客户投保需求收集，支付等关键环节在保险公司平台完成,比如一些机票预订网站);从第三方平台类型来说,可分为户外旅游类、票务预订类、母婴类、综合电商类、比价推荐类、网上及直销银行、自助柜员机等。

目前,互联网保险业务发展较早的保险公司已经基本完成了纯自营业务、半自营业务、第三方业务的全面布局。比如中国人寿、平安人寿、国华人寿、人保寿险、泰康人寿、建信人寿等均建立成熟的官网直销平台,并有选择地拓展第三方合作。新进入互联网保险业务的公司根据自身的定位和优势有选择地从这三类业务中选择重点进行突破。比如君龙人寿已实现第三方平台业务的开展,搭建官网平台的工作将在2015年启动;信诚人寿目前主要以公司官网模式、微信营销模式为主;中德安联的平台建设宗旨是以官方网站为主,其他渠道为辅。

从行业整体情况来看,参与互联网保险的各家公司主要的网销保费来自于半自营业务及第三方业务,比如天猫旗舰店、网上银行、旅游票务网站、保险经代网站,各家虽选择不同,但都远超纯自营业务,即自建平台的保费收入。在互联网金融时代,以互联网企业为代表的各分销平台把持了互联网的入口和用户。保险公司要逐渐适应从产品研发、渠道销售、用户服务一包到底的业务模式向产品提供商或保险综合服务商等其他角色的转变。是处于主导还是协作地位,要结合互联网保险业务的不同模式而定,灵活的合作策略需要在实践中摸索和总结。

2. 从实现形式看互联网保险经营模式

互联网保险实现形式主要包含两种:一是全部销售流程均通过在线实现,包括计算价格、咨询、核保、付费、配电子保单的完整流程,除在线座席的咨询服务外,不需要人工线下介入;二是更多环节需引入线下的辅助,具体可分为线上到线下的模式、线下到线上的模式。比如客户网上销售行为由线下人员推荐引发线上成交,线上收集客户意向线下出单模式,这些模式核保流程需线下辅助(电话核保等),未实现电子保单需线下配单,均属于线上线下结合类型(O2O模式)。

目前,开展互联网保险业务的公司均已实现全部线上的业务模式,线上、线下结合类型业务只有少数几家公司进行了初步的尝试,与全部线上的业务规模相比，要少很多。

比如北大方正开展网电结合的O2O模式，互联网端唤起客户潜在的保险需求后，客户经过比较、选择、线上领取或购买产品；线下端对客户进行精准分类和营销，通过代理人接触或者电话跟进等方式进行专业的需求分析，满足客户个性化需求。工银安盛的O2O模式，先期以银行物理网点客户经理或者个险业务人员通过现场推介、电话或者微信、短信营销推荐产品，客户在网上保险商城选购保险产品，在线投保和支付。中意人寿的O2O模式也是与银行合作，通过网银线下和线上相结合的模式开展互联网保险业务。招商信诺将潜在消费者引导到招商信诺官方网站或第三方合作推广网站对产品进行了解，鼓励有意向的客户留下联系方式或通过热线电话直接致电公司，电话销售团队再对这类客户进行电话外呼完成销售。

开展此类业务由各公司基于对互联网保险的战略定位所决定，线上、线下结合类型业务体现了更多渠道融合，互联网推动传统业务升级的特点。因为该模式可以借助互联网深度调动公司传统渠道等资源的力量，有利于发挥公司的尚待开发的业务潜力，增强公司的业务掌控力。互联网保险的发展从产品来说，不应仅仅是简单的短意险或理财险的发展，传统寿险等保障型产品也应有所突破。而传统寿险产品设计相对复杂，保险条款略显晦涩，线下力量的介入对于此类产品的销售有很大助力。因此，预计未来会有更多公司介入该模式的经营尝试。

3. 从目标客户看互联网保险经营模式

从客户角度来看，针对公司存量客户是指将传统渠道客户向互联网迁移，借助公司数据分析平台，为老客户提供专属、定制化的互联网保险方案，完善客户的保障需求，并通过不断完善的客户积分体系或增值服务，增强客户黏性与满意度，最大化地提升单一客户对公司的价值；针对网络新增客户是指通过网络营销手段及广告推广资源，从市场中发掘并抢夺潜在客户资源，通过免费赠险、外部联合营销、会员客户推荐、二次引流等手段不断获得新客户，以提升公司互联网持续经营能力。

目前，开展互联网保险业务的公司均十分重视增量客户的获取，获客也成为很多公司的关键考核指标。比如长城人寿建立推荐人会员奖励制度和业

第三章 ◆ 行业互联网保险商业模式分析

务流程，鼓励会员推荐公司产品，逐步提升直销客户占比，降低对渠道的依赖程度；泰康人寿等公司通过免费赠险平台积极获客；也有部分公司在开展互联网保险业务时，兼顾到新增客户的获取与存量客户的再开发。比如平安养老从服务切入、推动法人客户中的个人客户向公司互联网保险客户转化，通过互联网向其销售个人保险、个人理财等产品。从整个行业来看，互联网保险对新增客户的重视程度要大一些，因为对存量客户的再开发尚有一些限制。一方面，这对公司的客户数据分析及在线服务水平有较高要求；另一方面，各公司对于互联网保险的战略定位各有侧重，存量客户的开发和升级的主责渠道有所不同。

（二）互联网保险经营策略

1. 互联网保险的细分市场策略

任何商业模式研究的起点都应该是消费者。一个商业模式能否持续盈利，与该模式能否使客户价值最大化有必然关系。一个不能满足客户需要，给客户带来价值的商业模式，即使盈利也是暂时的、偶然的，是难以持续的。相反，一个能使客户价值最大的商业模式，即使暂时不盈利，但终究也会走向盈利。互联网保险作为一个新兴市场，对其消费者的特征、消费需求、消费特点的研究，是找到互联网保险持续、健康盈利的商业模式的基础。

从行业的具体实践来看，各公司对互联网保险的细分市场有一些基本的共识，也各有侧重。此外，精确的细分市场策略一定是与公司具体产品相结合的，因此，各公司在强调某一细分市场策略时，并非忽视其他细分市场。光大永明认为互联网保险客户是网络客户和保险客户的交集，具有独特的客户特征，它们更加注重客户体验，对保险公司的后续服务提出了更高要求。太平电商积极尝试与可穿戴设备等健康产业厂商的跨界合作，利用健康大数据形成产品定价核心优势，聚焦关注健康的细分人群。友邦保险以"互联网+医养"战略为基础，聚焦大健康，兼顾养老和理财市场，提升客户黏性，逐步推进以"大健康"为中心，兼顾养老和理财的细分市场。中德安联则认为互联网保险应该坚持保险本质，坚持聚焦关注保障型产品的细分市场。

2. 互联网保险的产品策略

产品是满足细分市场需求，实现公司营业收入的载体。好的互联网保险产品，能实现客户和公司利益的双赢，使公司选择的商业模式得以持续健康的运转。互联网保险的产品集合了互联网和保险两个领域的消费需求和特征，同时又要满足互联网和保险两个行业的风险管控。公司对于产品策略的选择是互联网保险能否打开市场赢得消费者的核心所在。各公司经营互联网保险采用的产品策略各有特色。

北大方正认为适合互联网销售的产品应符合条款简单、保费低廉、交易便利三个条件，这是其产品策略的核心要素。国华人寿坚持通过高价值业务，提供公司发展的持续动力；适度发展理财型产品，保证客户来源和市场份额；丰富短期保障型产品种类，实现险种均衡发展。中国人寿按照强调"细分市场，有量有亮"的思路不断丰富网销产品序列，在健康、养老、理财等多方面针对不同年龄、性别、消费层的客户群定制研发产品。华汇人寿以规模型业务为主，兼顾保障型业务。华泰人寿聚焦细分市场，在特定场景下，实现产品碎片化。华夏人寿坚持以理财产品为支撑，大力开发保障型和创新型产品。吉祥人寿的产品以定制化为主，体现出"小而专"的特点。利安人寿网销部产品的设计思路将牢牢把握新颖、好玩、价廉、贴近客户生活、易在无线端呈现等特点。阳光人寿专注与设计透明化、碎片化、场景化以及客户需求定制化的产品。招商信诺通过产品模块化自由组合，保障内容简化，满足客户个性化需求；产品定价提供适当弹性，免核保或简单自动核保，提供与客户生命阶段相匹配的产品组合。

3. 互联网保险的营销策略

互联网经济是眼球的经济，是流量的经济。大量产品的信息在互联网世界中得以充分展示并实现了充分竞争。要想获得市场青睐，必须吸引眼球，争取流量，并实现关注到购买的成功转换。互联网保险的营销是保险行业真正面对市场、面向客户的营销，与传统的面向代理人、银行中介的营销有天壤之别。营销策略的竞争将是互联网保险竞争的重要战场。下面简单梳理一下各公司经营互联网保险采用的营销策略。

长城人寿推进的O2O业务，通过综合开拓线下推广宣传，利用集团商业

第三章 ◆ 行业互联网保险商业模式分析

中心的人群流量,使用二维码和移动互联技术,向网销线上引流。大都会人寿通过传统的广告投放方式为官网平台获得足够的网络流量,以支持官网直销业务的发展;在与第三方平台合作时,通过佣金结构的设置以及策划适当的营销活动来提高转化。东吴人寿在互联网营销模式之余,还采用了互动电视等新型营销模式。华夏人寿关注新媒体营销,通过新兴媒体营销促进业务发展,降低成本支出。利安人寿加强微博、微信、网媒传播等工具的运营,对活动策划、热点(事件)营销、促销工具开发、搜索引擎优化、流量采购、资源置换等营销手段进行全面尝试。阳光人寿持续跟进公司品牌的推广工作,不断增进客户对品牌的认知和熟悉程度,打造互联网知名保险服务品牌。

4. 互联网保险的服务策略

互联网经济一个重要的特征就是销售和服务的一体化。很难想象一个互联网的商业模式只有销售而没有服务。互联网保险通过网络直接面对消费者,从售前到售后消费者都希望并已经习惯在网上得到充分及时的服务。保险产品的复杂性、服务的专业性对互联网服务提出了更高的要求。因此,服务策略是互联网保险经营模式中的重要组成部分,在某种程度上,互联网保险服务比销售更能传导深层的用户价值。

无一例外,各公司均十分注重互联网保险的服务能力建设。比如,东吴人寿在官网平台上建立起会员体系、积分体系,通过便利的自主服务及定期的活动营销为客户提供更多的增值服务。工银安盛全面实现保险咨询、营销、投保、核保、保全、续期缴费、理赔和满期给付、保单质押等保险销售服务电子化,以提高公司营销服务效率和客户体验。人保健康将公司官网、新媒体等平台作为公司和客户之间的沟通桥梁,进一步增加网站功能,优化客户体验,完善服务体系,提供实时、互动、友好的服务,以维护客户的忠诚度。阳光人寿尝试"事件"后服务,强化客户服务意识与水平,制造互联网服务口碑,利用互联网工具建立基本的客户服务营销大数据应用平台,为大金融、终极客户全面竞争时代的到来奠定基础;利用生物识别技术为客户提供更加便利、安全的保险运营服务,最终达到构建主动式保险服务体系的目标。

5. 互联网保险的考核机制

任何成熟的、市场化的公司都应建立一套有效的、规范的团队或员工绩效考核机制，才能让公司基础管理和业务发展稳步提升，进入良性的循环。从某种程度上讲，公司考核机制的优劣可以影响管理团队的水平，进而决定公司互联网保险业务的发展进程。同时，具体考核方案和标准也是根据公司发展的不同阶段来制定的。因各公司对于互联网保险的战略定位不同，经营模式也各有侧重，使得其对于互联网保险的考核机制也各不相同。

北大方正对网销考核获客数量，暂不考核保费收入。复星保德信主要沿用传统渠道的考核标准，包括保费规模以及费用率的控制的优劣。富德生命互联网保险仍处于投入期，其考核区别于传统渠道，重点关注过程建设，主要关注指标流量、客户数量、粉丝数量，同时关注平台建设、渠道拓展、产品开发等，积累电子商务的业务经验数据，逐步建立全新的业务投产模型。海康人寿的考核指标包括电子商务渠道业绩预算完成情况、电子商务渠道营业费用管控情况、公司合规表现、13个月继续率达标情况、客户净推荐值表现情况、新业务价值VNB的表现情况。华夏人寿目前的考核以保费收入达成为主，以获客数量为辅。泰康人寿目前暂不以利润和保费作为考核点，而是将打造互联网生态圈为目的，将客户量级、客户活跃度和公司的服务能力作为考核的重点。阳光人寿未来将制定有效反映产品价值的奖罚办法，将产品经理及小组人员的薪酬与保险产品的业绩情况直接挂钩，最终目标是建立以客户需求为导向，以产品经理负责制为基础的互联网产品管理流程，运用产品经理制推动互联网业务流程的优化、创新及持续改善。

第四章 互联网保险的创新与思考

第四章 ◆ 互联网保险的创新与思考

随着经济转型和科技的进步,保险业与互联网的相互渗透程度逐步加深,全行业对互联网保险发展的理念、模式及业务实践的综合探索有序推进,不断取得新突破、新成果。本章凝聚了行业积极拥抱互联网变革的思考与实践,忠实记录了互联网保险探索成长的发展历程。

第一节 互联网保险的思维运用

从电商思维的发展潮流来看,保险行业是中国最早开始进行互联网尝试的行业之一。从2000年开始,国内的主要保险公司,如中国平安、泰康人寿就已经开始建立自己的网上保险销售渠道,保险电商的框架也基本成型。但是,作为一个传统的非银行金融行业,彼时的保险行业,互联网消费和购物模式还没有成为一种大众认可的习惯。另外,保险电商的自身架构还不完善,缺乏便捷的支付渠道,线上的信息仍然需要线下的业务来辅助。受制于当时的社会消费特点和附属产业的欠成熟,保险业并没能很好地与互联网结合。所以,直到如今,随着线上消费、移动支付的飞速发展和日趋成熟,保险行业才真正受到互联网思维的深层次影响。实践表明,保险行业一直在进行渠道建设转型探索,而互联网思维的创新应是其突围的一种战略路径。

一、互联网思维在保险业中的运用

从百度公司创始人李彦宏最早提出互联网思维到现在,互联网思维的内涵越来越广泛。2015年李克强总理在《政府工作报告》中提出,要制定"互联网+"行动计划,推动移动互联网、云计算、大数据与传统行业的紧密结合,彰显出传统行业与互联网结合的重要性与紧迫性。互联网思维具有广泛的内涵,综观目前行业的探讨和思考,以下几点是广受认同的互联网思维方式:碎片化思维、场景思维、体验思维、流量思维、免费思维、简约思维、互动思维、搭车思维、娱乐思维、跨界思维、数据思维、产品思维、平台思维、粉丝思维、爆点思维、痛点思维、用户思维。

上述多种思维中，碎片化思维主要是指当前人们碎片化的时间、碎片化的信息以及碎片化的生活；搭车思维主要体现在与热点事件、特定节日等主体绑定营销，搭别人的车，实现轻松营销；爆点思维强调不仅要给产品包装卖点，还要刻画产品性格，形成引爆点，借势利用微博、微信、博客、论坛、朋友圈、视频等引爆社会化营销；痛点思维指要找到消费者的痛点，然后解决这个痛点，使之转换为消费者青睐的点。

互联网保险近年的发展较为迅速。那么，这些互联网思维在我国互联网保险发展过程中是怎样运用的？未来的互联网保险将呈现哪些发展趋势？我们将通过一些典型案例来分析互联网思维在保险行业中的运用，并结合互联网产业的发展趋势对未来互联网保险的发展作出预判。

（一）互联网思维在保险中的经典运用

自2013年国内各保险公司尝试在互联网保险领域开拓业务，互联网保险获得快速发展，不仅市场规模成倍增长，而且内涵不断丰富、外延不断扩展，并诞生了许多经典案例。下面，我们将以三组案例来分析互联网思维在保险中的运用。

1. 案例一：朋友圈快乐"卖"保险

【案例】

从2014年2月28日开始，一股"求关爱"的风潮在微信朋友圈迅速被刷屏，近期，不少拥有该保障的人士又一次发出了"求关爱"的呼声。其实，这是泰康人寿开发的一款保障型保险产品"微互助"：为朋友支付1元，对方就可获得1000元的防癌保障。

泰康人寿首开先河之后，利用移动平台微信端的保险产品相继出现，又以阳光人寿的"爱升级"较为典型，这实际上是一款少儿重疾保险，2014年5月，该公司再次在微信推出新产品"摇钱术"，这实际上是一款附带了现金补贴的万能险产品。

【分析】

"求关爱"具有两大特点，即充分利用了移动互联网的社交平台，并设计足够低的门槛，这也是其得以快速流传的主要原因。

第四章 ◆ 互联网保险的创新与思考

与在其他渠道销售的防癌保险相比,"求关爱"的费率低廉很多,同时,根据网销特征,这款产品属于免核保范围,只要消费者愿意购买就能成功。并且,为了消除消费者的疑虑,比如担心保险公司获取自己的私人信息、遭遇电话骚扰等问题,在购买该产品时客户连电话号码都不需要填写。

上述保险产品充分体现了互联网保险的场景思维、互动思维、体验思维、简约思维、娱乐思维、爆点思维等。微信朋友圈本来有一定的私密性,发展到后来虽然有所变化,但朋友关系、工作关系依然是朋友圈的两大核心关系。因此,保险本身要打入这样的平台销售难度较大,但是上述产品充分利用了这种关系,利用了朋友圈的场景和互动,而且为朋友支付1元钱至少有三大好处:一是增加朋友保额1000元;二是与朋友互动,让他知道"你爱他";三是新鲜的体验。

2. 案例二:万能险的重生

【案例】

2011年底,阳光人寿推出一款不扣任何初始费用和保单管理费的万能险,客户投保资金全部进入投资账户。2012年底,瑞泰人寿推出首款"零初始费"万能险。国华人寿、弘康人寿、大都会人寿等许多保险公司都推出了类似的万能险产品。受国际金融危机的影响,万能险结算利率曾大幅下调,从2009年开始逐步淡出市场,加上新会计准则的实施,其市场份额进一步下滑。不过,从2012年开始,新型万能险产品搭上了网络营销的快车,呈现出"井喷"之势,可称得上起死回生。

【分析】

万能险的重生既与新产品的"零初始费用"、"零管理费用"等特点相关,也与保险互联网营销的风生水起紧密相关。从淘宝保险频道的数据来看,截至2015年3月,在淘宝开设官方旗舰店的人身险公司已经达到36家,财产险公司15家。为何这么多保险公司选择在淘宝开设官方旗舰店,关键在于流量思维和平台思维。事实上,不少保险公司也有自建网销渠道的美好愿望,但无奈发现可操作性较差,主因就是流量太低,短期内难以找到提升流量的有效办法。而淘宝等大型电商平台则拥有超大流量、海量数据、关联的行为偏好和商品数据等。同时,从网销保险种类来看,万能险、车险、意外险等是主要产品。原因就在于这些产品设计简单、责任明确，能很好地体现简约思维，信息对客户完全透明，并且对于万能险而言，不少消费者将其视为理财型保险，直接将其收益率与银行理财、信托理财等产品进行比较，在互联网上，这一点也很容易实现。因此，不少万能险的开发事实上体现了跨界思维，产品极简、信息透明、收益高等特征使其在互联网上风光了很长一段时间。

但万能险的发展可谓一波三折。由于过度宣扬收益率和理财性质，加上当前缺乏完善的互联网保险监管制度，2014年网销万能险出现了一些风险隐忧，以至于部分险企的万能险销售被暂停。经过一段时期的整顿，加上2015年2月发布的万能险费改新政，实现了万能险最低保证利率市场化，万能险有望迎来更快发展。可以说，互联网金融的快速发展、互联网保险的流行对万能险的重生发挥了重要作用。从最主要的网销平台淘宝网的情况看，万能险依然占据十分重要的位置。

3. 案例三：中国平安围绕"衣、食、住、行、玩"布局"互联网+"

【案例】

最近几年，中国平安在互联网领域可谓动作频频，甚至让人有些应接不暇。从"三马"联手成立众安保险，到推出壹钱包，从"平安好医生"APP上线到投入上亿元请用户免费上Wifi，中国平安铺开了一张互联网的大网。在这张大网中，中国平安到底网到了什么？

中国平安围绕"衣、食、住、行、玩"等需求，搭建了一个巨大的互联网金融平台，希望与生活中的各种应用场景实现无缝衔接，互联网保险仅仅是其互联网金融巨无霸中的一个组成部分。

【分析】

众安保险作为我国第一家互联网保险公司，无论股东背景还是其独特定位，都决定了这家公司从一开始就被万众瞩目。基于"服务互联网"的宗旨，众安保险希望为所有互联网经济参与者提供保障和服务。

众安保险的经典产品之一是针对网络购物的退货运费险，主要基于淘宝这一网络零售平台，既可以由商家购买，也可由消费者购买。2014年11月11日当天，该公司揽入保单1.5亿张，实现保费超过1亿元。天量的保单数、低于1元的保费门槛充分说明了其"草根"定位,小利润大市场,以及细小市场的累积带来了明显的长尾效应。退货运费险的设计显然体现了长尾思维、碎片化思维、场景思维、体验思维、简约思维和平台思维。

2014年,在"双11"的热闹刚刚退去之际,中国平安在12月12日又强势推出"财神节",并且创下了2092.75亿元的总成交额。2015年,中国平安意欲打造节庆营销年,"女神节"、"车神节"陆续登场。在2015年"女神节"期间,中国平安专门为女性设计的"波波宝"在壹钱包上线销售,融合了节日元素和移动支付元素。"波波宝"实际上是壹钱包联合平安养老险推出的乳腺保险,其名称噱头十足,体现了互联网营销的爆点思维,同时充分利用了壹钱包的社交属性及其数据成果。

借助节庆营销,中国平安编织了一张大网,充分体现了在综合金融领域高效、高产、交叉延展的营销优势,通过线上与线下的金融服务、线上平台与线下渠道优势相结合,实现了前端引流及平台、后端产品及活动的无缝链接。可以说,中国平安在各个领域的布局很好地诠释了跨界思维、整合思维和场景思维。

(二)互联网思维与保险结合的发展趋势

"站在风口上,猪都能飞起来"。当前的互联网保险似乎正处在风口,未来的发展潜力被普遍看好,各路资金也蜂拥而至。2012年、2013年和2014年的互联网保费规模分别为106.2亿元、291.2亿元和858.9亿元。事实上,尽管互联网保险发展迅速,但在运营模式、服务方式等许多领域,当前还处在探索阶段,需要摸着石头过河。今后,互联网与保险的结合可能呈现以下趋势:

1. 平台和流量的考验

流量,流量,还是流量。当前,大多数互联网保险的特点是简单、透明、廉价,要做大互联网保险市场,靠的是物美价廉、量多面广,因此,流量对于互联网保险的销售来说至关重要。很多发展互联网保险业务的公司尽管同时发展三种路径:官方网站、第三方电商平台以及移动终端,但目前主要还是依赖第三方电商平台,尽管这样做能为保险公司带来巨大流量,但同时也给保险公司发展互联网保险业务埋下了隐患，即渠道受控。

正如在传统车险渠道汽车4S店十分强势一样，在互联网保险领域，大型电商平台同样十分强势，尤其是保险公司在手续费方面没有话语权，但是保险公司发展互联网保险业务又不得不依赖这些平台。因此，在互联网保险快速发展的风光背后，保险公司到底能获得多大的收益，投入行动何时能转变为赚钱行动，尚存在很大变数。

保险公司要实现渠道突围并不容易，但今后互联网发展必须多条腿走路。未来的网络形态一定是跨越各种终端设备的，台式机、笔记本、平板、手机、手表、眼镜等，保险公司要根据不同终端的性质和用户特点，找到用户痛点并有针对性地开发出相应的产品，形成多渠道的销售网络。

2. 线上、线下的互动

表面上看，互联网保险的发展如火如荼、高速前进，但冷静分析数据发现，目前互联网保险业务在整个保险市场中的占比还是个位数，这与保险发达国家还有很大的差距，要尽快缩小这一差距，尽早达到保险发达国家的水平，就必须加强线上线下的互动。

保险尤其是寿险产品是一种特殊的商品，要把它看个"清清楚楚明明白白"并不容易，其冗长的条款也与互联网市场有一定的矛盾，因此，要把保障型产品搬上互联网并不容易。发展互联网保险业务，除了继续做大意外险、车险、理财型保险等传统适合网销的产品外，还必须加强线上和线下的互动，用互联网思维发展传统保险。

实际上，很多保险公司的互联网发展蓝图中对此已经有所考虑，但如何实现线上引流、线下衔接或线下引流、线上承接，目前还没有很好的答案和经验，但是已经出现了一些有益的尝试。例如，在医疗健康领域，不少保险公司已经低调布局O2O，主要模式就是融合线上咨询和线下买药或就诊，为客户提供增值服务，同时拉动健康险业务发展。例如，中英人寿与国内最大的移动医疗平台"春雨医生"展开合作；平安健康推出自己研发的健康医疗APP"平安健康管家"等。

发展保险O2O，一方面，要使线上服务促进线下销售，客户在网上寻求保险服务后，线下人员要及时跟进。另一方面，线下渠道获得客户以后，也可以将客户推荐到更加便宜的线上渠道，增加产品的吸引力。但这两方面的互相促进都有赖于保险公司设计出合理的利益分割机制，避免内部竞争带来耗损，充分调动线上和线下资源整合的积极性。

3. 大数据的深度应用

互联网保险要获得更大发展，离不开与大数据的深度结合。如今，人们的生活、工作和娱乐时刻都离不开互联网，期间将产生海量数据。当前，互联网保险面临的难题在于如何获得这些数据，汇集数据并对这些数据进行有效的分析、挖掘，指导保险产品的设计。

当前，对保险公司而言，很多数据的获取并不容易，例如，气象数据、道路交通数据、网络消费数据等都不向公众或企业免费开放。在保险公司和电商平台合作的既往案例中，双方希望能共享数据，为己所用。但事实上，出于商业秘密、信息安全等原因，目前这种数据的共享实际上较少。目前保险公司和电商在数据领域采取较多的合作模式是：保险公司提出数据需求，电商平台根据需求提取数据给险企，用于支持产品开发。在今后的互联网保险发展中，必须有更多、更深入的大数据应用。这不仅需要保险公司加强数据收集、整理和分析能力，也需要与更多部门以及其他行业加强沟通，打通获取数据的途径。

4. 更加注重用户体验

"万元保障免费送"、"关注就有机会抽iphone6"等类似宣传语在互联网保险中十分常见，对用户也有一定的吸引力。免费思维是发展互联网保险的一个重要思维，但不少人发现，在"免费"的旗帜下，体验并不好。今后，互联网保险的发展必须更加注重用户体验，让用户快乐参与，通过体验的改善来提升公司的品牌效应，甚至成为忠实粉丝。

用户体验不佳的原因，一种是由技术失误造成的，比如对流量的估计不足，造成用户无法登录，或者好不容易挤进了活动，却发现活动已经结束了。这在以后的互联网保险发展中必须引起重视，避免因技术或硬件准备不足而损害用户体验。另一种原因则是由于保险公司的主观策略造成的。"天下没有免费的午餐"，保险公司开展各种赠送活动最终目的是为了促进销售，这无可厚非。有的公司赠送时做到了进入门槛低，使用门槛低，而有的公司虽然名为"赠送",但在实际操作时要求用户必须关注其订阅号并注册等,有的公司赠送的东西根本不实用,例如赠送50元的代金券,但要使用该券尚需另外付出更大金额的费用等。尽管这些门槛的设置可以被理解,但也必须承认,这损害了用户体验,保险公司很可能因此失去用户。有不少非自愿关注某公众号的人,为了获得赠品,活动一结束就取消关注的情况非常多。

现在是一个信息爆炸的时代,人们的生活时间碎片化,很容易产生疲劳感,在"免费"的旗号下,如果设置重重障碍,很多人会选择放弃,如果跨越重重障碍却发现所谓的免费其实还有更多的限制,则会进一步损害用户体验,直接失去客户。相反,若是低门槛、轻松愉悦的互动则会提升用户体验,则有望找到真正的粉丝。

总之,互联网思维在保险业态中的运用不是简单地利用互联网技术或平台,进行简单形态产品的销售,而是通过对保险本质的再理解,利用互联网技术重塑保险行业的本质属性——风险管理及保障。

二、互联网保险到底是"噱头"还是"实质"

2014年,从"求关爱"到"娱乐宝",从"爱升级"到"参聚险",自从搭上了互联网之后,各种奇趣的保险产品开始进入公众视野。保险公司不仅顺应互联网发展潮流不断推出各类创新性产品,在互联网保险产品的营销上也开始大做文章,纷纷为传统产品戴上互联网的帽子。这样的互联网保险产品,让消费者知道保险产品同样可以好玩、有乐趣、充满活泼和青春亮丽的一面。互联网保险好不热闹,一轮接着一轮的热闹也折射出保险业对互联网的日益倚重,迅速攀升的保费收入让互联网保险有了"傲娇"的资本。但是面对五花八门的互联网保险产品,也让众多网友直呼"看不懂"。到底是"噱头"还是"实质"?社会各界各抒己见,由此引发了一场异常火爆的讨论,主要呈现以下四种意见:

1. 意见一:互联网应做好用户体验,贴合用户需求

"摇钱术"是阳光人寿推出的一款万能险,与一般的产品不同,其收益率可以由消费者通过手机摇一摇来决定,消费者可以在摇到了满意的收益率

之后再购买该产品。"挣钱跟玩似的",融入了诸多趣味性。

阳光人寿的"摇钱术"保险在微信朋友圈广为转发,赚足了眼球。从"摇钱术"来看,不少人士体验后发现其实摇出来的最终收益率相差并不会太大,但这充分体现了趣味性,调动了消费者参与的积极性,因为觉得好玩,所以愿意体验。这个案例确实对保险行业很有启发性:第一,迎合了微信用户的喜好,设计了容易传播性的方案,利用互联网用户的话题性进行了"病毒式"的营销;第二,为了提高转化率,针对性地做了产品的改良性设计,促进客户快速下单,从而获取客户信息。

该营销方式具有很强的"入口思维",很符合互联网公司先有用户,后做生意的思维。此外,保险公司从研究互联网用户特征、需求为出发点,不断向客户推出"有趣"、"好玩儿"的产品,但此类产品本质上仍是保险产品,实实在在的拥有保险共性。"摇钱术"实际上是一款保险期限为5年、预期年化收益率为4.6%、保险期间内身故或全残按当时个人账户价值的105%给付赔偿金的"阳光人寿理财一号两全保险(万能型)"。无论该产品有着怎样新奇有趣地体验和包装,都不能撇开其为保险的实质。

互联网保险既是"噱头",也是"实质"。在互联网保险发展的初期,通过新奇的营销方式在最短时间内扩散互联网保险,把互联网保险、普惠金融等新概念引入大家的日常生活,然后通过大数据分析客户的需求,定期推送适应的保险产品,实现"噱头"向"实质"的转化是目前互联网保险行业的真实目标。

2. 意见二:互联网保险营销要创新更要回归产品本质

2014年春节期间,当"吃货"一词刚刚成为网络流行语在互联网上热烈传播时,国华人寿立即顺势推出一款吃货险。将一款食品中毒险包装成网络亲民的吃货险产品,在淘宝网上进行销售,产品设计亲民、页面效果温馨喜感,投保该产品的消费者一旦食物中毒就医住院,最高可获得2000元住院费用补贴和每天30元的住院津贴(不超过10天),就诊过程中的诊疗费、化验费、药品费、检查费等合理费用,均覆盖在保障范围内,引来众多网友热捧,半个月销售200余单。吃货险作为一个和食物息息相关的产品,国华人寿把握时机,在2014年春节前将其推广上市,牢牢把握了春节期间应酬饭局较多的机会。

2014年"双11"期间，众安保险、华泰财险都收获了天量退货运费险订单；淘宝保险、天猫医药馆和阳光产险共同推出了一款天猫医药险；同时，一些保险公司专门针对这个电商节推出颇具互联网特色的两款交易保障险："双11"限时到货险和奶粉破罐瘪罐险。

在羊年春节期间，泰康人寿的微信摇红包活动更是巧妙地搭上了传统节日的营销快车，以互联网的方式承载了传统的节庆内容"摇一摇，抢红包"。同时，也有不少保险公司推出围绕春节的烟花爆竹意外险、旅行意外险等。在2015年"三八妇女节"，许多保险公司推出专门为女性设计的保险产品。

"东吴爱情保险"是东吴人寿为专属互联网平台销售打造设计的如宁心e终身寿险B款（万能型）保险产品。该产品别具一格，让广大网友看到这款保险产品的时候，联想到的不再是传统的灾难后保险给付，而是幸福甜蜜的爱情。东吴爱情保险推出时正逢中国传统七夕情人节，恰逢其时用爱情保险进行营销推广，受到众多浪漫人士的追捧。

上述保险产品让保险公司搭上互联网的顺风车，在扩大知名度和影响力的同时，也获得了不少收成。崭新的营销模式将促销发挥到了极致，也引爆了关于此类保险产品"噱头"、"花哨"、"华而不实"等众多负面探讨。根据大数据体系显示，网络客户需要更有趣、更直观、更简单的产品包装，单一的健康保障产品，无法获得网络客户的关注和传播，保险公司根据这些数据，结合自身的产品，打造了吃货险、烟花爆竹意外险等产品，并将其包装上线，成为具有保险实质的医疗保障、健康意外产品，使客户能够在互联网上购买实实在在的保险产品。

从上述案例来看，搭乘各类节日顺风车推出的保险多为针对互联网消费的特点而设计的产品，这其实是与互联网保险本身的定义契合度很高的产品。并不是简单地将互联网作为保险销售的渠道，而是充分了解互联网用户的消费特点，设计出符合用户需求的、简约的产品，同时其销售也在网上进行，并且是嵌入式的，从"推式销售"到"拉式销售"的转变较为彻底。同时，部分产品在其设计之初就已经注定拥有巨大的客户群，例如，卖家版的退货运费险,找到并解决了网购者的痛点,卖家为了商铺的信誉、销量等大多都会购买这一价格低廉的保险。

营销是术,产品是本,品牌是道。互联网保险通过"吸睛"的营销方式和互动,带给用户极好体验的同时,深耕用户需求,积极推出满足客户真实需要的保险产品,回归保险产品本质。

3. 意见三:保险产品应该给予用户更多的信任感

阳光人寿的"摇钱术"、国华人寿的"娱乐宝"、泰康人寿的"求关爱"等保险产品,是保险领域利用互联网工具的重要触网尝试,开拓市场的成功推广,具备了现代网络营销的几个特点:粉丝圈、参与性、免费、病毒传播等。单从技巧和推广角度来看是成功的,但是营销不仅仅是推广,营销的本质还是要满足用户需求,不管是线下的沟通技巧还是线上的粉丝交互病毒传播,只是快速推广的一种手段,没有创新性的产品,推广再火爆,也不可能成功。保险公司应当更多地在合作信任、保险产品等问题上有所创新才是永续经营的关键。

"摇钱术"这类产品的特别之处就在于放在社交圈,提供与用户互动与众不同的体验。朋友圈属于相对私密的熟人圈子,因为金融产品涉及个人信息、资金安全等,搬到网上会让人产生不安全感,需要"朋友圈"背书。送达、打开之后,用户体验直接决定了是否引起关注、兴趣,这是转化的问题。"摇钱术"体验的新颖在于互动,通过"摇一摇"摇出不同的收益,达成临门一脚:促使用户决策。这个购买体验固然很新鲜,让人眼前一亮。但该种营销方式只适合做短期活动推广,用户购买大数额金融产品前还是要收集多方信息,做完对比后才会作出决策,而不可能用几分钟在朋友圈内完成。

因此,互联网保险产品的大规模销售和普及要突破现有模式,还是要从获取客户更多的信任、培育客户互联网金融消费习惯入手。在客户有足够的安全感及对产品、品牌的信任感后,才能大规模投入更多的资金购买互联网保险产品。

4. 意见四:互联网保险需要真正意义的产品创新

从"摇钱术"、"求关爱"到"吃货险",目前大多数在售的互联网保险产品的本质是没有创新的,只是在营销方式上进行了创新。之前很多人对于保险的印象或者认识都是不清晰的,通过网络的形式,可以让更多人重新认识保险并接受保险,从这方面来说这种传播形式的创新是一种进步。

但也有一些保险产品是真正基于互联网特性进行变更的新型产品,像运费险和网购险,不在传统保险范围内,而是基于互联网背景下衍生的新需求。还有就是国华人寿推出的"娱乐宝","娱乐宝"对接的是"国华华瑞1号终身寿险(投资连结型)A款",不同于传统意义上的投连险产品,可以说是对投连险产品的全新改造。首先,从购买流程来看,"娱乐宝"延续了电商产品购买的便利性,购买简单,流程透明,并且只能通过支付宝手机端进行购买,客户在购买时就可自主选择感兴趣的影视或游戏产品。通过深层挖掘客户需求,有效扩大了保险产品的覆盖面。其次,"国华华瑞1号终身寿险(投资连结型)A款"首次明确了投资标的,以文化产业为投资方向,是投资与娱乐的结合,客户可以自己判断投资标的的风险,让艰深难懂的投连险变得通俗易懂、易于理解。"娱乐宝"产品的上市及销售过程,是一次投连险产品的全新普及与教育过程。与"余额宝"不同的是,"娱乐宝"产品计划实现了互联网金融资金投向实体经济,减少中间环节,支持文化产业的发展,也为互联网金融以后投向更多实体经济领域提供了可能。

分析各家如火如荼开展互联网保险公司的战略意图,可以发现目前互联网保险仍然处于保险营销培育阶段。从保险的角度看,资本市场对保险的评估是以内涵价值为准绳的,这也是传统保险公司希望做长期寿险产品的原因。虽然目前市面上不断涌现出互联网创新险种,因其内涵价值不高,传统保险公司触网热情并不高。但对中小保险公司来说,互联网平台是顺应科技发展和消费习惯发展的新兴销售渠道,能够为公司在短期时效内带来保费规模效应和品牌效应。此外,从互联网的角度来看,低价值的险种,甚至免费的险种归根结底是实实在在的保险产品,也是保险公司获客的巧妙手段。高赔付的成本或许比日益渐涨的流量获取成本还要便宜。获客之后,下一步便是将这些"用户"转化为公司的真实客户,进而购买高价值的保险产品。

根据《城市居民对网络保险认知度及其分析的调查报告》,"不知道、不上网、不了解"三个因素导致不了解网络保险的比例超过50%,这说明互联

第四章 ◆ 互联网保险的创新与思考

网保险的宣传力度还不够，消费者对其认知度还有待进一步提高。因此，保险公司要想培育良好的市场基础，需尽快明确其定位、提升其公共认知度。多样化、五花八门、趣味十足的保险产品正是吸引广大网民用户、加大网民对保险关注度的最快捷方式，为实质提高保险产品的网销奠定了基础。可以预见的是，未来互联网保险有望实现从"噱头"向"实质"的过渡发展：采用线上、线下相融合的立体化服务模式，加强合作，实现低成本的精准营销和多元化的服务营销；从客户利益出发，创新产品设计，开发出在互联网环境下能够充分保障和维护客户利益的险种。

第二节 互联网保险的渠道博弈

面对互联网浪潮的汹涌来势，保险创新业务将走向何方？传统保险行业应如何自处？保险行业对互联网的日渐倚重，是继续借力第三方平台与其共存亡还是大力建设自身官网引导官网销售规模？或是整合资源，实现官方平台与第三方平台无缝对接的"双管齐下"模式？这些问题都需要保险公司在实践中进一步探索研究。

一、互联网保险创新与传统业务渠道的平衡应如何把控

近年来，随着互联网保险的快速发展，有人认为传统保险业务会被冲出甚至吞噬。在众安在线成立时，甚至有媒体报道称，中国300万名营销员将面临失业；也有人认为这是危言耸听，毕竟传统业务渠道具有不可取代的优势。为了安抚代理人的焦虑，平安集团CEO马明哲曾在新年致辞中表示，平安集团的业务员只要紧跟公司科技革新的步伐，不仅不会被淘汰，恰恰相反，科技会为大家插上新的腾飞的翅膀。他同时指出，互联网是人类有史以来最伟大的发明之一，以互联网为代表的现代科技，将给整个社会带来巨大变革，这是大势所趋，不可阻挡，金融行业也不例外。

面对互联网浪潮，传统保险行业应如何发展？在此，我们希望探讨和分

析互联网保险和传统业务渠道的优势和问题，思考二者平衡发展的模式及保险业未来的商业模式。

（一）传统业务渠道优劣势分析

1. 传统业务渠道的优势

目前，保险行业的主流销售渠道仍然是代理人销售、中介代理、公司直销等传统方式。传统渠道经过多年的积累和发展，已经形成了可观的规模和公众认知度。

保险产品属于较为复杂的金融产品，公众保险知识匮乏，在一定程度上依赖代理人进行保险基础知识的普及和复杂保险产品的讲解。我国的保险深度和密度不高，公众保险意识较其他保险发达国家来说，也明显偏低。虽然传统业务渠道常因销售误导问题被诟病，但对我国市场来说，保险代理人在很大程度上担负了保险知识普及和保险意识教育的职能。

2. 传统业务渠道的劣势

（1）传统销售方式代理费用高，交易成本昂贵，拉高了产品成本。保险代理人和中介代销平台，都涉及较高的代理费，代理人渠道还需要大量的管理、培训和激励费用，渠道建设费用高居不下，不仅中小保险公司无力承受，大保险公司也面临增员困难、平台费用逐年吞噬利润等问题。这些都会抬高产品费率，如果公司费率管控不到位，将大大拉低企业市场竞争力水平。

（2）销售误导情况突出，口碑不佳，退保率较高。受传统业务渠道经营模式和多种历史因素影响，代理人、银行和中介等在销售过程中均存在不同程度的销售误导情况，由此造成的投诉和纠纷层出不穷，社会对保险行业的认可度偏低。传统业务渠道的客户退保率偏高，继续率被视为保险公司的生命指标，但行业整体情况不乐观。

（3）从展业到出单时间长，客户体验差。传统业务渠道受多种因素影响，从展业到出单需要较长的时间，部分公司采用了移动设备、在线支付和电子保单等新技术手段，但仍然不能避免部分保单需要线下审核，客户承保体验不佳。

（二）互联网保险的优劣势分析

1. 互联网保险的优势

（1）变"被动推销"为"主动购买"，有效降低退保率。与传统的保险销售相比，互联网保险摒弃了传统销售模式的人海战术，是一种公开、透明的销售方式，主要靠产品优势吸引人们主动了解保险，自主选择适合自己的保险产品。并且，客户可以在线比较多家保险公司的产品，保费透明，保障权益清晰明了，经验显示由客户根据自己需求购买的保险通常退保率低。

（2）有效避免销售误导，改善行业负面形象。互联网保险产品的保险责任和除外责任等可以公开在网上展示，供客户阅读、下载和留存，一旦有争议，客户可以非常方便地投诉举证，从而将误导和欺诈的可能性降到最低。这对改善行业多年来形成的负面形象，有着积极的作用。

（3）流程简单便捷，改善客户体验。保险产品作为金融产品，其天然特性是适合电子商务的，无须生产，无须仓储，无须物流，可以即时完成交易。传统销售渠道的承保流程包含展业、填单、录入、核保、保单打印和递送等多个环节，时间长、流程复杂，客户体验较差。互联网保险可以实现一站式投保，通常几分钟、十几分钟就可以完成复杂的投保过程，方便、快捷。未来，保全、理赔等各服务环节均可在线完成，这能够极大地改善客户体验。

（4）回归保险本质，利于节约成本。互联网保险回归到保险的本质，能够实现产品与客户之间的"去中间化"无缝对接，客户与保险公司在线交易即可，可以节约大量传统渠道的销售和经营费用，如代理人佣金、中介费、单证费以及部分内勤人力成本和管理成本等。这能够大大降低成本，一方面，提高了经营利润；另一方面，也可以给客户提供价格更优惠的产品，促进业务良性发展。

2. 互联网保险发展面临的劣势

（1）传统复杂产品尚未形成完备的在线销售模式。目前，互联网保险的主流产品是标准化程度较高的理财型产品、短期险和车险等，长期保障型险种还没有形成较为成熟的在线经营模式。通常来说，长期保障型险种是由代理人与客户多次反复沟通后,最终确定下来的保障方案,这种责任复杂、非标准化的产品从属性上更适合顾问式营销,通过面对面的沟通,挖掘客户需求,提供个性化的解决方案。

(2)互联网保险风险控制模式仍在探索中。目前互联网保险对行业来说仍然是全新的事物,经验数据积累不足,而传统的风险控制方式不再适用,精算、核保、风险控制等均需重构。

(3)公众通过互联网主动购买保险的习惯仍需进一步培育。我国保险业整体存在公众信任度较低和缺乏主动购买习惯的问题,虽然这一问题正在逐渐改变,但短期内仍无法做到像银行、证券等其他金融业相对较好的主动购买、信任感强的有利格局。互联网保险业务是基于客户需求而主动发起的购买行为。目前线上销售较好的产品以理财型产品和短期意外险、医疗险为主。这部分产品销售较好,一方面,是因为产品形态相对简单、容易标准化;另一方面,也是因为这些产品的客户主动需求较高。传统保障型产品的形态复杂、客户主动购买需求相对较低,要完成公众保险意识教育和知识普及,需要一定的时间。

(三)互联网保险对传统业务渠道的影响

2014年中国网民规模达6.49亿人,手机网民达5.57亿人。其中,20~39岁年龄段的网民占比达67.6%。网民规模不断扩大,越来越多的人开始在线甚至时刻处于在线状态,互联网开始成为人们的生活环境和生活方式。随着"80后"群体日渐成为社会的中坚力量,网购人群与保险的主要消费人群逐渐重叠,互联网保险规模快速膨胀,引发传统业务渠道的担忧。

互联网对传统金融业的渗透和冲击,将对传统业务渠道造成极大的挑战。例如,不少中小保险公司赖以生存和发展的传统业务渠道是银行保险,这种模式对代理渠道的依赖性强,对相关监管政策敏感度高。近年来,监管对银行保险出台新规,银行保险业务立即受到冲击,这充分反映出过于依赖其他平台、保险公司控制程度低的业务渠道较易受到不利影响。

可以明显看到,随着银行传统业务的互联网化,客户亲自到柜面办理业务的次数越来越少。如今,亲自到银行柜面办理业务的客户日渐以中老年人群为主。国内首家互联网民营银行——微众银行于2014年批准筹建申请，2015年1月在李克强总理的见证下完成了一笔放贷业务。该银行既无营业网点，也无营业柜台，更无须财产担保，而是通过人脸识别技术和大数据信用评级发放贷款。

这种趋势预示着，随着银行业的进一步互联网化和"未互联网化的人群"规模萎缩，银行柜面未来很可能会成为历史。没有柜面的银行，必然也无法实现传统银行保险的销售职能。同样，传统的代理人销售模式，在面对透明、快速、便捷、丰富的在线保险服务时，同样会遭到一定的冲击。

互联网的发展确实对传统金融业产生了深远影响，传统业务渠道必须有所调整和改变。当然，传统银行柜面的消失，并不意味着银行保险业务的消失，而是需要改变合作方式，完成传统合作模式的互联网化，这种变化不仅是经营场所的改变，还意味着从产品开发、销售模式、运营管理等各层面的深度变革。

（四）二者的平衡与发展

在可预见的未来，互联网保险的市场份额和规模将快速提升，并成为行业发展的重要趋势，但互联网保险短期内还无法完全取代传统业务渠道。传统的个人代理、银行代理和中介代理在很长的时间里仍将是行业重要的经营模式。实际上，二者之间的关系不是非此即彼、你死我活的，在保险公司经营过程中，不应该将互联网业务和传统业务割裂开来独立发展，二者应平衡融合、取长补短，最终糅合形成客户体验更好、经营模式更健康的保险新生态。

1. 互联网保险与传统业务渠道的融合与发展三阶段

（1）共存阶段。目前，大多数开展互联网保险业务的公司采取的是网销渠道和传统渠道单独经营的策略，在业务上不存在交集。互联网保险尚处于发展初期，虽然规模迅速扩张，但还处于初级阶段，产品体系不完善，对传统业务有一定的冲击，但影响不大。

这一阶段的特点是，互联网保险快速成长，产品线、流程和服务等不断完善，传统业务渠道则在互联网的大潮中初感危机，开始不断采用新技术和新思维进行自我改革。目前不少公司已经在代理人渠道推广移动展业，保险代理人可以利用PAD、笔记本电脑、手机等移动终端完成投保申请提交、智能核保、在线支付、生成电子保单和在线回访等全流程电子化承保。这种方式极大地改善了传统业务渠道流程复杂、承保时效慢等问题，这是传统渠道借助新技术手段进行的重塑和自我改良。

（2）合作阶段。目前，个别保险公司在互联网保险业务积累了一定的客户群体后，采用了"互联网获客+传统渠道客户转化"的策略。互联网保险具有能够海量获得客户的优势，而传统业务渠道则能够深度挖掘客户需求，将免费用户转化为高价值客户。这种模式发挥了互联网和代理人的不同优势，分工合作，优势互补。

也有部分保险公司在网销渠道建立了自己的线下队伍，专门负责客户转化和二次开发。随着互联网保险业务模式的成熟和发展，这种线上与线下互动的模式将得到进一步深化。

在互联网保险推广初期，尚处于培养消费习惯的阶段，可借助传统业务渠道的资源进行业务开拓。同时，互联网保险则通过对目前传统业务渠道在售的产品类型进行重新改造，化繁为简，使产品形态和流程设计等均符合网络销售特点。

这一阶段的特点是，互联网保险的经营模式逐渐完善，初步具备了O2O特性，通过线下资源实现复杂产品的销售和客户价值深入挖掘功能。传统业务渠道正在逐渐调整和改变当下的展业和经营模式，与互联网保险合作共赢。

（3）融合阶段。在两个渠道深度合作的过程中，将衍生出新的保险经营模式，逐渐合二为一，成为行业的主流经营方式。保险公司在战略规划时，从新的业务模式发展需要入手，从组织架构、风险控制、产品体系、营销模式、服务体系等多角度、全方位调配公司的资源，形成一体化的发展思路。

这一阶段不再将互联网保险和传统业务渠道隔离开来，二者也不仅仅是合作共赢的关系，而是融合各自优势形成一个整体。

2. 现阶段互联网保险创新与传统业务渠道的发展策略分析

工具和载体的改变，在很大程度上会改变经营模式和思维，但保险的本质不会改变。以互联网发展初期较早受到冲击的传统媒体为例，报纸、杂志、电视并没有消亡，媒体人也没有失去饭碗，媒体传播信息的本质并没有变化，而是变化传播的效率更高、形式更生动多样，人们在互联网上能够看得到比电视里更多的节目。互联网的出现和发展也确实分流了一部分观众，但占据客厅的仍然是电视机，然而这些电视已经开始成为具备上网、娱乐等多种功能的智能电视。电视没有消失，而是演变成了具有互联网功能的新产品。这就如同保险行业一样，互联网保险与传统业务渠道在发展过程中逐渐融合，形成一种更符合客户需求的新型模式。

当然，这种演变需要一个漫长的过程。目前，在我国经济落后地区、农村地区、中老年人群体和低学历人群中，网络普及程度、使用深度还很低，这部分市场的保险服务仍需要传统业务渠道的开拓。对于传统业务渠道来说，保障型险种在现阶段仍有很大的市场开发空间。因此，保险公司在经营过程中，要根据地区特征、人群特征等特点，统筹安排，做到互联网保险业务与传统业务渠道的协同发展，平衡共生。

根据公司的经营规模、风险承受能力和发展阶段，不同类型的公司在互联网保险和传统业务渠道的平衡发展上应采取差异化策略。大公司风险承受能力较强，可全面规划，先尝先试，海量获得客户，积累客户，形成品牌效应，不断丰富互联网保险的产品线，从整体角度布局互联网战略，抢占发展先机。中小公司的风险承受能力相对较弱，可在初期集中精力做好理财类产品、短期险等风险相对较低的产品，积极创新，形成独特的亮点，在传统复杂产品具有一定的市场规模和成熟的在线经营模式后再布局深度经营。

在技术变革的面前，一个个传统行业被赋予了新的生机和活力，保险业也不例外。传统保险业在拥抱新技术和新思维的过程中，有望焕发新的生命力，衍生出能够充分发挥二者优势的经营模式，保险公司在经营过程中应根据自身情况，选择适当的策略。

二、第三方平台与官网建设应如何侧重

随着互联网轰轰烈烈的发展进程，通过第三方平台、官网平台开展互联网业务，是摆在所有保险业决策者面前的一项重大课题。它决定了互联网业

务资源配置的基本方向，从某种程度上说，甚至还决定了公司互联网业务发展的基本战略。

（一）业务实践显示品牌是重要选择因素

2014年的行业实践显示，企业品牌影响力的大小，在相当程度上左右了保险公司的选择。

2014年财产险公司互联网业务保费收入合计为505.7亿元，其中七成以上在官网实现，通过第三方平台实现的保费仅占5%；人身险公司互联网业务实现保费收入353.2亿元，其中95%通过第三方平台实现，官网仅占5%。

财产险互联网业务排名前五位的公司为中国人保财险、平安产险、中国大地保险、太保产险和阳光产险，网销车险上的市场份额为97.8%。这5家公司均是财险市场品牌实力较强，总体业务规模排名靠前的企业。在人身险互联网市场上，光大永明、工银安盛、前海人寿、生命人寿、珠江人寿、昆仑健康、建信人寿、国华人寿和阳光人寿等中小公司占据了前九位，市场份额为82%。

即使与第三方合作，也需要保险公司在业务上、技术上对接配合，仍然需要有组织管理体系推动相关业务。因此，2014年在经营互联网保险的85家公司中，69家公司通过自建在线商城（官网）开展经营，68家公司与第三方电子商务平台进行深度合作，其中52家公司采用官网和第三方合作"双管齐下"的模式。

（二）何为第三方平台

第三方平台是指独立于保险公司和投保人的、专门为投保双方提供信息检索、营销支持、交易协商和电子支付等辅助服务的互联网平台。从经营主体上看，第三方平台包括互联网企业和保险中介机构两类。互联网企业又可分为互联网技术平台（如苹果、腾讯）、大数据平台（如阿里巴巴）、综合性商业生态平台（如淘宝、天猫、京东、网易）、专注于某个商业领域的垂直性商业生态平台（如京东、携程、滴滴、汽车之家、银行网上商城），保险专业中介网站由于专注于保险代理销售与服务，也可归为垂直性细分网站。

第四章 ◆ 互联网保险的创新与思考

不同的第三方平台，保险公司与之合作的模式有比较大的区别。与网络技术或大数据平台，如苹果、腾讯、阿里巴巴合作时，保险公司是共建者、参与者。与大型商业互联网生态平台，如淘宝、天猫、京东商城合作时，无论是直面客户，还是像退货运费险一样服务于商城交易，保险公司实质是供应商。以上两种角色均要求保险公司拥有自建平台对接。

与垂直细分互联网生态平台合作，本质上是将保险嵌入其他商业活动，类似于传统的兼业代理，如携程、滴滴；与保险专业中介网站的合作，实质就是线下专业代理模式。虽然这两种情况不一定要求保险公司必须有完善的官网平台，但必须有针对性地提供保险产品与服务接口。

（三）第三方平台与官网优劣分析

从消费者角度来看，保险公司的官网信誉度较高，但往往只能提供本企业（集团）的产品和服务，缺少对比选择；保险专业中介的网络平台，虽然产品较为丰富，甚至还提供服务，但公信力的建设仍然有很长的路要走；垂直细分网站代销的保险，虽然与场景结合较好，但受制于该网站的业务类型，缺少覆盖面；网络商城及网络技术平台是一个网上超市，有比较多的选择，但担心缺少后续的专业化服务支撑。

从保险公司的角度来看，公司官网掌控程度高、战略自由度大，便于保险公司充分运用既有优势，开发、推出有特色的保险产品，主要缺点是平台流量不足、黏性不足、频度不足。借力第三方平台，可节约建设成本，通过第三方网络的品牌和用户资源，解决自身流量不足的问题，增强客户黏性。主要缺点是沟通协调成本高、保证数据安全难度大、后续服务跟进充满挑战。

从第三方平台的角度来看，关键是保险产品服务是否有市场吸引力，业务流程能否更方便快捷，能否支撑第三方平台自身战略目标，如变现流量、增加交易等目标的实现。

（四）问题的本质

有人认为，这是直销还是代理问题的翻版。目前企业商业模式的实践，已出现了平台模式更替价值链模式的趋势。如果将平台的选择类比为直销，那么还是代理问题，实质上表现出其基本的方法论，仍受到价值链商业模式的制约，没能跟上互联网时代商业模式发展的步伐。我们认为，选择平台不仅只是直销，还是代理的思考，更是一个公司面对新时代、新阶段的基本商业模式的决策问题。

有人认为，这只是技术上的选择。不少人认为，展开互联网业务，就是建设一套信息技术系统，因而常常把互联网业务交由信息技术部门牵头负责。虽然信息技术确实是开展互联网业务的根基，无之不可，但有之不见得会带来互联网业务的发展。经过数年实践，多数保险公司已经发现大力推进互联网业务，离不开优秀产品、便捷流程、快速服务、创新宣传的支持，需要突破传统的思考模式、组织结构、业务流程和考核体系，建立起新架构。因此，选择平台不仅是技术问题，更是面向新时代、新阶段的体制、机制建设和战略选择。

（五）对平台含义的再思考

我们可从三个层面来理解"平台"。在战略层面，平台指的是一种新型的商业模式，是一个能不断进化的商业生态系统。在业务层面，平台指的是企业规划、运营互联网业务发展的一整套组织管理体系。在技术层面，平台指的是为实现保险电子商务而建设的信息系统。

战略层面的平台，典型例子既包括Wintel联盟、谷歌、苹果、阿里巴巴和腾讯，也包括Airbnb、E代驾、滴滴等专注在细分领域的小平台。这个意义上的平台核心是生态圈价值链条构成、内部结构与运作机理，其中特别重要的是产品定价策略、对双边用户的吸引策略、资源整合策略、成长扩张策略，涉及企业顶层设计和基本商业模式选择。

业务层面的平台，是指企业（特别是企业集团）能否为积极拥抱互联网建立专业化的组织管理体系。对互联网企业来说，专业化运营是天经地义的，但传统企业总对专业化心存疑虑，担忧投入大、产出低、渠道冲突等。截至目前，行业的实践证明，专业化运作，特别是事业部制和公司化的运作有利于大力推进互联网业务的发展。

技术层面的平台，是指依托计算机、互联网和通信技术，向客户提供信息，并能完成保险产品销售和服务过程的信息系统。这个平台需要面向保险经营的各个参与者，包含信息展示、功能实现、服务提供、业务逻辑、数据存取、统计分析等一系列模块，在内部应与公司核心业务、财务等系统对接，在外部还需与监管政府、合作伙伴等对接。

从行业的业务实践来看，不同的企业对上述三个层面的工作有着不同的取舍，比如中国人寿、中国平安就尝试着建设以己为主的互联网商业生态，中国人寿、太平洋保险等保险集团设有专业化的互联网保险运营子公司，光大永明等中小保险公司主要依托第三方电子商务平台展开互联网保险业务。

（六）基本观点

上述平台三个层面的工作，从内外部资源利用、是否建设专业化的组织管理体系及信息系统等维度进行组合设计，理论上能获得完全依托第三方、部分依托部分自建、完全自行建设等多种方案。方案选择的关键在于企业自身资源禀赋、互联网战略目标、投入规模大小等。但综合起来，应遵循以下基本思路。

一是坚持以客户为中心。无论选择何种方案，核心任务仍然是如何掌握未来主流消费人群的需求，在大数据及现代通信、信息技术支持下，以场景化、简单化、社交化、一站式的体验，低成本、高效率地向广大消费者提供个性化的产品和服务。

二是建议采用"双管齐下"的方案。即使是依托外部第三方，仍然需要企业自身有一个比较好的技术平台去支持外部对接。从技术上来看，建设一个整合的官网平台，通过企业总线、以相对标准化的方式与所有第三方平台对接，有利于资源整合，加强标准化建设水平，降低管理复杂程度。

三是建立专业化互联网业务组织管理体系。建立专门的组织管理体系，以事业部制，甚至公司化的运作，一手推进内部互联网业务的产品创新、流程创新、管理创新和服务创新；一手加大与外部第三方的合作力度，推进宣传推广、产品销售、业务管理、客户服务等各领域的整合。

四是重视培育自身的网络品牌。一方面，切实推进以客户为中心的业务转型，以"成本—效率"为核心推动低价值的简单操作向互联网平台转移；另一方面，通过互联网营销活动，借力第三方吸引年轻一代消费者，培育客户信任，提升品牌影响力。

五是金融集团应当有自主的产业生态体系。赢家通吃的特点决定了未来在金融保险市场上，有可能是少数大金融平台型集团与众多专业化、精品化服务的中小公司共存的格局。因此，集团化企业不能满足于成为别人生态圈中的一环，必须建立以我为主的产业生态，力争成为综合型金融服务平台。

第三节 互联网保险的产品创新

一、保障与理财，互联网保险的现实和未来选择

（一）保险兼具风险管理与财富管理功能

2014年8月10日，国务院颁布了《国务院关于加快发展现代保险服务业的若干意见》（以下简称《若干意见》），明确指出加快发展现代保险服务业，对完善现代金融体系、带动扩大社会就业、促进经济提质增效升级、创新社会治理方式、保障社会稳定运行、提升社会安全感、提高人民群众生活质量具有重要意义。明确指出了保险业管理长期风险的经营规律，充分发挥保险资金长期投资的优势，创新保险资金运用方式，提高保险资金配置效率，促进保险市场与货币市场、资本市场协调发展。进一步发挥保险公司的机构投资者作用，为股票市场和债券市场的长期稳定发展提供有力支持。从而明确了保险业在金融体系中差异化的定位，凸显出保险业在社会保障体系中的重要作用。

根据《若干意见》的发展目标，保险要成为政府、企业、居民风险管理和财富管理的基本手段，成为提高保障水平和保障质量的重要渠道，成为政府改进公共服务、加强社会管理的有效工具。保险的社会"稳定器"和经济"助推器"作用得到有效发挥。

中国保监会主席项俊波也于2013年7月在"保险业深化改革创新发展座

谈会"上明确指出要处理好保障与理财的关系,树立"大保险"的观念。一直以来备受争议的保险业定位得到了明确的定义——保障功能是保险的基本功能,理财和保障并不对立,居民财富持续增加本身就是一种保障,财富管理对于保持保险市场的稳定增长具有重要的意义。保障与理财二者并重,不可偏废。这一定义,解答了多年以来困扰保险业发展的问题。

(二)居民财富增长也是一种保障

从经济学角度来看,保险是分摊意外事故损失的一种财务安排,是规划人生财务的一种工具。在保险功能覆盖的生存、医疗、就业、失业、教育、养老、意外等各个方面,都需要有财务作为支持。

在中国经济高速发展的今天,很多人都处于一种焦虑的状态中,不管是吃、穿、住、行,还是子女教育、医疗等基本方面,还是享受生活品质的更高层次追求,都还远没有到能够达到从容应对的程度。究其原因,是因为大多数人都对未来的生活充满了不确定性,这种不确定性的风险以及不能从容应对这些无法预知的风险给人们带来了深深的焦虑,这种风险不仅是自保障的需求,更多的焦虑来自有限的可支配收入、现金流的不足以及对未来财务能力的不确定性。因此,居民财富的增长能够从物质上解决精神焦虑的问题,对于保持经济社会的稳定和构建和谐社会具有重要的意义。从这个意义上讲,居民财富的增长本身也是一种保障。

《若干意见》为保险资金运用带来了积极变化,为优化理财保险的产品结构提供了政策支持,从而使保险能够更好地为客户服务,为国家的经济建设和社会发展服务。

(三)实现《若干意见》目标,有必要发展理财型保险

《若干意见》提出,到2020年,我国保险深度达到5%,保险密度达到3500元/人。要实现这样的目标,需要在未来几年内保费年复合增长率接近16%左右,到2020年保费收入规模将达到4.8万亿元。如此大的增量,仅仅通过保障型产品是难以实现的,必须建立"大保险"的观念,做大保险市场,加大理财型保险的开发,充分发挥保险的金融功能,促进保险市场与货

币市场、资本市场协调发展，让保险真正走到金融生态链的前端。

（四）互联网发展规律，理财型保险先行探路

在互联网时代，根据互联网流量大、受众趋于年轻、信息透明、成本相对低廉的特点，保险业开展互联网保险业务，适合用规则简单、流程清晰、易于看懂、能覆盖较广人群的产品打开市场，吸引消费者购买。中国的互联网客户年龄层次为18~40岁，以中青年居多，这部分人互联网黏性和依赖性极强，各类生活需求及购物甚至理财都在网上完成。而且他们都处于人生阶段的最佳状态，年富力强，对保障型保险产品需求的紧急性和迫切性相对较弱，而对偏理财型的保险产品却有着非常强烈的需求。这批消费群体的共同特点是：理性、愿意尝试新生事物、自我决断能力强、风险承受力相对于传统渠道的保险客户更高，对于符合自身需求且信息公开透明的产品接受度高，同时也具有较高的受教育程度，对各类金融产品有较强的理性选择能力，对本人的资产配置有较清楚的理性认识。

基于互联网的发展特点、传播规律及受众情况，互联网保险的发展适合用简单型的理财产品先行探路，以全新的姿态和行业形象出现在全新的互联网保险领域。基于各保险公司在互联网保险领域这几年的探索与尝试，简单易懂的万能险产品一经推出，就屡次创造互联网金融的销售奇迹，在短时间内引起极大的反响。一方面，市场的热烈回应印证了理财型产品的吸引力和极大的市场需求；另一方面，对保险公司甚至保险行业而言，互联网保险产品节省了中间成本，将更多实惠和收益让利给客户。这种主动购买的方式有利于改变消费者对保险销售的传统认识，改善保险行业形象，迅速积累保险产品和保险公司的口碑。口碑在互联网时代可谓影响力巨大，也正在倒逼保险公司不断改善服务与运营流程、规范销售行为。

2012年"双12"期间，国华人寿率先在淘宝"聚划算"推出适合网销的万能险产品，之后很多保险公司跟进，至今已经两年多，截至目前，网销的万能险产品均达到了预期的收益率。相关数据显示，大多数客户因为之前所购万能险产品达到预期收益，选择了反复购买，从而为保险公司的互联网保险销售积累了一大批稳定的客户群。据Wind资讯统计，2014年6月，在

已经结算的万能险中，四款产品年收益率达到7%，14款产品超过6%。随着互联网保险客户数的与日俱增，也为互联网保险积累了越来越多的大数据，客户数、年龄层次、身体情况、购买喜好、职业、购买力等详细的客户数据与信息，也为互联网保障产品的开发与重新定义奠定了基础。

（五）互联网思维重新定义保障产品形态

在互联网时代，结合互联网消费的碎片化、小金额、大批量、高频次等特点，保障型产品如何重新定义、开发，甚至销售，对保险行业及各保险公司而言是一个全新的课题。

相比理财型保险产品，保障型产品形态相对复杂，如何在互联网上进行展示和销售，需要做大量细致的研究与开发。在新的大数据时代，通过数据的积累、分析、挖掘数据，发现数据背后价值，结合风险因素的把握，精准地定义客户的消费与需求，从而定义产品。

同时，互联网保险的发展及寿险费率市场化改革的逐步推进，寿险预定利率放开，把定价权交给市场和保险公司成为大势所趋，行业的风险定价和管理能力有望得到提高，保险公司将有能力设计出更具有竞争力的保险产品，来满足保险消费者在保险保障、资产保值增值、合理避税、财富传承等多方面、多层次的需求。

基于互联网时代的大数据应用也可以支持保险业细分风险，提供更精准的保险定价，提高行业风险识别和管理能力。海量的数据及处理能力还可使产品设计、创新、推出能力大大增强。除此之处，清晰的产品规则、简化投保流程、建立强大的IT系统、提升运营能力及客户服务等都是互联网时代保障型产品需要改革的方向。

二、互联网对保险产品创新的促进作用

从近几年实践看，互联网技术和网络平台对保险产品创新的促进作用体现在以下九个方面。

（一）创新产品形态和投保规则，结合社交功能的互联网营销

传统的保险产品和营销是一个静态的概念，给定投保条件、条款和费率，消费者从中选取自己适用的产品，按部就班的完成咨询、投保、付款等购买过程。在网络时代，互联网互动、交互和信息传播的特点催生了不断翻新的社交功能和网络平台；保险公司结合大众喜闻乐见的社交平台，通过对产品形态和投保规则的创新，保险产品和投保过程从静态发展成为了动态，从而为投保过程附加了活泼新颖的社交功能和娱乐化属性，起到了事半功倍的营销效果，作为载体的保险产品也发生了巨大的创新性变化。

例如，阳光人寿的"爱升级"少儿重大疾病意外险及泰康人寿的"微互助"防癌险，具备起购价格低这一先决条件的同时，购买人可在微信好友及朋友圈分享购买链接，好友付出微小金额就可以为自己或他人增加保额，使保险变成了一个互动而有趣的产品。生命人寿在微信服务号上主打的"宝贝存钱罐"，从根本上来看是一款适合为孩子积累教育金的两全保险，但是通过创新设计，投保过程可以简单重复，同时保费起点低，结合微信的社交功能，使投保过程具备"发红包"和"要红包"的娱乐功能，取得了不错的营销效果。

（二）保险产品投保过程向极简化发展

传统的保险产品投保和理赔时往往涉及填写较多内容，增加了投保和理赔的难度，也使客户对保险公司运营流程的印象不佳。

互联网的普及使得极简的产品设计成为可能，互联网技术带来的互动功能、自动化和便利的数据传输进一步简化了客户的保全和理赔过程。例如，在淘宝或天猫购物过程中常见的运费险，其投保过程，只是在客户网购商品的过程中增加了一个勾选框，出现理赔事件也几乎是全自动赔付；大部分的网销理财型险种，投保时只需要简单的几项客户信息，客户在线简单操作即可赎回资金，十分便捷。

（三）互联网保险产品越来越具有碎片化特征

互联网保险的营销过程主要是非接触服务，客户自主选择产品。一方

面，在客户的投保过程中减少了人工干预，规避了销售误导等问题，提高了客户的体验、降低了退保率；另一方面，也使客户缺乏专业指导，造成对复杂产品和条款的理解力不足，购买产品也容易盲目，从而不能使保险产品发挥应有的保障功能。这就要求保险产品在设计上更为简明，将保险责任具体化、细致化，针对某一特定人群在特定环境中的特殊需求，精细设计产品；使用多款相互补充的系列产品完善客户的保障内容。目前有多个保险公司将传统意义上覆盖众多疾病种类的重大疾病险，简化为癌症保险，甚至打造针对性更高的特定人群癌症或特定疾病保险，如太平人寿"孝心宝老人防癌险"、泰康人寿"e顺女性疾病险"、生命人寿"瑞丽女人健康险"等。

除此之外，各种短期、极短期意外险，以及退运险、航班延误险等小额、海量的互联网保险产品，更充分体现了互联网保险碎片化特征，这些产品往往还与某些特殊场景或网络平台相结合。例如，购买产品或服务保障类的"家纺材质鉴定险"、"奶粉物流保障险"、"机票取消险"；与打车软件相结合的"司机误工险"；保障网络卖家按时收取货款的"口袋购物超期到账保障"等。

（四）需求催生场景化保险产品层出不穷

互联网时代，特别是移动互联时代的一个重要特征就是消费者消费习惯场景化。伴随着互联网嵌入到人们生活中的每一个环节，在新的场景下，新的风险会逐渐暴露，新的精细化风险保障需求也随之出现。将客户置于某一场景中，对激发客户需求和对保险产品的认同感大有裨益。

具体来说，所谓场景化就是满足具体场景产生的保险需求而开发或销售的保险产品。早期互联网保险产品中场景化最为代表性的就是旅行险产品如航意险、航延险，该产品与飞机航行等场景紧密结合。2014年还出现了结合春节团聚场景开发的"吃货险"、"喝麻险"、"燃放爆竹意外险"，结合妊娠安全和新生儿健康需求的"母婴安康"类险种，结合家政人员意外和雇主责任的意外险等。同时，保险产品与生活存在同一个维度，类似需求在不同场景下的些微差别就可以成为保险公司设计产品的切入点。例如，国华人寿就针对同一个客户在"养育子女"、"孝敬父母"、"爱护妻子"、"个人养老"等不同场景下细分的经济需求，对同一款年金产品进行创新设计，并在合法合规的基础上对投保、保全进行特殊规定，形成了富有特色的网销系列产品。

（五）与第三方网络平台合作进行产品创新

互联网保险涉及"保险"和"互联网"两个具有极高专业度的热门行业，并因为这两个行业的紧密结合而不断发展壮大。对于保险公司来说，利用专业互联网公司的成熟技术和平台有利于规避自营平台访问量不足的缺陷，并利用互联网的各种特性和优势迅速提高公司的知名度和业绩。对于第三方网络平台来说，引入保险公司的产品和服务能够进一步满足客户的保障和理财需求、完善自身的生态系统、提高客户黏性；同时在互联网企业纷纷进行互联网金融创新的大背景下，保险资金属于安全、低成本的优质资金，融资期限也可以很长，可以作为互联网企业融资工具或融资主体的宣传窗口。

2014年，阿里巴巴与国华人寿联手打造的"娱乐宝"项目便是保险公司与互联网平台合作创新的代表性产品。对于网销理财型保险来说，"娱乐宝"项目使用保险公司的万能险或投连险型理财产品，并明确将销售保险产品获得的资金投向文化娱乐产业。一方面，赋予产品投保人"电影投资人"的身份，并可以在保险利益之外提供娱乐权益，提高产品的附加价值和吸引力；另一方面，利用互联网的长尾效应集合社会闲散资金，形成较大的投资规模，最终投向具体的娱乐项目，并起到对娱乐项目的宣传推广和前景预判作用，促进文化娱乐事业发展。这一系列的策划运作，显然不能由险企单独完成；但保险产品本身也是整个运作过程中不可缺少的节点，最终实现了保险产品、营销以及保险资金利用的创新探索。

除了"娱乐宝"以其巨大社会反响为大众所熟知，2014年与网络平台相结合的保险产品创新范例还有与天猫医药馆相结合的阳光产险"天猫医药险"，它开辟了全程在线医疗新模式，客户在天猫医药馆购买药品并签收后，保险公司将自动赔付。

另外，财险产品创新范例有平安产险与房屋装修第三方平台的跨界合作推出的装修保障计划，此产品填补了房屋装修风险保障方面的空白。平安产险借助平台渠道的专业判定风险，借保险为用户解决痛点，带来更好的消费体验。

随着互联网保险的发展，保险公司和互联网企业的互动将进一步密切，它们之间的专业碰撞将带来更具创新性和互联网思维的互联网保险产品，并推动保险产品的普及和大众保障意识的提高，并在各种良好的售前、售中和售后体验中，促进互联网保险良性、健康、可持续发展。

（六）基于大数据和人工智能的精准定价

作为金融机构，保险最核心的技术就是对风险的定价。实现精准定价，也是保险服务可持续性的基本条件。目前保险产品的定价都是基于传统的定价理论和模型，比如基于20世纪制定的生命表。而精准定价的目标，是从供给和需求两个角度为面临各种不同风险的标的提供准确的保险产品定价，并根据风险状况的变动情况持续地开展相应的定价调整，甚至可以依据过去的统计分析开展精确的防灾防损工作，在降低自身承担风险的同时为客户提供增值服务。伴随着互联网、大数据与人工智能的发展，保险定价一定会出现跨越式的变革，实现对各种风险更为精准、动态的定价。

互联网时代和大数据将给保险业带来积极而深刻的变化。由于云计算、搜索引擎、大数据等技术的运用，互联网参与方获取和深度挖掘信息的能力大幅提高，消费者的交易行为逐步实现可记录、可分析、可预测，保险业的定价模式也可能深刻变化。新技术的运用将会改变保险产品的定价模式，提高了风险数据信息的透明度，可以对风险因子进行无限细分，使精算变成真正精确的计算，从而更精准地为客户完成"私人订制"。

以重大疾病险为例，2014年网络上已经出现了基于利用可穿戴设备进行客户行为统计，从而精确评估风险、个性化定价的可变保费产品。在车险方面，车联网是大数据在保险行业最有潜质的应用之一。车联网通过对人、车、驾驶行为这些风险因素的数据采集，一方面，可以用来改善车险的定价和核保政策，提升精准定价能力，为客户打造量身订制的风险解决方案和保险产品；另一方面，还可以提高保险公司的风险管控能力，有效降低事故发生率和相关的理赔成本。

（七）互联网保险与医疗行业的融合

保险产品中的人身险与被保险人的寿命和健康状况直接相关，因此医疗行业与保险业具有天然的共融属性。保险行业与医疗行业主动融合，对提升保险客户的服务体验、提高保险资金和医疗资源的利用效率、降低保险公司经营风险、促进医疗行业发展等方面都有重要作用。随着大型互联网企业和风险资本纷纷进入医疗行业，医疗健康产业和相关概念的企业在2015年会出现快速发展，同时随着产品和技术的成熟，市场规模必将迎来放量增长。

医疗互联网化主要包括：一是传统医疗机构的互联网化，例如，阿里巴巴的"未来医院"计划已经与国内50家三甲医院达成合作意向，通过移动互联网技术为用户就诊全流程提供便捷信息化服务；二是建立网上医疗服务管理平台，为客户提供在线和O2O两种模式的医疗服务资源；三是通过智能硬件建立个人健康管理平台，如苹果、谷歌等公司发布的健康管理软件平台和以各种智能手环为代表的健康管理智能硬件平台，可以实时监控、分析和改善个人身体健康状况。

从2014年开始，保险公司与健康管理平台公司在互联网业务模式方面不断探索和尝试，主要模式包括：一是通过健康管理平台公司对个人监控的大数据分析，为客户提供差异化的保险价格；二是通过健康管理平台公司的用户使用积分，换取免费保险产品；三是为健康管理平台的用户提供在线增值业务，如健康咨询、在线问诊等。随着智能硬件技术和产业的快速发展，海量的个人健康数据以及用户在互联网平台上积累的医疗服务数据，使得保险公司具有针对每个个体的健康和意外风险进行分析的条件和可能。但从国外发展现状来看，基于大数据的临床辅助分析尚未进入实用阶段。从实施角度，有望成为各大保险公司深入研究的重点课题。

目前比较成熟的互联网大数据技术可以用来提供个性化的医疗健康保险产品和服务。保险公司可以通过整合互联网公司、移动互联网平台等各种大数据平台的多维度客户信息以及健康管理平台的客户健康信息进行综合分析，识别用户健康医疗需求的分类特征，挖掘客户对于健康和医疗保险的潜在需求，针对客户个体特征提供个性化的保险产品组合设计，并通过互联网

第四章 互联网保险的创新与思考

平台和健康管理平台为客户精准定位和推送满足客户需求的产品和服务。从另一个角度来看，保险公司也可以针对所掌握的客户健康医疗数据，尝试对原有保险产品定价进行补充和精化，针对能够获得详细健康和医疗数据的客户提供不同的价格方案或优惠活动。

随着传统医疗机构服务的互联网化，保险公司可以尝试通过互联网公司的平台为客户提供方便快捷的在线保险服务。例如，在线实时理赔结算服务，保险公司通过互联网平台获得客户的就医和处方信息后，实现在线支付医疗理赔款，简化客户后期烦琐的医疗报销单据填写和寄送等流程，同时降低了保险公司自身的运营成本，提高客户的体验。

（八）基于新型可保风险的创新

随着"互联网+"的发展，互联网渗透到各行各业，像运费险一样，在新的互联网业态下出现了新的保障场景，新的保险需求逐步涌现；同时，互联网之外的社会环境也在经济社会的加速发展中发生了巨大变化，与之伴随的是前所未见的风险点和风险转移需求。这些需求呼唤着新型保障产品出现，而先进的互联网技术一方面提供更多的数据以支持新的产品开发；另一方面，提升系统智能化帮助改善保险用户体验，使客户能够便捷地获取产品信息并操作投保，令新型产品更快地获得市场认同、可持续发展。在新型产品方面比较有代表性的包括：为保障快捷支付资金安全的"资金安全保险"、针对手机的屏幕损坏设计的"手机碎屏险"、保障个人账户安全问题的"网络账户安全保险"、填补了国内虚拟财产保险的空白的"虚拟财产保险"等。

（九）催生更多的低费率保险产品

传统保险的产品销售及后续服务很多是依靠人海战术，成本高、效率低，而互联网技术对于传统保险投保及后续业务的服务流程中某些环节的替换、简化、优化或重构，所呈现的最终效果就是将保险公司最大的成本——人工交易及运营成本降到最低，从而催生出相较于传统渠道来说费率更低的互联网专属产品，让利于客户。保费降低后，提高了公众对保险产品的接受度，从而扩大了保险公司的获客渠道，起到客户积累的作用。在低费率产品方面比较有代表性的包括：阳光人寿险的"健康随e保重疾保障计划"，其覆盖42种重大疾病，同等保障的保费较其他保险公司低40%；泰康人寿的"飞行保"，投保人花一分钱就可以获得保险期间一年，保额100万元的意外险保障；平安产险的"老年人账户资金诈骗损失险"，消费者只需花28元即可购买一份该产品，获得10000元的赔付保障，每人最多可购买30份，享受最高达30万元的赔付保障。

第四节　互联网保险的运营革命

一、互联网保险的运营思路革命

2014年，包括保险在内的互联网金融产品加速发展起来，并以越来越快的"加速度"快速发展，这不仅成为一段时间内金融业的最大亮点，而且深刻地改变着保险业的发展模式和竞争态势，越来越深刻地影响着社会大众的经济生活。

随着网络技术的发展和网销经营模式的成熟，作为显性因素的互联网保险产品或营销活动，如雨后春笋般大量涌现，并以全新的面貌和形态带给人们便利、快捷的风险管理和财务管理服务。在这背后起到关键支撑作用的是以互联网为基础的保险运营。运营部门通过制定运营模式、规则和流程，除了使一切业务模式得以具体实现，同时也决定了以怎样的效率和质量开展各类业务。在互联网保险时代，运营如何打通自己的流程，如何快速结合移动、互联、碎片化、场景化等互联网保险的经营特点打破固有思维模式和运营模式，实现最佳的客户体验；如何利用大数据实现差异化的两核规则等，都将成为运营变革中的着重发力点。

在这其中最鲜明的变化就是运营习惯、流程、工具、平台和服务的全面网络化，但首先是运营思路的革命：如何看待并利用互联网技术升级改进保险的运营；如何在运营流程和具体操作中贴近互联网用户的思维和习惯；如

第四章 ◆ 互联网保险的创新与思考

何利用网络运营技术促进新的互联网产品和功能出现，更好地为客户服务；如何把握网络化运营的未来发展，并因势利导让其发挥对保险行业及企业发展最大的促进作用。这些都是在互联网保险时代保险行业首先要解决的问题。

贯穿互联网保险的运营，以及保险的运营网络化，我们认为，利用网络新技术和互联网信息传播优势，保险公司除了能够打破与客户之间的隔阂，获得数量和质量更有保证的客户资源，更有望在运营管理方面迎来革命性的变化。这一变化贯穿咨询、承保、保全、理赔等各方面，既提高了保险公司的运营效率和服务水平，也满足了互联网客户的思维和使用习惯。

售前、售后咨询是保险公司的服务窗口，其服务水平会直接影响到客户对保险公司的印象。利用互联网技术，保险公司一方面能够尽可能地压缩服务的响应时间，快速回应客户要求，有效提高处理效率和客户的满意度；另一方面也能够及时记录和分析客户需求的规律和特点，发现产品或系统的缺陷并加以克服，在数据积累和分析的基础上对服务内容进行前瞻性预判、制订处置预案，进一步提高服务的及时性和有效性。同时，利用互联网提供咨询服务也能使保险公司对服务人员的具体操作进行有效监控，及时发现不当行为，并针对问题加强培训管理，提高服务的标准化程度，避免销售误导等问题发生。

承保是保险公司与客户达成服务协议的标志，是客户获得风险保障的开始；保全和理赔则是对客户进行售后服务的主要内容，关系到客户风险管理的有效性。能否提供快捷、便利的承保、保全和理赔服务，既体现保险公司的运营水平，也影响到客户对保险公司甚至保险行业的信心。相对于线下的办理流程，互联网保险具有无纸、低碳、远程和实时的优势。利用网络和数字化技术代替传统的填写、提交、审核、批复流程、提高信息流转速度，除了能够减少客户进行业务办理的时空障碍，降低办理难度和等待时间，还能够通过信息的互联互通，实现多平台、多途径操作，给客户充分的便利，体现互联网的开放属性和保险公司服务优势。另外，保险公司利用互联网技术进行运营管理，能够降低自身的运营成本、提高办公效率；相关信息资料也能更方便地进行储存和共享。如果辅以行业信息化平台的支持，将对提升行业整体的服务水平和风险管控能力起到重要作用。

在此方面具有代表性的案例是：平安人寿通过互联网建立的一套崭新的寿险经营模式"平安寿险直通客户经理制"。客户经理制是一种完全业务运营模式的转变，是将客户资源分配给座席拨打的同时，允许座席选择其中的一部分成为准客户并与成交的客户一起长期经营的运作模式。通过这种长期经营，能够更加了解客户，改善客户体验，提高销售效率，提升座席留存。同时，结合科技的运用，借助多媒介的沟通工具（微信公众号、短信、电邮等）和网电移一体化平台，让电销座席转变成为数字化的长期经营者。

二、互联网保险的运营习惯革命

保险运营支持着咨诉接待、信息收集、核保交费、保单递送、回访确认、保全理赔等保险公司和客户互动的各个环节，直接影响着投保的顺利完成和后续各项服务的客户满意度。互联网保险得以兴起，相较线下渠道及产品的两个重要优势就是便利快捷和自助性，这就要求保险公司的互联网保险运营流程要习惯于快速响应，建立非接触、自动化服务机制，并对移动互联网加以充分应用。

快速响应，是要利用互联网技术打破时间和空间的阻隔，随时随地为客户提供服务并及时收集反馈客户需求和其他相关信息；同时，这也是互联网业务时空覆盖广、传播速度快的特点的必然要求。因此，互联网保险运营习惯的第一个革命就是"快速"。互联网无比活跃、瞬息万变，机遇稍纵即逝，问题也可能突然出现，必须要保持高度的创新能力、适应能力和敏感度，其关键也是快速适应并迅速拿出解决方案，抢占先机。同时，网络信息的传输几乎是实时的，网络客户也已经习惯于互联网"点击即获得"的良好体验，因此要尽可能地缩短网络投保各环节的等待时间，使客户迅速完成投保缴费过程并获得保单或核保信息；对随时出现的需求和意见也必须尽快处理和反馈，否则网络产品和服务的优势无存，而因反馈延迟或错误带来的负面意见借助互联网高速传播，将对保险公司开展互联网保险业务带来严重的影响。

非接触和自动化服务是互联网保险得以存在和发展的前提条件，也是快

第四章 ◆ 互联网保险的创新与思考

速响应的必备条件，因此同样是互联网保险运营习惯革命的重要内容。开展互联网保险的保险公司应习惯于非接触和无纸化操作，这就要求保险公司对运营项目进行梳理和自动化改造，并进行风险评估。结合最新的信息获取、身份验证、信息加密、高速传输等技术，非接触操作的风险正在快速降低，越来越多的运营项目出现在可以在线自助办理的目录中。客户提交的数据往往不需要人工介入就可以自动判定、操作或流转，极大地提高了运营的时效和客户的操作体验；相关的风险也可以得到有效控制，取得与线下传统模式相同或更高的安全性。例如，2013年平安人寿推出"网络自助理赔"服务，该项服务支持客户通过网络渠道简单录入理赔报案信息，在网络完成理赔报案、受理、辅助审核及给付，大幅提升理赔时效、客户理赔体验及满意度，实现真正的"足不出户、自助理赔"。简易案件可短时间（10~20分钟）反馈理赔结果或立即反馈理赔结果，大幅提升理赔时效。

随着移动互联网技术的快速发展，智能手机、平板电脑等手持移动设备的日益普及，微信、微博、易信等主流网络社交工具在移动端广泛应用，加之保险公司对快速、自动化服务的追求，对运营流程的移动化提出了新的要求。运营创新比较快的保险公司，纷纷在各种移动平台中部署投保、保全、理赔、回访、咨询等运营流程，客户直接在移动端上便可完成投保并接受相关服务，保险公司内部的运营管理人员同样可以在移动端随时随地地完成相关工作。移动互联网是网络技术发展的必然趋势，进行移动运营同样也是开展互联网保险的必然要求。例如，中国人保财险对车险优质续保客户在业内首推短信续保创新性服务，旨在为客户提供免费、便捷的短信承保服务。对于满足一定条件的优质续保客户，其可以通过短信回复的方式进行续保详情查询和生成续保投保单，可实现快速续保。此举促进了中国人保财险线上线下销售服务一体化发展，打造了以车险客户为主的高价值客户生态圈。

三、互联网保险的运营流程革命

运营流程，可以理解为在相应人员的参与下达成目标的路线或计划。对于保险公司来说，也就是从获取客户的投保意向，到售前、售中与售后全程的操作过程和人员安排。传统渠道的保险运营已经有了一套完整、成熟的操作规范和人员配置计划，并被各保险公司普遍采用。但开展互联网保险业务，就必须对其加以改造甚至重新构建，才能真正适应互联网业务环境，有效推动互联网保险的发展。对于互联网保险的运营，我们认为有以下几点革命性的变化。

第一，网络自助式客户服务的广泛使用，在运营流程中减少接触式操作和保险公司人工的介入。随着网络技术发展和应用，可以通过网络平台自助操作的服务内容不断拓展，由初期互联网保险简单的网络客服、信息录入和投保交费，逐步发展为回访、退保、领取、变更和理赔申请等多项服务均可由客户在线自助完成；随着技术发展甚至已经出现远程体检与面核、复杂情况下的自动核保核赔、病例或事故报告在线提交、电子签名或指纹录入等"未来化"的功能，在带给客户便利快捷服务体验的同时，也展现出保险公司的服务优势和技术实力。同时，由于在线自助操作减少了客户和保险公司的中间环节和服务过程中的人工干预，对实现服务的实时和标准化大有裨益，也降低了保险公司的经营风险、时间和人力成本。

例如，泰康养老2012年上线了"E管家客户平台"，它是泰康养老综合客户服务平台，是运营全流程电子化的载体，是开拓客户、创造价值的实现渠道。目前已经实现了保全、理赔全流程电子化，实现用户在线挂号、体检预约、健康档案管理等健康服务，并且提供全方位的查询服务，未来还将建立积分商城、产品超市，为客户提供基础服务的同时，也为客户提供全方位的一揽子保险解决方案，服务客户，回馈客户。

另外，中国人保财险依托官网直销平台打造一站式客户线上自助服务栏目——个人中心，实现了购买跟踪、服务查询、产品营销、客户个人信息维护等各服务独立环节的集约式展现，成功搭建了各环节数据调取以及资源共享的桥梁；且其中包含智能机器人服务子系统（小I机器人可以根据预设内容自动回复客户，在保证客户随时根据自身需求获得帮助的同时，尽可能地缩减座席投入）。

第二，大数据分析将作为互联网保险公司运营流程中新的重要内容，越来越受到重视，并对优化产品结构和营销方案、改进服务内容和客户体验起到关键作用。一直以来，保险业不仅在进行经营规律和客户喜好的总结，而

第四章 ◆ 互联网保险的创新与思考

且在互联网环境中开展保险业务，将自然出现的海量的客户行为数据方便地记录和存储。

为了适应大数据时代的要求，保险公司需要做好数据库的构建，利用数据库技术，实现对客户信息的收集和整理，并对客户实施精准营销；需要做好数据的筛选甄别，对数据进行专门的筛选和清分，按照客户在网站操作痕迹对客户进行划分，精准分析客户的行为习惯、消费动向，提高数据利用效率。同时，需要精准定位客户，对收集的客户信息进行整合，并对已有客户信息进行深度挖掘和精准定位，如建立针对老客户、新客户、潜在客户、黑名单客户的四大类数据库，使用现代数据信息管理技术实现对客户的细分和对已有客户信息的再利用。这将极大地提高保险公司改进产品和服务的效率，使之能够快速提出解决方案并加以实施，获得效果反馈的时间也将大大缩短；这对于刚刚驶上发展快车道不足三年的互联网保险来说，尤为重要。因此，进行大数据的收集、整理、分析和利用，将成为互联网保险运营流程的重要组成部分，是保险公司提升互联网业务水平的必由之路。例如，从2014年开始，泰康人寿与阿里巴巴由过去的产品销售合作扩展至数据合作，主要是运用大数据思路创新保险欺诈风控模式，其核心是利用双方共同的客户，寻找保险客户，尤其是寻找线下来源的客户在互联网生态上的特征与规律，探索大数据方式下预测性核保风险控制及产品差异化定价、个性化服务的模式，并在实践中应用，进一步加以完善。

第三，对开展互联网业务的保险公司而言，需要更为关注客户的要求和意见，面对咨询投诉更加强调解决问题和向客户进行反馈的速度。传统渠道中的客户需求，会按照法规要求、行业惯例及保险公司的内部流程逐级上报和下达，并根据不同岗位人员的职责和权限处理，对速度和时限的要求相对不高，加上多提供接触化服务和柜面办理，使客户习惯于付出较长的等待时间。但网络技术的发展和应用，让产品和服务的提供方有条件和意愿提高服务的效率和水平；网络客户也在实际使用中逐渐接触并认识到技术进步带来的便利和快捷，以致对随时随地"点击即获得"的操作体验已经习以为常；网络信息互联互通、快速传播的特性，让互联网成为对数据和口碑都十分敏感的经营环境。

因此，保险公司在利用互联网优势进行超速的客户积累、产品宣传和品牌推广，快速拉升业绩，享受巨大利好的同时，也必须适应互联网客户对效率和便捷的要求，创新服务内容和形式，在日趋同质化的保险行业内，形成差异化的服务优势。这就需要利用互联网技术升级改造运营流程，采用符合互联网运营要求的制度措施和处置预案，增强信息传输的运行速度和稳定性，简化办事层级，并在风险评估的基础上，向系统开放更多的授权，提高自动化程度，以达到对客户咨诉的快速响应，适应网络时代的大信息量和快节奏。

例如，平安人寿的网电移项目就是运用网络、移动互联网等高新远程通信技术，对现有电销业务模式的一场技术革新。其通过技术控制，确保所有客户在任一平台的出单，都能够找到对应的座席，并结算对应的佣金。真正实现网络、电话、移动端等多个平台的互联互通及销售服务一体化。达到改善客户体验，提高销售效率，最终实现提高整体业绩的目的。

另外，中国人保财险首创了业内7×24小时在线服务模式，为客户提供7×24小时在线保险服务。7×24小时服务模式，打破了时间、空间限制，网站24小时在线客服专员在同一时间内可服务3位客户，在客户诉求高峰时期，部分客服还可实现同一时间内的5~8位客户服务，此举降低了客户等待时间，有效提升了客户服务效能。

第四，互联网化的保险运营，除了导致新的风险控制内容出现，还将对风险和缺陷起到放大和扩散的作用，因此对保险公司的风险控制提出了更高的要求。保单对客户的意义在于：通过转移或分散对风险进行有效管理，通过保费的增值实现合理的财务管理；保险公司作为经营风险的金融企业本身就要求高度的风险预判和控制能力；保险行业对风险管控的要求也远超过其他行业。

一方面，在互联网保险运营过程中保险公司可以通过互联网更加实时、准确地获得客户的风险信息，如健康信息、投保信息、行为习惯信息、所处环境状态信息以及承保设备的状态信息等，为客户提供各类风险管理服务，实现风险减量管理。在保险公司内部也可以通过大数据加强对业务风险的管理，提升反欺诈技术，完善理赔流程和审核规则，不仅可以有效防范、减少

第四章 ◆ 互联网保险的创新与思考

风险，而且能够提高效率，改善低风险客户的理赔体验。例如，太平财险借助移动互联网的发展，通过碎片化直接将服务渗透进消费者生活场景，以达到降低风险事故发生的可能。与车险关联的交通资讯、汽车保养等增值服务，不仅可以满足消费者的需求，而且可以减少私家车出险的风险，公司在网站及移动端都给客户提供了便捷的违章查询入口，让客户可以轻松了解自己的驾驶行为，管理好自身的风险。

另一方面，在互联网时代，保险公司无不倚重IT及网络系统进行经营管理，这对于开展互联网保险业务的公司尤甚。系统的稳定性直接影响到企业运营，甚至影响开展互联网保险业务的可行性，因此在运营流程中必须加入对IT及网络系统进行规律性监测、升级、维修等相关内容。同时，互联网保险便利、快捷的优势，必然带来大量的非接触、自动化服务，因此在开放授权时需要进行有效的风险管理，包括对合法性、数据流量、反应速度和准确性，以及用户界面的流畅和友好程度进行评估和检验；在新的产品、功能或营销活动上线前，需进行充分的压力测试并制订应急处理预案。

随着互联网保险向更深层次发展，在互联网保险公司的激烈竞争和相互借鉴中，各种新兴的产品形态、服务内容和保险功能层出不穷，自然会有更多新的风控着力点出现，如何在保持创新优势和有效的风险管控间找到平衡点，将是互联网保险运营中长期存在和持续博弈的问题。

四、互联网保险的运营工具革命

互联网保险的运营革命深刻而广泛，但均要落实在运营工具的升级、更新甚至重建上。互联网保险运营要求快速、实时、自动化，并为客户提供尽可能多的在线自助服务内容，因此互联网保险运营工具首先就是计算机信息化系统和不断发展的各种互联网新技术，以及配合上述系统使用的各种软硬件设施。信息化系统能够极大地提高运营效率，是各保险公司日常经营管理以及发展现代保险服务业必不可少的经营工具。

这些运营工具一般包括各保险公司的业务支持平台、管理支持平台、财务支持平台、数据支持平台、服务支持平台、系统基础平台在内的基本框架技术平台，以及集成了核心业务系统、第三方统一服务总线系统、财务系统、人力资源管理系统、预算系统、办公自动化系统等企业内部平台服务体系。在互联网经营中，需要这些系统平台具有更高的响应速度和运行效率，提供稳定的内外接口和网络化运行条件，能够承担更大的突发流量和频繁的系统升级，具有充分的容灾备份和风险控制措施等，密切配合互联网产品和服务的创新发展。

同时，云计算、大数据等新兴网络技术，正以越来越快的速度不断渗透到社会生活的方方面面，并迅速被对信息交流和客户资源敏感的保险行业吸收利用。对开展互联网保险业务的保险公司来说，利用最新的网络技术作为运营工具，能够促进自身经营、管理水平的提高，适应互联网经营的特点和要求，充分拓展网络业务渠道和客户来源，打造更便利、快捷，更具性价比和接受度的产品和服务，提升自身的经济价值和社会效益，从而推动公司和行业的全面发展。就网络新技术本身而言，信息的传递和交流是其发展的根本目的，也相伴出现了信息收集、存储、检索、分析等更广泛的具体应用。这些运营工具所带来的全新功能，使大数据分析得以实现，并通过云计算的分布式处理、分布式数据库和云存储、虚拟化技术，在系统的稳定性、经济型和实用性上达到统一，成为互联网保险运营革命的重要推手。例如，平安产险联合平安"壹钱包"，推出"飞常准点"航延保障，其规定，被保险人将要搭乘的航班当达到赔付条件后，"壹钱包"将自动启动理赔流程，并短信通知用户开始理赔，用户一下飞机就可以收到全部理赔金，这就是利用互联网技术实现了保险公司数据库和航班数据库的对接，提升了理赔服务的效率。

2014年，随着移动互联网技术的成熟和移动智能设备的普及，部分保险公司在原有电子化运营服务模式的基础上，借助移动网络工具，如手机、平板电脑等，推出了移动运营服务模式。保险公司利用各种自营或第三方移动客户端，在身份验证和信息互联互通的基础上，可以接待客户办理投保、保全变更、理赔申请等运营服务，全流程电子化、无纸化，时效在数分钟内，环保高效，客户体验优异。例如，平安人寿客户可使用微信等APP扫描公司向其所发送邮件中的二维码，即可直接跳转至交费页面，简单、快速地完成交费。此外，还可登录平安人寿E服务APP交纳续期保费，让交费不受时间、地域限制，更方便快捷。

平安产险还积极应用互联网技术，结合销售和服务，在2014年推出了基于车主需求的APP"好车主"，主打车险报价购买、一键报案理赔、查询代办违章等功能，"好车主"让客户足不出户就能解决众多难题，再一次将产品销售和服务完美地结合到一起，进一步提升了服务支持的效率。

除此之外，微观层面上一些新技术的使用也会带动运营辅助工具的革命性进步，为保险销售和客户服务的进一步"互联网化"奠定基础。例如，目前出现并可能逐步推广的手机触屏电子签名，与可穿戴设备联网的客户健康检测与自动核保系统，医疗档案和投保信息的行业共享平台，以指纹、虹膜、面部识别等生物技术为基础的远程身份认证系统等。

五、互联网保险的运营平台革命

互联网保险名称中的"互联网"首先指的就是提供产品和服务的运营平台。从安全性、经济型、实用性、知名度和客户体验等角度出发，开展互联网保险业务的保险公司往往需要在多个网络平台开展业务或接受网络技术服务，主要有以下三类。

第一类是自营网络运营平台。保险公司除了需要搭建各种自有信息化业务系统以外，还要搭建面向客户的销售和服务平台。这类平台多以保险公司的官方网站为核心，首先是提供信息发布和企业展示功能，如发布产品条款、结算利率、投资价格、行业及企业动态、企业及其分支机构概况等。由于自营平台能够使保险公司充分掌握客户的信息和操作数据，平台成本低而风险更容易控制，有利于提高客户对企业的认同感，因此在互联网保险加速发展之前，大部分保险公司已经在尝试通过这些平台进行产品销售并逐步完善在线保全和咨询服务，比较常见的包括卡单激活、理赔报案和进度查询、上传或下载电子化单证等，在销售业绩和客户流量上取得了一定的进步。

经过长期的发展尝试并配合互联网保险业务的开展，部分领先的保险公司已经开始建立独立的营销网站，如泰康在线、太平网上商城等；并将官网逐步升级为产品销售、客户服务、业务支持、信息发布等各项功能均衡发展的综合企业门户，如中国人寿官网、阳光人寿官网；成为重要的客户维护平台和业绩增长点。在线客户服务的内容同样顺应互联网保险需求的发展而不断拓展，已经可以实现在线投保、自助退保、信息变更、账号变更、分红或生存金领取、账户价值领取、领取方式变更、账户转换、保单贷款与还款等综合保全功能，获得了良好的经济和社会效益。进入移动互联网时代后，部分主体公司和保险中介机构纷纷推出自有的手机客户端或移动版网站，如平安"壹钱包"、国华"e理财"等手机APP；并辅以传统渠道中移动展业工具，如"神行太保"、平安"MIT"等，形成与客户随时随地的互动纽带，进一步提升客户的归属感和满意度。

第二类是使用第三方网络营销平台。由于自营平台可能存在知名度、技术储备和客户流量不足等问题，借助知名第三方网络平台进行营销推广和网络宣传，迅速提升业绩、拓展客户来源就成为了保险公司的必然选择。同样，互联网保险加速发展也让互联网企业察觉到商机，纷纷联合保险公司打造产品销售和客户服务平台，进行客户资源共享和联合开发，为客户提供一站式服务；通过互联网企业的独特视角和专业技术，打造更为符合"互联网思维"的定制产品或营销活动。例如，阿里巴巴联合国华人寿推出的"娱乐宝"计划，在获得可观的销售业绩之余，对提高保险产品的附加值进行了有益探索，更成为社会热议的话题之一。淘宝、网易、搜狐、新浪、苏宁、京东等知名网络平台已成为保险公司间激烈竞争的又一"战场"。

同时，互联网企业在移动端比在传统互联网领域更具平台优势，将客户由传统互联网向移动互联网平台迁移是互联网企业的战略选择，也是未来必然的发展方向，因此在保险运营的各个层面推动PC端和手机端数据的互联互通，满足客户随时随地获取产品信息和服务的需求，已经成为保险公司和互联网企业共同选择的下一个发展蓝海。目前，第三方移动网络平台已经实现了传统互联网平台的绝大部分功能，在此基础上结合社交功能的保险营销活动也开始出现，带来互联网保险运营的"新常态"。例如，太平养老结合公司养老金和团险客户的运营服务需求，正式上线了国内专业养老保险公司首个微信公众服务号，首期已创造性地实现了员工福利信息查询、自助服务等功能。以低成本的方式满足了业务的便捷性、高效性以及安全性等服务要求，大力提升了公司服务能力与客户感受度。

第四章 互联网保险的创新与思考

第三类是不直接显现在公众面前的技术平台服务，最常见的就是云计算平台。互联网保险运营中不可或缺的大数据分析往往依托于云计算的分布式处理、分布式数据库和云存储、虚拟化技术。为了紧跟发展潮流、把握商机，包括阿里巴巴在内的领先互联网企业也在打造云计算平台，并向保险公司开放。其主要作用是根据互联网保险的运营特点，为保险公司提供安全性和经济性俱佳的运营平台。例如，网销产品的交易量往往受营销活动的影响较大，在举行重要促销活动或上线某些优势项目时并发交易量非常大，而日常交易量相对较小。为了满足交易量短时激增的需求，必须要有大量的服务器、数据库的硬件支撑，但进行硬件常备又缺乏经济性；如果借助包括阿里云等云端服务器，即可体现几乎无限的扩展性。随着交易量的逐步扩大，通过虚拟化服务器，然后以集群方式部署，可以在出现高并发量要求的活动时，增加集群内服务器数量，满足交易要求，达到既节约成本又满足业务要求的良好效果。

六、互联网保险的运营服务革命

运营服务，一般是指供应商或传统企业通过自身或者委托第三方服务提供商为其提供与企业运营相关的各项服务。随着新技术、新需求、新业态的不断发展变化，保险公司的自服务模式，已经远远不能满足网络时代的发展速度和要求，因此，保险公司在加大自身的移动平台建设的同时，也不断加大与第三方专业服务的创新合作模式，实现互联网保险的运营服务革命。

（一）保全服务的互联网平台建设

随着互联网保险的飞速发展，各保险公司，特别是财产保险公司不断加大移动互联建设，把理赔及查勘等服务项目也纳入互联网平台建设，使客户获得较好的运营服务体验。

例一：平安产险的互联网移动平台涵盖了APP、WAP端、微信公众号、微博等构成。实现了移动端产品的全面覆盖，贴心的服务拉近了与广大客户之间的"距离"。

平安产险推出的"好车主"APP功能日益完善，贴近客户需求，除"买车险"外，还提供了"保单查询"、"违章查询"、"理赔查询"、"加油站查询"等功能，并且提供加油优惠、平安出行赠送积分等活动。

微信端的"平安直通车险"、"平安产险——微门店"、"平安保险商城"等官网微信账号，均开通微信支付，并支持"险种购买"、"保单查询"、"一键续保"、"微信自助查勘"、"车险人伤调解"、"在线咨询投诉"等全方位服务，为广大客户带来便利，并经常举办移动端优惠活动，为广大客户带来实惠。

例二：中国人保财险电商中心移动平台发展成熟，覆盖了APP、WAP端、微信服务号、微博号、百度直达号等。完成移动端客户的全面接触，与客户之间建立了高效的沟通通道。

"中国人保"APP功能强大，除车险报价、订单支付外，还提供理赔查询、配送查询、周边查询、行车贴士、车辆养护、保险问答等全方位服务。

微信平台由"中国人保"服务号和"人保车险"服务号两个官方微信账号构成，这两个微信号均已开通了微信支付功能。微理赔功能支持在线报案、上传事故现场照片等，操作便捷，方便客户实时报案，节省客户时间。

例三：阳光产险洞察到客户对于投保方便、快捷的需求，在官网平台、电商平台营销的基础上，开发了企业QQ、手机APP、微信微门店等新媒体渠道。为了提升理赔效率，阳光产险还在"闪赔"服务标准的基础上，开发了手机"闪赔通"自助理赔系统，车主可通过手机APP，将现场图片上传到服务器，进行自助理赔。

例四：三星财险加大微信公众号建设，客户在微信上可以进行理赔进程查询、事故照片的上传、事故问题咨询等操作，方便客户了解事故进展与问题反馈。同时，为简化小额事故处理，允许客户自行拍照并上传微信由定损员远程定损。为提高理赔人员效率，使用手机移动查勘APP（集手机、相机、电脑等功能于一体）。实现通过手机端进行接派工、查询、处理、导航、拍摄等功能；将原来"相机拍摄→导入电脑→上传理赔系统"的定损员操作流程，简化为"手机拍摄→理赔系统自动上传"；大大缩短理赔人员在线操作时间，提升定损时效。

例五：中华保险加大移动端系统建设，已经完成手机APP内部版的开

第四章 ◆ 互联网保险的创新与思考

发、对接、测试工作，计划在湖北省进行试点，2015年在全国推广；同时提出了微信营销、承保、客户互动的系统需求，由微信应用开发牵头部门完成整体微信开发工作；积极推进面向客户的手机APP开发工作。

例六：利宝保险将在成都市范围内向符合条件的车主安装OBD设备，以及配套的手机APP，实现快速报案。利宝保险在成都市场或将开通更多的理赔服务通道，如微信等社交媒体平台。

例七：中国人寿正在积极推进利用移动互联技术提高理赔服务能力，计划在2015年积极推进微信报案、微信理赔等功能。

（二）借助第三方平台的运营服务建设

随着电子商务的兴起，更多的"轻资产"企业利用互联网信息流通和虚拟化特性，只保留最核心的运营环节，其他方面全部外包，达到缩短准备时间、加速发展进程、减少人员配置、降低成本的目的；保险公司开展互联网保险业务也不例外。

究其原因，保险业和互联网行业原本少有交集，保险公司传统上认为支持企业运营的内部信息系统更为重要，因此在互联网领域少有人才储备和运营经验；互联网保险是近两年兴起的新生事物，但发展迅猛、灵活多变，保险公司不可能按部就班地进行人力和物力资源的准备，既不能及时把握市场机遇又难以控制成本；特别是在互联网保险兴起之前，其他类型的产品或服务已经在电子商务领域发展多年，积累了大量可供借鉴的经验，也孕育出大量专门提供运营支持服务的企业，市场供给充足。基于以上原因，大多数保险公司在开展互联网业务时选择第三方的运营服务，也推动着专门针对保险公司的互联网运营服务商出现，越来越呈现专业化的服务水平，并由此带来互联网保险的运营服务革命。

例如，2014年永诚财险和腾讯正式签署战略合作协议，携手互联网巨头试水互联网保险。在互联网企业运作模式的启示下，永诚财险将互联网保险产品的设计和营销作为关键切入点，提出让大众参与保险产品设计，鼓励个性化、定制化的创意产品的思路，全面利用腾讯庞大的用户资源，改变原先由保险公司设计产品再销售给客户的模式，充分运用互联网思维模式，通过打通用户体验、保险产品设计、销售各环节，推动从当前保险产品互联网化的初级模式向保险与互联网真正意义的融合，开辟互联网保险的创新之路。

另外，2014年安盛天平与三大搜索引擎平台（搜狗、百度、360）展开全面合作，配合以互联网为核心和以营销为推动的直销转型战略，加上对互联网用户的深层次研究，同时在三大搜索平台上进行营销尝试。外部对各平台的人群属性进行分析，对各平台产品服务进行研究；公司内部则是以品牌和营销、用户体验、客户数据管理及IT支持作为支撑，在逐步完善自身搜索引擎营销体系的同时，也进行了一些创新尝试。

总体来看，保险公司目前常用的第三方互联网运营服务大致有以下几个方面：第一，信息服务，包括美工设计、网店装修、产品发布、市场调查、客户或销售信息的统计与分析等；第二，营销服务，包括产品推广、活动策划、效果评估、构建积分奖励体系等；第三，交易服务，包括交易运营、网店托管、系统搭建与维护等；第四，客户服务，包括咨诉应答、保单递送、客户回访、两核勘查、外包客服人员的管理与培训等。随着互联网保险业务的发展，保险业新的网络化营销和服务手段也不断出现，以上运营服务内容还将继续扩充，使保险公司能够专注于互联网保险产品研发和服务价值的提升，推动互联网保险快速、健康发展。

七、互联网保险运营革命中的风险与挑战

伴随着新技术应用、新平台和工具的使用，互联网化的保险运营除了带来进步与便捷，同样也面临风险与挑战，最突出的就是自动化和非接触服务伴随的道德与网络欺诈风险。怎样判断互联网保险投保人的道德风险，防止欺诈行为的发生，可以从大数据中寻找解决方案。众安保险借助"众乐宝创新信用保证险"产品打造信用数据大平台是一项很好的尝试。通过建立个人大数据信用体系档案，有助于降低个人信用风险。对于网络欺诈风险，保险公司可以通过互联网大数据分析建立反欺诈系统，提前甄别欺诈者模式，主动防范互联网保险欺诈。

互联网保险运营特别需要重视信息安全和技术安全风险。互联网保险使一些在线下不可保产品成为可保产品，一些私人定制产品变得触手可及，一

第四章 互联网保险的创新与思考

批批精细化创新产品很快成为互联网保险业务新的增长点。网络的便捷性和低成本，极大地提高了行业的经营效率，同时也带来了网络信息安全的困扰与技术安全风险的担忧。互联网保险公司及第三方网络平台在获得个人大数据信息的同时应防止个人信息的泄露和注重公民隐私权的保护。另外，网上支付流程的安全可靠性和资金的安全涉及投保人的利益和参保意愿，因此网络信息技术安全风险的防范更是重中之重。信息安全和技术安全风险绝不能空谈，应做好长远风险管控计划，切实付诸于行动。

此外，互联网保险还面临其他传统风险和衍生出来的新型风险，如设备风险、服务风险、营销风险、渠道风险和法律风险等。只有管控好这些风险以防出现系统性风险、保险创新风险管理和体系监管多管齐下、在声誉建设中变革创新、在规范下谋求发展，才能够充分利用互联网保险促进保险产业转型与升级，使之成为保险业增长的新引擎。

第五节 互联网保险的技术管理

一、互联网保险业务的技术创新

（一）采用基于云架构和海量交易的核心平台

为满足自动化和网络时代运营管理的需要，大型保险集团不断升级和改进IT系统，一些中小保险公司也十分重视核心业务软件系统的建设；为了缩短建设周期、规避系统建设难度，它们往往采用业界成熟的"商业软件系统+外包开发"的模式满足业务需要。但是随着互联网保险业务的发展，当前市场上提供的商业软件系统已无法长期满足高并发交易、海量数据存储和快速迭代部署的技术能力，尤其是"双11"、"双12"等商业营销活动对软件系统能力要求已经超越了传统商业套装软件的范畴。因此，自主或委托研发满足业务发展的核心业务平台，并培养具备互联网、移动互联网、大数据分析研发能力的规模团队，为互联网时代中的创新发展提供必要的技术支撑和人力资源储备，就成为越来越多有志于发展互联网业务的保险公司的必然选择。

经营互联网保险，其业务模式、数据处理和存储能力、产品创新要求均与传统业务渠道存在较大差别。因此，建立一套满足保险公司业务和发展需求的业务核心平台是十分必要的，也有助于保险公司建立在行业内的长期核心竞争力。

第一，互联网保险的客户服务方式不同于传统渠道，较少依托甚至可以不设立全国各地的分支服务机构，更多地倚重互联网、移动互联网、客服电话等进行营销活动和客户服务。现有的商业套装系统功能和流程严重依赖"组织层级"与"人工审批"，提供的服务时效需耗费比研发全新系统更多的资源，建立新系统将能更快、更有效地开展业务和服务。

第二，互联网化的消费习惯不同于传统销售模式，传统销售模式主要以"面对面营销"或"线上申请线下核保承保"的方式进行，而互联网的销售和服务流程更简单，95%以上的流程、业务校验和风险判断均通过系统自动化处理。传统商业套装软件系统功能大多不具备大规模运营的自动化处理机制和能力，且改造困难。

第三，互联网保险产品设计的特点是"简单"，而且开展互联网保险业务必须着重于创新型产品的研发，需要快速研发、快速上线销售。而传统商业套装软件系统导入产品的难度较大，速度较慢，不符合互联网保险产品快速迭代的需求。

第四，互联网保险产品具有单价低、保单量大的特点，形成线下交易不具有的高并发、海量数据存储的特性，并对系统提出了极高的技术要求。传统商业套装软件系统并不针对互联网而设计，并发能力较弱，无法满足互联网爆发式的增长，也不具备海量数据存储的能力。

第五，未来数据资产将是金融企业最为重要的资产之一，应把数据分析和应用作为核心能力来建设，也是互联网金融商业模式的进一步延伸，这就需要一个具备对每年"数十亿"级的数据进行实时分析能力的核心平台。

（二）云计算硬件架构

除了技术实力出众的几家大型保险公司，更多经营互联网保险业务的公司选择与知名的互联网企业合作。例如，部分保险公司选择与拥有淘宝保险、招财宝、娱乐宝等第三方网络保险营销平台的阿里巴巴合作，租用阿里云的IDC机房，并利用阿里云服务器部署核心系统。

综上所述，保险公司整体硬件部署将基于分布式集群技术完成，核心功能模块不存在单点故障，同时利用云端的系统分层设计、分布式缓存、分布式消息队列、负载均衡、分布式集群、自动灾备等先进技术，来充分保证核心平台的高可用性、稳定性和安全性，除此之外，还具有如下优势：

一是系统分层设计：系统按功能大小、调用关联度、耦合度的设计原则，使系统易于设计开发和维护。

二是分布式缓存：缓存可有效地减少Web服务器与数据库之间的负载，常规的数据查询请求无须通过数据库，可在缓存中获取到。该技术广泛用于互联网行业，是应对高并发海量数据查询的有效方式。

三是分布式消息队列：系统采用异步通信机制，在高并发峰值请求来时，不会拒绝服务，而通过异步存储请求并排队处理的方式来解决峰值请求。

四是负载均衡：建在云平台上的高可用、安全的4层（TCP协议）和7层（HTTP协议）的负载均衡服务；可对后台应用服务器进行健康检查，自动屏蔽异常状态的服务器；支持"权重转发"方式。

五是分布式集群：建立的可扩展服务器群，可动态添加和去除集群中的服务器，每台服务器都具冗余，某台服务器的故障宕机不会造成数据丢失，并且可快速恢复。

六是自动灾备：数据库和应用服务器采用实时备份，数据库宕机后可在1分钟内恢复使用，应用服务器可在5分钟内恢复使用。

（三）高可用性和可扩展性的数据库架构

核心平台数据库存储采用高可用性、可扩展性高的MYSQL数据库。在稳定可靠的数据库基础上，采用分布式数据访问技术、读写分离等技术对分库分表的数据库表进行访问。随着数据容量的增长，很容易水平横向扩展，该架构可容纳数十亿计的业务数据，且不影响系统性能。

传统的精确或模糊数据查询在互联网海量数据面前显得沉重，无法满足互联网用户的使用体验，核心平台将采用"数据检索引擎"的领先技术，极大地增强了搜索效率，降低了数据库的检索负载。

（四）使用大数据分析平台

随着互联网金融的快速发展，数据对于金融企业的价值越来越重要，因此，对于保险公司来说，如何发掘数据价值尤为重要。经营互联网保险的保险公司未来面向的是数以亿计的用户和数以百亿计的数据，因此挖掘海量数据的能力需成为保险公司的核心能力之一。保险公司在传统经营模式中往往采用购置小型主机（如IBM、HP等）和商业智能套装软件来满足公司内部的数据挖掘和分析需求，但面对超过以往数百上千倍的数据面前，单纯依靠添置硬件服务器和提高硬件标准的措施已无法满足公司需要，硬件购置成本也会显著增大而致公司无法负荷。采用大数据分析技术将具有以下优势：

一是高可扩展性：可以存储和分发横跨数百个并行操作的廉价的服务器数据集群，在数据节点上运行应用程序。

二是高成本效益：不同于传统关系型数据库，它可低成本地存储海量数据（NOSQL），同时其具有强劲的并行计算能力，廉价服务器硬件购置成本低于购置主机的成本。

三是优秀的灵活性：互联网保险的数据来源、数据种类繁多，它可以分析来自不同来源、不同形式的数据，可轻易从这些数据中发掘价值。

四是执行效率高：采用不同于关系数据库的存储结构，执行效率远高于传统数据库。

五是容错能力强：单台服务器的故障不会造成服务中断，服务器间具有数据备份和冗余机制，该机制适用于24×7小时的互联网业务。在该技术的基础上，还可提供实时风控、实时报表计算等功能。

（五）采用创新的风控平台

风控平台是核心平台的核心组件之一，具有为保险公司核发保单、理赔审核业务提供了实时风险预警、实时风险提示和事后风险评估的功能。

一是自动引擎：平台采用了以"规则引擎"为基础的决策组件，实现了将业务决策从应用程序代码中分离出来，使用预定义的语义模块编写业务决策，接受数据输入，解释业务规则，并根据业务规则作出业务决策。具有以下优势：分离商业决策者的商业决策逻辑和应用开发者的技术决策，能有效地提高实现复杂逻辑代码的可维护性，并在开发期间或部署后修复代码缺陷，符合保险公司对敏捷或迭代开发过程的使用。

二是统计模型：经营互联网保险在自动核保、理赔审核、客户风险等级计算等业务过程中需要大量的数据计算，所以其依赖系统强大的计算能力。传统经营模式因产品特性和计算能力限制原因而很少采用系统自动判断风险的方式。有的保险公司专为互联网保险设计，建立了统计模型，结合大数据分析技术，可实时以数十个维度计算风险，并精准、实时给出系统风险评估结果，替代了传统经营模式依靠"系统+人"的风控方式，是精细化风控的核心能力之一。

三是自动审核：在"规则引擎"和"统计模型"的基础上，可节省诸多人工判断，大量的业务判断已转变为自动化系统处理，符合互联网保险线上交易的特征。对于自动审核没有通过的，将保留没有通过的轨迹，可产生报表，便于线下追踪。

四是阈值自动控制：互联网交易量大，风险控制自动规则中含有诸多量化的指标，系统在处理逻辑时，对于不同量级指标可采用不同的逻辑判断。阈值可配置，无须修改程序就可线上实时修改，响应速度快。

二、互联网保险业务的IT管理创新

IT支持能力对于互联网保险业务至关重要，但在互联网时代来临和最需要IT支持之时，保险公司却往往发现自己的IT支持乏力，现有的IT项目管理方式总是显得与市场脱节——工期延迟、质量不尽如人意，更重要的是从管理到系统都缺少必要的灵活性，难以支持在互联网电商业务上的发展。

因此，保险公司作为传统企业，必须调整自身的IT管理思路，以时刻保持IT项目在管理上、技术上的高效，并使之成为业务发展的最核心、最坚强的支持力量。

（一）管制风险，传统企业 IT 项目管理的思维方式

在保险行业内外有关 IT 项目多年的实践过程中，开发项目的管理思想经历了多次改变，其中影响最大的就是以"提高需求成熟度与项目预见性"为基本思路的工程式管理方法。这种管理思想基于以下几点判断软件危机的原因：

第一，需求方面：用户需求不明确、不成熟，描述不精确，有遗漏、歧义、错误，技术人员理解有差异，开发中的需求变更等。

第二，开发方面：开发人员的个人能力（独特的技巧和创造性）会对软件可维护性造成问题，组织规模增大也使得沟通成本飞升。

基于这两大原因的判断，软件工程学提出了对应的解决办法，其核心是提高项目的"预见性"，以提高控制力，包括加强项目前期规划，要求开发之前精确定义与冻结需求；对开发工作进行工业生产式的任务分解，用详细的设计与书面文档记录来代替沟通，希望信息不损失，过程可追溯。

这种思路其本质是工业生产管理的翻版，操作上也使用了重量级的开发过程控制，"瀑布模型"成为主流方法（需求分析、设计、开发、测试等每一个过程按顺序执行，每个过程完整结束后，其结果作为下一个流程的输入，如同瀑布下落一般），比较著名的实践方法有 ISO9000、CMM、RUP 等。传统保险公司的管理思维方式可归纳为以下三条：

1. 管理核心：风险控制

保险行业形成历史已久，基本业务流程已经稳定成熟，其管理的核心就是对各种风险的控制，包括经济风险、管理风险与政治风险等。对于 IT 项目的管理，也自然延续了这种思维方式，要求过程透明化和完全可控化。这就要求对项目的规划与定义尽可能完整，在项目决策过程上设置多重制约措施，以控制风险，明确与分散责任。

2. 责任逻辑：甲方、乙方

保险公司的 IT 项目一般会采用外包开发，或是由专门的 IT 部门负责实施。在这种情况下，首先要解决的是"如果出现问题，责任该如何划分"的问题，其对应的操作办法就是由业务部门书面确认需求，实施方的开发人员

第四章 ◆ 互联网保险的创新与思考

机械地完成字面需求到代码的转换。在这种"甲方、乙方"式的关系中，尽管责任边界明确，双方沟通看似正式，实际上却难以做到深入与高效，客观上不利于项目成功。

3. 资源视角：微观作用

传统保险公司业务流程成熟稳定，这也意味着作业的机械性、重复性、规则性较强。企业员工会更倾向于遵守既有规则，系统思维相对较少。对于管理者来说，也更倾向于将"人"当做完成预定工作量的人力资源单位。对人力资源的这种习惯视角，暗示了"人"在项目中的完全可替换性，使传统保险公司在人力资源的组织上，更重视宏观上量的投入，而轻视了微观上"人"的作用，这与"软件开发是一种智力工作"的本质相冲突。

可以看出，瀑布式的传统项目管理方式与传统企业的管理核心诉求相一致，在一定程度上能解决风险控制的问题，虽然未必高效，但确实在公司内部的各种业务系统建设上发挥了作用。

（二）随需而变，互联网保险业务对IT资源管理的要求

互联网商务的核心技术特征正是"效率"，即通过对信息技术的极致应用，把信息交换的时间效率无数倍地提高，这种效率的量变导致了质变，点对点、扁平化、大渠道化与去层级化成为了互联网电商业务进化的方向。

技术的效率提升也导致市场演变的高速提升，与过去的传统业务相比，电商市场是一个瞬息万变的世界，业务机会往往稍纵即逝，这也要求业务项目必须同样的高效来应对变化。总结来说，互联网保险业务与IT的关系有以下四个新的特点。

1. 对技术依赖度极高

互联网保险业务的核心，在于利用技术能力来创造新的商业模式，因此，要求高度的技术化。事实上，整个互联网保险业务都必须基于计算机网络技术的支持之上，业务模式往往就是技术手段的组合，没有技术平台的支持，互联网保险业务根本就不会存在，业务项目与技术项目可谓密不可分。

2. 所需支持范围大

互联网保险业务在业务上需要不断创新，最终则要通过技术创新落实，

这些技术创新常常超出传统IT支持的常规范围，比如与多个合作方联合开发，将各方业务系统集成一个新的业务平台，租用外部云计算资源、大数据服务来进行多方业务资源的整合与桥接，共同向客户提供服务，或是提供突发式的、海量的计算能力等。

经营时间较长的保险公司一般都有规模不一的自建IT设施，已投资了大量的集中式大型计算设备与系统，这些IT基础设施既是资产也是约束。要求允许第三方的应用在自家平台运行，或是将业务运行于自家技术平台之外，对于IT部门来说都面临着管理规则的突破，而已有的系统也很难突破技术架构的限制，来满足互联网保险业务中常见的突发式海量性能需求。

3. 要求项目效率高

根据市场随需而动的互联网保险业务，对于效率的要求较高。这种效率的要求体现在两个方面：一方面，是管理上的高效，要求能根据需要敏捷决策，快速调配所需资源；另一方面，是对开发管理方面的高效，互联网保险业务在期初时往往难以精确定义与固定需求，更多是在业务合作中，将IT系统流程设计与商务谈判同步展开，在日常营运过程中，则需要根据市场情况、用户反馈随时进行调整、优化。

互联网保险业务的这些需求特点，与要求"可预见性"的传统项目管理思路恰好完全相反，如以传统项目管理方法，按部就班执行需求定义、分析、变更等过程，效率上完全不能适应市场的要求。

4. 要求团队能力强

由于互联网保险业务与技术的结合如此紧密，技术能力很大程度上决定了业务能力。因此，互联网保险创新业务需要的是一支这样的技术团队：技术人员与需求人员立场一致，共同长期深入参与项目，在深刻理解业务的基础上，能够利用正确的技术为业务提供解决方案，甚至利用技术创新设计新的业务模式，同时提高系统的交付质量，降低成本。在这种要求下，"甲方、乙方"式的机械项目组织形式很难达到要求。

综上所述，可以看到，互联网保险业务从管理理念到资源计划，从思维方式到实际需要，其基本思路上都是与传统的IT项目管理理念相冲突的。

（三）资源与责任，理清资源管理的逻辑

要解决互联网保险业务的IT项目问题，首先，要理清管理思路，解决资源管理的问题。在传统的保险公司中，由于重视风险控制，习惯于对过程严格管理，因此在资源管理上，管理者既要求分配完全受控，又要求使用过程完全受控，同时还要求项目能达成既定目标。这种管理思想的初衷是好的，对于成熟的传统业务，控制过程的正确能确保结果的正确，但对于以创新为核心理念的互联网保险业务，若采用传统的过程控制只会让项目举步维艰。

其次，从权力与责任对应的逻辑来看，各级决策者应在对自己的管理范围上，做好总体上的风险控制措施，如制定项目效果评估方法，设定资源投入规则与限制，预留止损缓冲，建立后备预案，定期执行事中、事后审计程序等，保证在最坏的情况下损失不会超出已经划好的底线。

再次，在总体可控的基础上，对项目充分放权。项目负责人是对具体问题了解最详细、切身利益最相关的人，是项目执行层面的最佳决策人选，让项目负责人拥有足够的自主权，能根据实际的情况快速决策，灵活调整分配资源，这是提高项目成功概率的最好选择。同时，项目负责人也对项目的成败负全责。

最后，在具体做法上，可采用把业务计划与资源打包投入的方法，采用事业部制或项目制管理，以激活内部市场机制，让项目充分发挥活力。在事中与事后，定期审计项目费用开支情况与技术服务资源合用情况，确保合规。同时，公司应该为可能发生的业务机会预留资源池，根据需要快速决策，立项分配，以避免期初预算不足而使得无力应对业务变化。

通过上述这些措施，在严格控制风险的前提下，充分释放了业务的生命力，达到业务规模增长，业务利润增加的目的。

（四）敏捷，价值观的转换

在开发管理的层面上，保险公司也应该改变传统的观念，从"提高需求与计划成熟度与项目预见性"向"实现价值"转换。

传统的软件工程管理方法，解决了保险公司基础业务平台的建设问题，但面对高速变化的互联网保险市场时，业务项目无法继续要求成熟性与预见

性，必须要有一种更加高效的、以市场价值为导向的开发管理方法，来与业务配套，快速响应变化。

对于传统开发管理在实践中出现的低效率、高代价、需求难以调整的问题，IT业开始探索更符合软件开发特质的管理方法，并在2001年提出了"敏捷开发"的观念。敏捷开发与其说是一种实践的方法，不如说其包含了对软件项目价值观的反思。

"敏捷"的观念，特别适用于互联网保险业务的开发。与传统的开发管理价值观相比，敏捷价值观放弃了那些实际上无法实现的假设（如完备的需求定义、理想化的文档沟通），摒弃一切与最终目标不相关的手段，直面现实与业务需要，把"满足业务需要"作为第一也是唯一的要实现的价值。

传统开发管理中，对需求的精确定义有极高要求，之后才能开始设计开发工作，在最后阶段才交付系统。一但进入开发阶段，需求变更的代价是极为高昂的，甚至是无法接受的。

但"敏捷"价值观完全不同，认为软件只有在运行时才会体现其价值，只有尽早与客户互动才能得到反馈，只有根据反馈及时调整才能提升与积累价值。因此，通过尽早和不断交付有价值的软件来满足客户的需求，才是最重要的。

"敏捷"方法要求业务与技术人员之间深入沟通，设计上面向远景、着眼当下，为未来扩展保留余地；实施时根据当前条件切片或局部实现，根据需要不断调整、改进与扩展，快速小步增量完善。通过这种做法，即使是在项目开发的后期，也能够随时欢迎需求的变化。在实践上，为了达到"敏捷"价值观的要求，有一些被广泛采用并被证明行之有效的方法，在保险公司的开发管理中也取得了非常好的效果。

第一，建设自我组织的项目实施团队，让需求与实施人员形成立场一致的团队。

第二，在架构设计上，为未来可能出现的业务变化预留可扩展空间，根据优先级、依赖性等因素"切片实现"，逐步改进。这要求项目拥有横跨业务与技术的资深专家，以便有能力进行这种规划与节奏掌控，团队组织的方式对此有决定性作用。

第三，在开发中，采用快速迭代的方法，尽早实现可工作的系统，然后每一周到两周完成一轮新功能发布或持续改进。在工具上，采用持续集成的方法，每时每刻都拥有一个可运行的系统（可能有缺陷），用于测试、展示，或后续发布。

第四，把质量的控制内建于开发过程之中，而非完全依靠事后的测试。包括建立代码规范等硬性质量规则，制定团队代码评审制度，设置自动化的质量控制工具，如代码风格检查、自动测试等。最终在团队中渗透质量文化观，形成质量荣誉体系，让开发人员对卓越的技术与良好的设计不断追求，自觉地持续重构与改进软件系统。

通过上述这些灵活而有效的方法，项目能够对市场快速反应，随着业务的变化而迅速调整改进软件系统，随时引入最合适、有效的技术来为业务提供更好的技术解决方案。正是在这种理念的指导下，催生了云计算、大数据等在互联网业务中广泛使用的新技术。

有时看来，"敏捷"方法好像又回到了早期小作坊式的软件开发，似乎无法保证计划性与纪律性，但实际上这是一种误解，因为"敏捷"方法是在新的条件下，基于传统思想的反思与优化而形成的，通过更优的实践经验与更现代化的工具支持，完成了一次螺旋式上升的进步。

（五）一个团队，团队的组织

项目制管理思路是形成"一个团队"的管理条件，"敏捷"思想是建立"一个团队"的价值观基础。

传统IT项目管理中，需求方与实施方是两个责任主体，双方的职责边界清晰，尽管这种组织系统易于在事后项目效果不佳时区分责任，但在项目实施过程中，却并不是最利于项目信息交流沟通的办法，也不利于项目成功。

需求方与实施方都应该认识到"双方合作高于双方合同谈判"，只有亲密的合作才能最大地促成项目成功的可能。需求方与实施方应该组成"一个团队"，所有项目成员需要在项目成败的立场上保持一致，密切合作，收益共享、责任共担。

"敏捷"原则认为，最有效率的信息传达方式，是组员间面对面的交谈，而非形式上面面俱到的文档作业。只有形成了"一个团队"，所有项目成员朝夕一起工作，才能达到这个效果。

在需求方与实施方立场一致的情况下，双方才更有可能在观念上进行转变，才会有更多换位思考，双方的沟通成本才能大幅降低。此时，业务人员会更多了解系统的运行原理，理解技术的逻辑与限制，从而更恰当地设计业务；而技术人员也能深入理解业务，角色上从被动的实现方变为主动方案提供者，成为衔接业务与技术的专家，能利用技术手段提供最适当的（甚至超出业务人员预期的）解决方案，让业务与技术真正融合。

即使在技术人员之间，这种分工的融合也有好处。"敏捷"方法致力于建设"全功能团队"，团队人员之间专长有侧重，技能相融合，并且要求管理中要通过一些手段来促成这种融合，如通过技术交流例会、代码互审、结对编程等，让不同专业的技术人员之间加强相互理解与合作能力。同时，也在一定程度上降低了人员流动造成的风险。

在"一个团队"之中，团队成员的士气普遍比传统的甲方、乙方分立式的项目团队更加高昂。项目管理者应该尽力为团队提供适宜的环境，满足团队的需要，信任团队能够一起完成任务，把"人"作为创造性的来源，而非可随意替换的人力资源单位。

综上所述，面对互联网时代的来临，本属于传统行业的保险公司已经被时代的浪潮推进了互联网的世界之中。作为本身发源于IT技术、成长于IT行业的互联网，其中的思维方式与行事风格都有鲜明的技术基因，对于传统保险公司来说，在这个市场中只能算是试水的新手，其在面临"互联网思维"下的"互联网保险"等创新型业务时，必然会出现适应性问题。有志于发展互联网业务的保险公司要想在互联网市场的环境中保持生存能力，就必须顺应发展要求，改变管理机制。各保险公司应正视问题，勇于变革，转换思维方式，调整姿态，积极学习有益的实践经验，抓住历史的机遇，在这个新时代获得新的突破与发展。

第五章 互联网保险的发展前景与趋势展望

第五章 互联网保险的发展前景与趋势展望

伴随着网络技术的快速发展，互联网正在从生活服务领域走向生产服务领域，加速与传统各个行业的融合。自2013年余额宝的问世，互联网+金融成为社会各界关注的焦点，互联网基金、互联网银行、互联网证券等新业态层出不穷。作为社会保障体系的重要支柱和经济提质增效升级的高效引擎，保险业与互联网的跨界融合异军突起，为保险市场注入了新鲜活力，可以预见的是，二者的有效结合将会更好地推动保险业快速发展。

第一节 互联网保险持续高速增长，业务占比不断提升

近几年，中国互联网保险异军突起，成为保险业中不可忽视的一种全新的业态。2014年，互联网保险全年累计实现保费收入858.9亿元，同比增长195%，远高于同期全国电子商务交易增速。从2011年到2014年，互联网渠道保费规模提升了26倍，对全行业保费增长的贡献率达到18.9%。目前，中国保险业自身正处于良好的发展上升期，同时叠加信息技术创新和用户需求变化的作用，未来中国互联网保险仍将保持高速增长，在整个保险业中的比重也将不断上升。

一、保险业迎来发展春天

保险业是现代金融的重要支柱，未来随着配套政策的推进、费率改革和利率市场化不断落实以及中国第二代偿付能力监管体系（以下简称"偿二代"）的开始实施，保险业将会迎来蓬勃发展的时期。

（一）政策方面

2014年金融改革渐进开展，诸多促进行业发展的政策不断发布，保险业受益于金融改革东风，整个行业的发展迎来全新的机遇。《国务院关于加快发展现代保险服务业的若干意见》（以下简称《若干意见》）明确指出发展

现代保险服务业成为完善金融体系的支柱力量、改善民生保障的有力支撑、创新社会管理的有效机制、促进经济提质增效升级的高效引擎和转变政府职能的重要抓手。同时，进一步确定更为明确的指导目标，2020年实现保险深度为5%，人均保费为3500元。在细分领域上，配合我国的国情，《若干意见》提出了基于民生的健康养老保险、基于保险业发展鼓励多种方式购买保险、对巨灾保险的关注、惠民的"三农"保险、鼓励保险资金运用效率的提升以及保险监管风险的全面把控。

（二）保费端

费率改革和利率下行有利于促进保险销售。我国的保险业已经有了迅速的发展，但是与发达国家相比差距仍然较大，根据瑞士再保险数据显示，以2013年为例，全球市场人均保险支出为652美元，发达市场人均保险支出为3621美元。其中，同为保费收入大国的美国、日本、英国和法国保险密度分别为3979美元/人、4207美元/人、4561美元/人和3736美元/人，而我国保险密度到2014年仅为237.2美元/人，这表明我国具有较大的行业发展空间。在现阶段，费率改革和市场利率的下行将会是促进保险产品销售的重要驱动因素。一方面，利率下行将会使得更多的资金从存款中得到释放，进入能够更加有效配置资源的金融领域；另一方面，费率改革使得保险产品更具有竞争力，从2013年8月5日起，普通型人身保险费率政策改革启动，改革之后，普通型人身保险预定利率由保险公司按照审慎原则自行决定，不再执行2.5%的上限限制，保险产品将会具有更高的定价自主权，从而表现出更好的竞争力。可以预见，不断深化的利率市场化以及费率改革将会提振保险销售。

（三）投资端

"偿二代"和资本市场的不断优化将会提升保险资金的投资收益。"偿二代"的实施释放了更多的资本金，有利于开展更多的业务。按照中国保监会"放开前端，管住后端"的要求，"偿二代"即"中国风险导向的偿付能力体系整体框架"，经过多年的建设以及论证，"偿二代"监管规则已于2015年初正式发布，并进入过渡期，保险业新偿付能力监管制度体系基本建成。不

第五章 ◆ 互联网保险的发展前景与趋势展望

同于"偿一代"以规模为导向（以资本充足率作为监管指标）的简单监管模式，"偿二代"采用更加复杂精密的计算方法，以风险为导向进行监管，减少了"偿一代"过于粗放所带来的资本冗余，从而能够释放更多的资金进入投资领域。与此同时，保险资金被允许的投资范围更加广阔，加上中国的资本市场发展欣欣向荣，投资收益率的保障程度将会更高。保险业在保险资金的投资规模以及投资收益率方面将会更加乐观。

二、互联网基础设施初步建成

自1946年第一台计算机问世之后，从大型机时代到小型机时代、到PC机时代、再到互联网时代，信息技术几乎每十年出现一次大的进步，期间诞生了IBM、英特尔、微软等科技巨头，但自从进入21世纪以来，信息技术的创新周期大幅缩短，移动互联网、物联网、云计算、大数据、机器人等各类新型技术、模式层出不穷，苹果、Facebook等新兴巨头相继崛起，人类社会加速进入虚拟世界。

智能硬件的广泛渗透，使人们得以实时与网络相连接。近些年，各种创新型的电子产品层出不穷，正在一步步推动人们生活、工作的全面虚拟化。例如，智能手机、平板电脑、可穿戴式设备让人们的身体虚拟化，智能电视让人们的客厅虚拟化，智能汽车让人们的出行虚拟化。

第一，在基础的智能终端方面，智能手机的功能越来越强大，操作系统更加高度智能化，移动上网应用创新热潮日益高涨，价格越来越低廉，手机出货量日益增加。智能手机的逐渐普及带动了设计者更加丰富的想象力，智能式穿戴概念产品也逐渐浮出水面，眼镜、手套、手表、服饰及鞋等生活必需品都被赋予智能化功能。与此同时，部分IT及互联网企业开始探索新的智能电视商业模式，意图重塑传统电视用户习惯，如Apple TV、Google TV，而微软也在其XBOX360上推出Zune视频服务。此外，苹果、谷歌等公司纷纷将眼光转移到了下一个具有巨大潜力的市场——汽车，传统的汽车厂商与IT企业巨头正在分别从两端掘金汽车互联市场，两个方面的加大布局将加速推进汽车互联的发展进程。

第二，在存储方面，遵循摩尔定律存储价格降低、存储技术不断飞跃。

近一个世纪以来，存储的介质经历了多次演变，呈现日益多样化特征。总体来看，数据的存储成本出现不断下降的趋势，存储的价格从20世纪60年代的1万美元1MB，下降到现在的1美分1GB的水平，其价差高达亿倍。与此同时，云计算是值得称道的技术革新，实现了资源利用效率的提升。云计算是一种按使用量付费的模式，这种模式能提供可用的、便捷的、按需的网络访问，进入可配置的计算资源共享池（资源包括网络、服务器、存储、应用软件和服务）。这些资源能够被快速提供，只需投入很少的管理工作，或与服务供应商进行很少的交互。

第三，在通信技术方面，Wifi、3G、4G的不断普及，助力网络化进程的加快。从全球来看，在通信方面的布局，已经列入了科技巨头的战略规划。以Google Loon项目为例，该计划试图搭建一个用热气球组成的无线网络，为有线和无线技术难以覆盖的地区提供高速稳定的互联网连接。我国互联网在基础设施方面也已经取得了巨大的进步，网络覆盖率、互联网以及移动互联网接入用户数不断提升。

三、"数字原住民"逐渐成为主流

"数字原住民"这一概念，是由美国哈佛大学的网络社会研究中心和瑞士圣加仑大学的信息法研究中心在研究中提出的新概念，意为"80后"甚至再年轻些的这代人，一出生就面临着一个无所不在的网络世界，对于他们而言，网络就是他们的生活，数字化生存是他们从小就开始的生存方式。

在中国，"80后"尤其是"90后"几乎是伴随着互联网成长起来的一代，这一代可以称做"数字原住民"。"数字原住民"带来的信息消费红利将会推动我国互联网保险的一步步发展。中国拥有广阔的网络用户基础和深度的网络使用习惯，其中，前者体现为众多的互联网和移动互联网的网民数量，后者体现为更长的网民有效在线时间。

从网民数量上看，中国互联网兴起较晚，但是却表现出了惊人的增长之势。根据中国互联网络信息中心（CNNIC）的统计，以2000年作为起始年份，中国的网民数量从2000年的3000万人增长至2014年的6.49亿人，增长了近20倍，目前这个数据仍然在增长中。从世界范围上看，根据联合国国际电信联盟（ITU）最新研究，全球网民已突破30亿人，而且其中2/3网民都住在发展中国家，估计中国网民数量占据了全球网民数量的20%左右，存量上的网民数量优势明显。从增长性来看，虽然目前我国的增速有所下滑，但是仍有很大的空间，美国网民普及率超过80%，而目前根据CNNIC的统计，我国的普及率只有47.9%左右，未来我国网民的数量还会继续快速增加。

从整个网络使用的活性角度看，中国这部分群体对互联网、移动互联网具有高度依赖的特点，已经养成了在网上获取信息、娱乐、购物、处理金融业务的习惯，而且这部分群体正在逐步成为中国社会消费的中流砥柱。这已经不是一种趋势，而是一种现实。一项调查显示，中国人平均每天用手机上网的时间是158分钟，远高于全球范围的平均值117分钟，其中25~35岁的"80后"是最主要的群体，每天花费在用手机上网的时间更多。

四、互联网保险未来占比提升

在保险业的积极发展和互联网效应不断深化的促进下，中国的互联网保险正呈现高速的发展之势，2014年互联网保险全年累计实现保费收入858.9亿元，同比增长195%，远高于同期全国电子商务交易增速。从2011年到2014年，互联网渠道保费规模提升了26倍，对全行业保费增长的贡献率达到18.9%。但是，目前在与国外销售对比中看，我国的保险网络化销售发展还有很大的差距，占总保费收入的比例仍然较低。据统计，人身险种方面，美国在线购买的比例2012年的时候达到了8%~11%，是中国的4~7倍。在网络销售发展更为热烈的财产销售领域，发展的差距则更为巨大。以汽车保险销售为例，2013年中国的车险网络销售比率估计有5%左右，而美国、日本、韩国等国家几年前就已经达到了10%的占比。由此可见，未来我国的互联网保险还是有很大的发展空间。

同时，中国保监会也在不断出台各项政策，推动互联网保险健康发展。2014年4月发布的《关于规范人身保险公司经营互联网保险有关问题的通知（征求意见稿）》（以下简称《征求意见稿》）指出，互联网保险是指通过互联网技术和移动通信技术订立保险合同、提供保险服务的相关业务，人身保险公司应以总公司名义经营互联网保险，实现集中运营和管理。对于人身保险公司经营互联网保险的门槛，《征求意见稿》从偿付能力、运营和业务系统等方面作出了规定，同时还明确了信息披露制度，弱化了前一稿的网销专属产品审批制度的诸多限制，监管态度逐渐明确。2014年12月发布的《互联网保险业务监管暂行办法（征求意见稿）》指出了互联网保险销售可以突破保险公司分支机构的经营区域限制，加强了对参与互联网保险业务的第三方网络平台的监管，明确了互联网保险产品信息披露制度，建立保险机构及第三方平台退出管理。从政策的角度，互联网保险发展逐渐走向正轨。

第二节 跨界融合成为新常态，多元主体提升市场化效率

在"互联网+"如火如荼的今天，互联网的触角已经深入到各行各界，对于金融而言更是如此。一方面，互联网公司正在积极布局金融领域。目前主要可以分为两类：一类是跨界企业，主要是以阿里巴巴、京东商城、谷歌等互联网企业为代表，新兴技术推动产业边界日益模糊化，跨界竞争日趋常态，这类企业依托在各自领域的多年积累，掌握了大量的用户数据，并借此进入金融业满足用户的金融需求，推动生态体系的发展。比如阿里巴巴的蚂蚁金服，其主要业务范畴涉及第三方支付、移动支付、小额贷款、网络银行、在线理财、保险等领域。另一类是基于互联网的初创企业，具体包括易宝支付、汇付天下等第三方支付企业，宜信、Lending Club等P2P网络借贷企业，Kabbage小额网络信贷企业等。另一方面，面对互联网公司的跨界布局，传统金融机构也在积极应对。中国平安在原有金融集团业务的基础上，利用互联网打造完整生态圈，提供更好的用户体验，以"一账通"作为实现"一个客户，一个账户，多项业务，一站式服务"的重要工具，通过"一账通"，客户只需要一个账户、一套密码，就可管理所有中国平安网上账户，

第五章 互联网保险的发展前景与趋势展望

轻松实现保险、银行、投资等多种理财需求。

就金融业而言，混业经营是其发展的另一大趋势。银行、保险、证券、基金以及信托等金融机构之间的界限将会变得越来越模糊。以前，银行、保险、证券、基金等金融机构是分业经营，在各自领域攫取利润，而今传统金融机构之间的竞争也将日趋激烈。在国家层面上，随着集团式金融超市的优势日益明显，政策上对混业经营的支持渐趋明朗化。2014年国务院发布《国务院关于进一步促进资本市场健康发展的若干意见》明确提出实施公开透明、进退有序的证券期货业务牌照管理制度，研究证券公司、基金管理公司、期货公司、证券投资咨询公司等交叉持牌；支持符合条件的其他金融机构在风险隔离基础上申请证券期货业务牌照；支持证券期货经营机构与其他金融机构在风险可控前提下以相互控股、参股的方式探索综合经营。未来，多方参与角逐的市场化竞争态势，将激发金融市场的活力，市场化进程将进一步深化。

从细分领域保险业来看，未来的竞争态势同样将是多元主体参与的市场。现有的保险公司面对的竞争对手不仅仅是原有的业内竞争对手，互联网公司以及来自金融业的其他公司将不断产生交集。在互联网公司试水保险业方面，国内首家互联网保险公司众安在线算的上是跨界融合的第一次，以马云、马化腾为代表的互联网公司与以马明哲为代表的传统保险公司开始了合作。这仅仅是一个开始，预计未来互联网公司将会不断深化地跨界参与到传统保险业。为应对互联网的冲击，保险公司也采取了一系列的应对措施，在网络销售、O2O（Online to Offline）线上线下合作以及业务流程优化方面积极响应。中国平安的网上产品销售已具规模，太保寿险的"神行太保"产品利用移动互联网平台优化了整个产品销售流程，泰康人寿发布"微互助"等基于朋友圈产生的互助保险产品。

在金融业的内部竞争方面，随着费率改革的不断推进，保险业与其他金融机构的竞争边界越来越靠近。中国保监会主席项俊波于2013年7月在"保险业深化改革创新发展座谈会"上明确了保险的定位，明确指出要处理好保障与理财的关系，树立"大保险"的观念。保险的财富管理职能日益重要，将会与其他金融子行业产生不可避免的竞争。

互联网公司的介入、金融业内部的互相渗透呈现出了多方参与竞争的局面。未来，目前所呈现的跨界竞争将会带来的是多方之间的互相融合。互联网公司在不断探索互联网金融的过程中要向传统金融学习金融业的经营规则和运作理念，同时传统的金融公司也在学习如何利用互联网、拥抱互联网，进而提升机构运营效率、提高用户体验、提升综合竞争实力。不仅如此，金融业内部的混业经营也将带来多元主体的融合，有利于进一步地推动金融深化改革，加快利率市场化的进程，进而推动整个金融行业的发展，激发金融市场活力，实现多方互利共赢。

第三节　经济形态的转变孕育新需求，保险业态注入新力量

最近几年，传统产业与互联网等信息技术的融合趋势日益明显，融合经济逐步发展成为一个主流经济形态，电子商务便是零售行业与互联网融合后的一个重要产物。据商务部统计，2014年国内消费市场全年实现社会消费品零售总额26.2万亿元，其中电子商务交易额高达13万亿元，同比增长25%，这意味着电子商务业务已占消费品零售业的半壁江山。2015年5月，国务院印发《关于大力发展电子商务加快培育经济新动力的意见》，部署进一步促进电子商务创新发展。预计中国电子商务的市场规模未来仍将继续保持高速增长态势。

零售行业与互联网的融合极具代表性，2014年全年网上零售额同比增长49.7%，达到2.8万亿元。而零售业仅仅是一个开始，未来，教育、医疗、旅游、家电、汽车、建筑等行业无一例外都将或早或晚或大或小受到互联网的影响，O2O、LBS（Location Based Services，地理位置服务）等新商业模式也将纷纷涌现。同时，移动互联网和物联网等新兴技术的出现使得传统产业与信息技术的融合范围和深度进一步扩大，融合进程将加速推进。

金融主要是为实体经济服务，随着物理经济形态逐步向融合经济形态转

变以及虚拟经济形态的兴起，金融业将面临具有历史性意义的机遇。在经济形态的转变过程中，与互联网生活相关的新风险随之产生，必然产生新的保险保障需求，这就意味着金融新蓝海市场的诞生。目前已经出现退货运费险、网络游戏虚拟财产损失险等基于互联网活动的险种。随着互联网活动渗透到经济生活的各个方面，在新兴虚拟经济领域将孕育出更多的互联网保险需求和商机。

布局新保险需求的先行者：众安保险

众安保险作为全国首家互联网保险公司，其销售、承保及理赔等业务流程基本都在线进行，完全通过互联网进行承保和理赔服务。众安保险致力于开发与互联网风险相关、直达用户的保险，弥补部分市场空白领域。

在互联网交易保障方面，众安保险推出了"众乐宝"和"参聚险"。互联网交易保障产品是围绕着各类互联网场景，分析研究商品质量、售后服务、资金安全等各环节中的风险，并针对性地设计保险产品。"众乐宝"和"参聚险"，是众安保险推出的两款深受网络小微商家喜爱的保险产品。网络商铺卖家选择这两款保险产品后，无须再按以往方式冻结相应的保证金，只需缴纳相对较低的保费，即可获得对消费者或聚划算平台的保障服务资格，并可以享受由众安保险提供的先行垫付赔款的服务。这两个产品上线至今，保费收入达到了约7000万元，服务商户超过百万家，累积释放中小卖家保证金约200亿元，大大缓解了互联网中小商家资金压力。

在互联网金融方面，众安保险提供相应金融风险的保障产品。互联网金融是金融行业与互联网相结合的新兴领域，包括且不限于基于大数据的线上信贷、第三方支付、在线理财产品的销售、众筹等业务模式。互联网金融秉承互联网"开放、平等、协作、分享"的精髓，通过互联网、移动互联网等工具实现。与传统金融业务相比，互联网金融透明度更高、参与度更强、协作性更好、中间成本更低、操作上更便捷。由于与传统金融业务所采用的媒介不同，互联网金融在"去中心化"的同时，缺乏一定的信用背书在操作便捷和风险可控两者之间找到平衡，于是这就给了保险产品充分的嫁接空间。众安保险为互联网金融提供相应的保险产品，利用互联网的方式帮助用户解决实际问题。

针对生活服务不断向线上转移的特征，提供相应的风险保障产品。在现代生活中，越来越多的生活服务进入互联网，包括在线航旅预订、在线餐饮预订、在线交通预订等。针对这些领域可能产生的风险，众安保险也设计了一系列相应的产品。这些产品的销售与用户在互联网上的经济活动紧密结合，不但利用互联网低成本的特性，让这种小额保险成为了可能；而且也利用互联网直销的方式，有效避免了线下可能存在的道德风险。

第四节　互联网助力渠道转型升级，线上线下协同推进

营销渠道是互联网对保险业最为直接的一种影响体现。一方面，互联网作为一种新型的销售渠道，为保险销售注入了新的力量，是对传统保险销售渠道的有效补充；另一方面，互联网作为一种技术，通过O2O的方式和提升传统销售渠道运作效率的方式，与传统销售渠道互相助力。

一、销售渠道网络化

渠道网络化是目前阶段互联网保险的集中变现形态。互联网保险丰富的产品形式体现了互联网保险如今蓬勃的发展态势，是对传统保险渠道的有力补充。越来越多的传统人身保险和财产保险，都可以通过互联网的方式进行网络化销售。

能够实现渠道互联网化的保险产品的特点归结为条款简单、保费低廉、交易便利。其一，条款要简单，条款越简单的产品，越容易标准化，客户需要进行的咨询越少，互联网化的模式即越适合，这其中最典型的产品就是车险。其二，保费要低廉，保费越低廉客户的敏感性相对越低，越容易达成交易，这也就是为什么短期的理财险容易交易而长期寿险交易起来较为困难且发展较慢。其三，交易要便利，其中的便利包括场景的便利和支付的便利，

第五章 ◆ 互联网保险的发展前景与趋势展望

这里主要指的是支付方面，在第三方支付如火如荼发展的今天，交易变得更加便捷，保险网络化被进一步推进。①

InsWeb是美国网络保险渠道的领导者。InsWeb总部设在美国加州的红杉城，创立于1995年，曾在美国纳斯达克市场上市，是全球最大的保险电子商务站点，在业界有着非常高的声誉，被Forbes称为是网上最优秀的站点，也是Yahoo评出的全世界50个最值得信赖和最有用的站点之一，这个站点涵盖了从汽车、房屋、医疗、人寿，甚至宠物保险在内的非常广泛的保险业务范围。公司最受欢迎的在线保险多方比对市场主要包括：汽车、家庭、定期收益、租房、医疗、商业和摩托车保险等。公司在被Bankrate收购前，2011年前三个季度收入3900万美元，2012年前三个季度收入2900万美元，净利率约为45%。营收规模相对于美国庞大的线下保险业来说是九牛一毛，但公司仍然处于上升发展中，净利率较高。

美国保险公司进入门槛较低，保险公司竞争激烈。消费者在选购保险的时候需要从大量的公司、海量的保险产品和巨量的消费体验等多方面信息中进行筛选，最终作出决策。保险市场海量、未经整理的信息成为了进一步获取有用信息的阻碍。如果有公司能够有效地将这些信息整合、分发，无疑将获得市场的认可，InsWeb就看准了这个商机。第一，InsWeb通过搭建互联网的平台，为消费者解答保险相关问题，抢占互联网保险潜在的消费者，扩大用户范围；第二，将不同险种分门别类进行整理，消费者可以在InsWeb上输入自己的信息以及需要的保险产品，公司将呈现市场提供的诸多同类保险产品，供消费者决策使用。第三，与包括21st Centry、Allstate Insurance Company、American Family Insurance、Amica、Cotton States、Country Financial等在内的诸多保险公司建立合作关系。InsWeb在获取了足够的潜在消费者后，开始考虑消费者变现，公司设立了Agent Insider，为获取用户的信息、促成交易提供了有效的渠道。Agent Insider以高合同签成率、高用户变现率赢得了较多保险公司的认可。InsWeb为了保证消费体验在保险公司的选择上也遵循一定的标准：要求这些保险公司可以提供丰富的保险产品，具

---

① 参考艾瑞咨询发布的《2013年中国互联网保险年度报告》。

有稳健的财务评级,并且将服务和顾客满意度优先。公司为投保人以及保险公司创造价值,相应地向两者收取一定的费用。

与此同时,Insurancehotline、Consumerunited等互联网保险比价网站、团购网站也在国外兴起。成立于1994年的www.insurancehotline.com是一个免费的在线保险比较网站,它为消费者提供许多种类的保险产品,协助消费者获得较低的保险产品。作为中立的第三方www.insurancehotline.com并不销售保险产品,而仅仅作为一个第三方的信息提供商。目前其经营范围已经扩展至汽车保险、家庭保险和人寿保险等多种类的产品。www.consumerunited.com成立于2010年,是一家在线保险团购服务平台,主打汽车和家庭保险,致力于帮助消费者快速了解保险服务商、掌握各种保险费率,设计有价值的保险险种,从而确定保险购买决策。同时,通过该平台还能以团体价格获取更低的保险费率。据统计,该公司已经在2014年获得了由Spark Capital 、Thayer Street Partners、Village Ventures、Five Elms Capital 等联合投资的1400万美元。

保险的网络销售不仅在国外得以规模性发展,国内近几年网络销售趋势也已经初见端倪,衍生发展出各种形态。从具体的网络化销售模式方面看,首先,是保险公司自建的互联网营销平台或电商销售平台,国内主要保险公司大多依托于自己的官网建立了自有的互联网销售平台,如中国人寿、中国平安的官网同时也是产品销售平台。其次,是互联网保险中介平台,这类保险销售网站包括慧择网、大童网、和讯网旗下的放心保、新一站保险网等。再次,是兼业代理机构,是指代理机构从事自己业务的同时,根据保险人的委托,向保险人收取保险代理手续费,在保险人授权的范围内代办保险业务的单位。最后,是第三方电子商务销售的模式,第三方电子商务平台巨头具有海量的用户,且用户更乐于接受互联网金融产品,具有高转化率,当前,淘宝、京东、苏宁、腾讯等都开辟了互联网保险销售模块。

二、互联网助力传统渠道升级

因此,要把保障型产品搬上互联网并不容易,要发展互联网保险业务,除了要继续做大意外险、车险、理财型保险等传统适合网销的产品外,还必

第五章 互联网保险的发展前景与趋势展望

须加强线上和线下的互动,用互联网思维发展传统保险。

互联网正在积极而深刻地影响着保险业的行为方式和市场格局,促进传统模式的改良升级。具体来说,互联网对传统渠道的升级既包括O2O式的互动,也包括对线下渠道效率的提升。发展保险O2O,一方面,要使线上服务促进线下销售,客户在网上寻求保险服务后,线下人员要及时跟进;另一方面,线下渠道获客以后,也可以将客户推荐到更加便宜的线上渠道,增加产品的吸引力。但这两方面的互相促进都有赖于保险公司设计出合理的利益分割机制,从而避免内部竞争带来的耗损,充分调动线上和线下资源整合的积极性。实际上,这在很多保险公司的互联网发展蓝图中已经有所考虑,行业关于如何实现线上引流线下衔接或线下引流线上承接的有益尝试陆续涌现。

与此同时,互联网也能起到对传统销售渠道的效率提升作用。基于互联网、移动互联网,保险公司将新技术深度融合于保险销售服务的场景,从产品、用户、渠道、后援等多个维度搭建智能移动保险生态系统,通过新技术应用与流程改造将保险公司前台、中台、后台进行深度融合,实现端到端无衰减的资源传递。

太保寿险推出的"神行太保"产品,其中一项功能就是能够实现保单的便捷、准确的录入。通过引入手写电子签名技术,签出保险行业第一单电子签名保单以及第一单电子发票,这样不仅可以省去填写烦琐的纸质投保单,而且在平板电脑上直接签名就可以完成投保确认步骤,包括身份证、财务证明等投保资料也可即时拍照上传,后台审核通过后立即签发电子保单。真正意义上实现了全流程无纸化和透明化,客户可明明白白地透明消费,完完整整地实时监控。

平安产险推出了"平安移动即时服务",该服务关注理赔方面,对服务流程体系进行端到端重新规划,突出"快速"理赔服务,提高服务时效,同时保证服务质量。该服务借用3G移动网络和中央银行超级网银接口,打造"移动理赔—即时到账",创新理赔服务流程体系。该服务以减少客户等待时间为出发点,从出险现场服务、修理厂拆检维修,到最后的赔款支付,各服务环节均作了全面革新,让客户"省时、省心、省事"。项目包括四个模块:客户"快易免"自助APP、现场查勘定损手持终端、远程视频定损平台、赔款即时到账平台。通过3G移动网络和强大的IT支持，把四个模块融会贯通，组成一个完整的、端到端的"移动理赔—即时到账"服务流程体系，实现流程、技术、人员的有机结合。被保险车辆出险后，可根据客户意愿和受损程度，选择客户自助理赔、现场快速查勘定损、远程专家定损等服务，并即时进行赔款支付。

第五节 配合费率改革，基于数据资产进行精准产品定价

费率改革不断推进，市场化费率有利于保险发展。自2013年8月5日起，普通型人身保险费率政策改革启动，改革之后，普通型人身保险预定利率由保险公司按照审慎原则自行决定，不再执行2.5%的上限限制。普通型人身保险费率改革正式启动后，保险公司迅速反应，纷纷推出了费率改革后的新产品，尤其是中小型保险公司，率先"开声"。据不完全统计，建信人寿、农银人寿、中英人寿、中德安联等公司相继推出了迎合市场化利率的新产品，预定利率均升至3.5%，新华人寿、平安人寿等大型保险公司也随后推出了新产品。2015年1月26日，中国保监会主席项俊波在全国保险监管工作会议上表示，2015年正式启动万能险费率改革，随后着手分红险费率改革，力争2015年底前全面实现人身险费率市场化。同时，意外险定价机制改革也要研究。财产险方面，自2015年6月起，黑龙江等6个试点地区率先全面启用新版商业车险条款费率，各家保险公司可在综合示范条款基础上调整费率，使车险费率和风险匹配度更高。

伴随着费率改革的推进，保险产品定价的精细化、差异化是未来的方向。保险作为一种特殊的产品除了要遵循一般商品的经营原则外，还需要遵循"大数定律"（简单来说是实验次数很大时呈现概率性质的定律）等保险行业特有的原则，当前的保险产品多是以大样本为基础实现定价的。保险学研究的一个热点就是由于信息不对称引发的"道德风险"问题。虽然人身保

第五章 ◆ 互联网保险的发展前景与趋势展望

险的定价可以将潜在的道德风险行为部分内化为保险成本的一部分，但这并不能够从根本上解决问题，同时也是非效率的。尽管投保人面临同样的风险环境，但是人身生理情况不一、对风险的控制能力也不一，因此风险评估的精确化、差异化尤为重要。

依托大数据资产和大数据技术进行精准定价的价值将会不断凸显。在缺乏数据基础和相关技术条件的情况下，很多的保险产品无法提供，或者保险产品的价格对于投保人具有不公平性。大数据的积累和广泛运用为新型保险产品的开发以及保险定价的精确化、差异化奠定了重要的基础。目前互联网保险在各个保险细分领域的进展程度有所区别，但互联网、大数据的快速发展无疑会促进新型保险产品的不断开发和优化。

如车险的发展一般会经历保额定价、车型定价、使用定价三个过程。我国当前的车险仍然处在保额定价的阶段，而在将来有可能直接跨越到使用定价：依据每个驾驶者的具体行车行为和行车情况来对车险进行定价。由于车联网的发展提供了精确的、全方位行车大数据信息，为直接跨越到使用定价奠定了基础，这也在一定程度上有助于解决保险市场上的道德风险问题，有助于激励并改善人们的驾驶行为。能够帮助车险定价的UBI（Usage Based Insurance，基于驾驶行为而定保费）产品在美国、英国、日本、韩国等多个国家都有应用发展。一般的UBI模式主要有三种：一是保险项目仅依赖于汽车上的里程表读数；二是保险项目依赖于GPS记录的里程数，或者基于车辆的驾驶时间；三是保险项目依赖于收集来自车辆的其他数据，包括速度、使用时间、驾驶行为、行驶距离和时长等。后两种模式也被称为基于车载信息系统（Telematics）的车辆保险，车辆信息会被自动传输给保险公司的数据系统，通过风险的变化动态来调整保费。未来，中国的车险将通过车联网模式进一步实现数据化定价。

国外已经有了UBI应用在车险产品的相关实例。美国俄亥俄州的Progressive Insurance，创建于1937年，是美国汽车保险行业的一股创新力量。该公司共分为三个业务单元：个人车辆保险、商业车辆保险与其他险种（其他类保险业务包括对地区性小型银行、企业高层等客户提供责任险）。Progressive的产品基于插入式装置实现对驾驶员驾驶数据的获取，主要收集三类数据：急刹车、行车距离及凌晨到 4 点开车的次数。其商业模式是免费提供一个设备装到车内，时长 6 个月。通过 6 个月的数据采集，按照数据给驾驶员评分。根据评分高低计算折扣，用户可在 Progressive 一直享受此折扣，折扣率最高可达 30%。由于 Progressive 为美国市场比较早推出的一家保险公司，在对用户隐私要求的考虑下，Progressive 没有在这个设备里面安装 GPS。同时，公司也会告诉客户不会因为驾驶员不好的驾驶行为而产生保费上涨，只是不会提供车险折扣，并且公司也不会追踪用户的驾驶位置。

在人身保险方面，电子病历和可穿戴设备，将会对人身险产品定价起到助力的作用。伴随着医疗技术的发展，医院积累了大量不同类型的数据，比如医疗数据、音频、视频和图片等数据信息，这些数据已经成为医院宝贵的财富。医疗数据中大量是非结构化、半结构化的数据，包括文本信息、图片、影像、多媒体信息等。麦肯锡的预测表明，未来非结构化和半结构化的数据将大幅增长，其中影像和电子病历的数据量将占到医院整体数据量的一半以上，电子病历相关的数据将持续大幅增长，而影像依然是医疗数据中数据量最大的部分。可穿戴设备能收集人体日常行为数据，从而为医院能积累更加有针对性的医疗数据，这些都是宝贵的保险金矿。一方面，定价变得更加精确。因为有了足够多的数据基础，数据就是金矿，保险定价变得更为精确。另一方面，定价更容易实现差异化。当技术成熟达到一定程度的时候，数据个性化存储与个性化计算将会得到实现，实现定价差异化有助于解决人身保险中最根本的信息不对称问题。

第六节 依托保险"三化"，衍生互联网保险"三化"

2013 年，中国保监会主席项俊波在谈到深化人身险市场化改革时指出，在人身保险领域，将加快推进产品管理市场化改革，继续推进人身险产品"标准化、通俗化和简单化"进程。在贯彻落实人身险产品"标准化、通俗

第五章 互联网保险的发展前景与趋势展望

化和简单化"基础上,对应互联网场景下的诸多环节,互联网保险创新衍生出了三大特征,即"场景化、多频化和碎片化"。

场景化,是针对特定的交易内容销售保险产品,比如在淘宝销售退货运费险、在携程等网站销售航班延误险以及旅行意外险等产品,都是基于特殊的场景而设计的保险产品销售模式。互联网的场景化销售将为客户带来较好的消费体验,结合客户在特定场景中对保险保障的需求,提供简单易懂的保险保障方案,容易得到客户的认同,但可能对现有非互联网的产品设计规定提出简化要求,如在简化保障范围、降低保障保费等方面改进。因此,需要对现有的保障产品管理规则予以重新的梳理和调整,以符合互联网保险保障产品的发展方向。

多频化,是指提高用户购买保险产品的重复性,实现多次购买。由于所销售保险产品的低价性以及相关风险发生的高频性,该保险产品成为了用户的必备品,具有多频化特征。比如在网络购物时匹配的退货运费险,这一险种在退货高频发生的"双11"期间,有着极高的购买力。2014年"双11"期间,众安保险、华泰财险都收获了天量退货运费险订单;"天猫医药险"、"'双11'限时到货险"和"奶粉破罐瘪罐险"都是多频化的有益实践。

碎片化,是针对当前人们碎片化的时间、碎片化的信息以及碎片化的生活提出的,在传统保险产品的基础形态上对不同保险产品的构成要素进行单一或者组合碎片化,如对复杂形态责任进行拆分的保险责任碎片化、保险期间碎片化和保费碎片化等,让客户成为商品的主导者,充分满足其对保险保障的个性化需求。例如,信泰保险的"壹保险"1.0版个人身价账户,即主要实现了保险期间碎片化和保费碎片化两个突破。

第七节 回归保险历史本质，互助保险开始兴起

保险的发展历史最早可以追溯到部落时期，其最基本属性是互助保障。随着社会发展，部落、村落的互助形式出现，但是很长时间，人类历史发展相对缓慢，还是以保障生命为目的。

公元前2000年，地中海一带就有了广泛的海上贸易活动。为使航海船舶免遭倾覆，最有效的解救方法就是抛弃船上货物，以减轻船舶的载重量，而为使被抛弃的货物能从其他收益方获得补偿，当时的航海商就提出一条共同遵循的分摊海上不测事故所致损失的原则："一人为众，众人为一。"公元前916年在《罗地安海商法》中正式规定："为了全体利益，减轻船只载重而抛弃船上货物，其损失由全体受益方来分摊。"在罗马法典中也提到共同海损必须在船舶获救的情况下，才能进行损失分摊。由于该原则最早体现了海上保险的分摊损失、互助共济的要求，因而被视为海上保险的萌芽。

随后，保险才慢慢演变成今天的业态，未来基于互联网的模式，互联网保险将回归保险互助的本质。国外已经有了保险互助的例子，比如德国的Friendsurance公司。Friendsurance将在线点对点的概念引入保险，将社交网络与保险公司结合，Friendsurance运用众保的模式，让客户在线上集群并在群内互相提供初级保险，客户可以创建起自己的保险网络，并借此降低高达50%的年度保险费用。

现实生活中，公司客户基于自己的社交关系网向朋友邀约，询问朋友是否愿意对自己特定的民事行为承保。例如，A刚买过新车，A可以询问朋友B是否愿意承保，如果B愿意承保，A须按照保险公司的规定缴纳一定的投保费给B。保险的范围不限于机动车保险，医疗、家庭等在未来都有可能纳入范围内；承保人不限于一个朋友，也可以有多个朋友、亲戚，相互承保圈里的人越多，风险抵御能力越强，保险公司收取的投保费率越低。当朋友之

第五章 ◆ 互联网保险的发展前景与趋势展望

间相互承保的时候，形成资金池。此外，投保人还需要向保险公司缴纳一定的保险费用，而这个费用是远低于正常保险费用的。通常来说，缴给社交圈承保人的投保费加上缴给保险公司的投保费小于一般同样保险的投保费。当风险事故发生时，首先以相互承保人之间形成的资金池对风险进性覆盖，当资金池可以覆盖风险时，保险公司不介入。当风险超过了资金池的范围，保险公司介入。在约定的时间覆盖风险后，资金池剩余的资金返还给社交圈承保人（相互承保的情况下也包括投保人）。

在国内，互助保险也已经有了类似的实践。2014年2月底，一股"求关爱"的风潮在微信朋友圈迅速被刷频，不少拥有该保障的人士发出了"求关爱"的呼声。其实，这是泰康人寿开发的一款保障型保险产品"微互助"：为朋友支付1元，对方就可获得1000元的防癌保障。泰康人寿首开先河之后，利用移动平台微信端的保险产品相继出现，又以阳光保险的"爱升级"较为典型，这实际上是一款少儿重疾保险产品。这两款产品的推出迅速在微信圈形成一股互助热。类似于这种产品，从在朋友圈发展伊始，其保费低廉依靠的就是朋友之间的信用背书，使得无论是保险公司还是投保人都得以实现效用最大化。

第六章

互联网金融观点精选

保险公司的数字化战略
——从全球保险行业发展趋势看中国保险公司的未来

安永（中国）企业咨询有限公司

一、数字化趋势下的中国特殊性

数字化技术的传播已经大幅降低了全球市场的进入壁垒。以亚洲保险市场为例，东南亚的一家保险公司依托其母公司的集团资源和旗下的低成本航空公司来大力发展在线保险业务，通过网络机票预订渠道可以向航空客户提供品种多样的航空意外险和旅游保险服务。在该数字化战略的帮助下，其保险业务已经覆盖了大部分亚洲国家和地区，并致力于在2015年成为亚太地区最大的数字化保险供应商。放眼世界，各地的保险公司都跃跃欲试，意图通过数字化战略扩大其在全球的市场份额。数字化技术的兴起对于中国的保险公司来说也是一个黄金机遇，可以使其在该领域迅速追赶甚至超越西方发达国家的保险公司。安永2014年全球保险市场调研显示，同世界其他国家和地区相比，中国保险行业的数字化进程与之有相似之处，但更多的是有其自身特色。

第一，数字化战略方向仍处于探索阶段。相对于欧美等发达国家和地区市场对数字化战略目标的清晰理解和认识，在中国，保险公司和市场对数字化战略的定位尚不十分明确。其中一个原因是中国保险市场基本被前几大保险集团垄断，中小保险公司和外资保险公司在中国保险市场所占份额较小，难以形成对垄断集团的竞争压力。因此关于数字化的尝试或停留在运营层面对新技术的使用，或仍在部门层面处于成立创新中心的试验阶段，而未真正上升到公司层面的整体战略规划当中。同时，虽然中国互联网行业发展迅猛，但是保险强监管的行业特性，导致保险公司牌照难以申请，从而也在某

注：本文是作者为中国保险行业协会独家撰写的。

种程度上抑制了全数字化创新模式的中小保险公司的出现。

第二,数字化渠道整合难度大。中国保险市场特别是寿险市场,对保险中介和保险代理的渠道依赖性要远远大于世界平均水平。安永之前发布的全球数字化客户调研显示,中介和代理的服务效率、质量和态度深刻地影响着客户对保险公司的评价,并且由于中介和代理对渠道信息和客户的控制,保险公司很难越过他们直接和客户进行接触。数字化渠道的发展能够帮助保险公司获取更多和客户直接接触的机会,这对于双方来说都将是一个好消息。但是在数字化渠道整合的过程中,我们也看到很多保险公司不得不反复考虑与传统中介和保险代理渠道的融合问题。

第三,监管和行业环境备受关注。全球普遍认为,实施数字化战略保险公司义不容辞,保险公司需要对遗留技术、实施步骤和文化阻碍全权负责。然而在中国,保险客户的利益始终被监管机构和行业协会放在很重要的位置,因此保险行业整体处于较强的监管之下,这也与中国政府对市场的强管控思路与能力相关。但通过近几年的互联网保险实践,我们也感受到监管部门对新鲜事物的开放思维和心态。随着保险"新国十条"等一系列支持保险业发展和创新的制度不断落地,可以预计监管当局将逐渐加大对于保险公司数字化建设的支持力度。同时,以中国保险行业协会为代表的行业组织一直给予互联网保险很大的关注和支持,这也有助于敦促保险公司切实将数字化战略提上公司层面的重要议程,并带领整个行业通过数字化战略建设更加规范的行业制度与市场环境。

第四,中国将有机会在未来引领互联网金融创新。尽管数字化战略仍处于起步阶段,但发展互联网金融,中国却拥有独一无二的坚实的市场基础。如果单纯看技术和业务创新领域,国外的互联网金融行业并未领先,特别是在中国已经蓬勃发展的移动金融,在美国甚至还处于非常初级的阶段。中国互联网金融市场提供了种类丰富的创新产品,比如理财性质的微信理财通、支付宝余额宝,众筹性质的娱乐宝、平安好房海外房地产众筹,P2P小额信贷性质的陆金所、人人贷等,这些产品的创新种类之多是国外市场不可比拟的。而且中国互联网金融服务的主要客户群体为年轻人,他们很多人已有不错的收入,且有储蓄和理财的习惯,这类人群更容易接受移动金融。中国的互联网用户，具有相当高的比例是通过手机客户端来直接体验互联网金融的便捷服务，而这些互联网金融领域的各类创新都为保险的数字化发展奠定了很好的基础。我们近期也注意到现在很多欧美的保险公司并不会于本地投入大量精力去从事互联网保险创新，而是选择在中国这样的新兴市场进行研发和论证。这意味着未来的互联网保险创新将有更大的机会源自中国，进而将中国的成功经验推广至世界。

二、数字化背景下的客户行为变化与应对

保险公司制订数字化战略，首先需要了解其所面对的客户。互联网时代客户的行为已经发生了巨大的变化，这些变化也体现在客户对保险公司不断改变的要求之中。

客户愿意尝试新的数字化接触渠道，但这样的渠道的选择最好控制在3~4个。对于保险客户来说，与保险公司或代理人面对面的沟通不再是满足需求的唯一选择。电话、微信、视频和其他一些即将出现的新兴电子化接触方式将可能最终在一些环节完全取代传统的面对面接触。不过安永全球保险客户调研报告也指出，渠道宜简不宜多，为客户提供过多的选择不仅会给客户带来疑惑与不便，而且会对客户体验产生负面影响。保险公司数字化战略需要充分考虑不同客户对体验的偏好、产品的特性和服务的类型来制定渠道选择与整合策略，并据此细化具体的实施方案。

便捷性和功能性不再仅仅是客户对数字化新渠道的预期，他们还需要通过尝试并使用新渠道获得奖励与回馈。持续地对传统渠道的依赖性以及数字化渠道营销推广度不足，都将阻碍保险公司业务数字化的进程。对于习惯了免费（甚至是能获得小额利益）使用的中国互联网用户，保险公司必须在数字化的新渠道推广上引入互联网思维，为客户提供恰当的激励。保险公司可以在数字化推广上先做试点，在试错中不断完善方案。同时，保险公司需要确保整合的渠道能够满足客户方便获取信息的要求，并确保信息的一致性，只有这样才能培养这些新渠道尝试者的自助服务意识和习惯。

"被遗忘的客户"的需求亟须得到满足。保险行业（特别是寿险行业）客户的大部分信息被中介和代理人所把控，保险公司往往无法直接联系到客

户。但对于客户来说，无论是通过保险公司直销还是通过中间渠道购买，他们头脑中保险责任的最终负责人始终是保险公司。对于注重管理且企业社会责任记录良好的中间渠道商，客户的需求能够得到有效满足，利益能够得到完整保障。但如果是由于管理疏忽，或者是遇到较大的社会、自然风险（比如美国卡特里娜飓风类似的巨灾），很多通过中间渠道购买保险产品的客户就成为了"被遗忘的客户"。一方面，中间商失去了继续服务他们的能力；另一方面，由于保险公司不掌握客户信息，也无法联系到他们。今后，这些客户的需求可以通过保险公司的数字化战略得到重视与进一步满足。具体来说，保险公司需要通过数字化技术增强与客户和中间商的互动。对于客户，保险公司应尽可能通过多渠道收集其信息，同时也为客户提供其需要的信息，并进行最大限度的互动；对于中间商，保险公司需要明确厘清权责，并通过多方信息渠道（如社交网络信息）了解其运营状况，评价其绩效并管理其风险，以使得潜在的被中间商"遗忘"的客户时刻处于保险公司的保障之中。

对于保险公司而言，渠道中介和保险代理商也同样是其客户。中介和代理商对保险公司数字化战略的理解与支持程度是决定保险公司数字化战略成败的关键因素。围绕销售渠道和服务交付渠道的客户接触点是展现保险公司品牌价值的最佳时机，而中介和代理商对渠道和服务交付接触点的把控占比近半，这要求保险公司在制订数字化战略时需要充分考虑他们的感受，让数字化渠道和服务为中介和代理商自身也提供便捷与良好的体验。同时，在互联网的浪潮中，中介和代理商也在制订自己的数字化战略，并且面临和保险公司一样的复杂环境。如果保险公司能够和他们达成一致，统一思路，合作推动，将会大大提升数字化战略的整体实施效果。

三、传统保险价值链的数字化重塑

科技公司、互联网零售商和部分金融企业已经在为客户提供友好的、连续的数字化创新体验上先行一步。感受过这些便捷服务的客户对保险公司不可避免地抱有同样的期望。我们认为，数字化创新的首要原则是响应式设计，具体来说就是在正确的时间、不同的终端上为客户提供视觉大小合适、内容简明一致、服务便捷高效的体验。比如，客户能够随时随地在手机客户端上查询付款账单和保费信息，同时也可以在个人电脑上通过网页获得同样的信息、功能和体验。响应式设计的另外一个好处是帮助保险公司认识到，那些不断丰富且略显杂乱无章的网页内容也可以进行流线型简化，从而让客户更方便地获取所需。并且，数字化体验设计并不需要在一开始进行大量的基础设施投资，只要稍微倾听客户的需求，了解客户所想，并从简单的服务开始提供，也能够达到良好的效果。比如，易读的字体、简明的语言、高效的页面布局和方便的搜索功能都会提升数字化体验。围绕传统的保险价值链，保险公司内部可控环节将存在很多与服务相关的数字化机会及可行的动作建议，下面我们会侧重公司内部并结合公司外部围绕这些环节具体展开分析（见图1）。

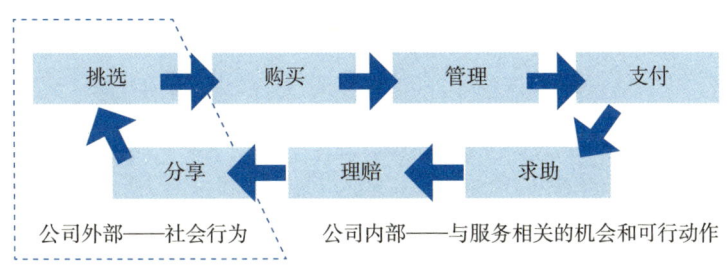

图1　保险价值链

（一）公司内部

1. 购买

电子签名：电子签名技术的使用将大大简化客户支付签名的流程。欧美发达保险市场已经开始接受电子化签名技术，而国内部分零售商也已经采用具备电子签名功能的POS机，监管也开始在电子保单这方面探索标准化要求。除了简化流程之外，由于不再需要纸质文档，纸质单据的购买、处理与存档的成本将大幅度降低。电子签名技术的另一个好处是通过捕捉电子身份标记并在数据库中存档，能够帮助反欺诈和法律调查更方便快捷地开展。

主动且简明的沟通：更加主动且简明的数字化沟通方式将大大提升客户体验。安永在研究一家保险公司时发现，当保险公司APP询问客户是否填写

"日间"和"夜间"的联系方式时，客户往往在这个环节做了较久的停留。系统最初设计时可能只是想知道客户倾向的沟通方式和更适合的沟通时间，但是客户认为这种明确且主动的询问方式传达出对客户需求的周到考虑，而且由于可以正确地判断客户合适的联系时间，提升了后续服务的客户满意度，并推动该保险公司保费增长了18%。

2. 管理

保单签发：数字化技术能够使保单文件、背书文件和披露信息文件的传递流程简化和升级。高级数字分析技术和清晰定义的业务规则能够保证目标信息准确无误地传达给目标客户，规则引擎技术和数据储存技术也能够保证客户获得的全部是更新的最新版信息。

持续的业务处理与沟通：保险公司不能寄希望于用一系列不相关联的新科技手段和业务流程为客户提供片段式的沟通。相反，其需要打造一个包括客户文档资料、客户通信往来、客户声明文件和账单的全方位客户沟通平台。该全方位沟通平台使客户获得的体验是持续的、高效的与合规的；同时，这些通过新技术整合的平台概念对公司内部同样适用，比如核心业务处理的系统集成、审计工作流程再造和业务分析洞察等。

交叉销售：数字分析技术能够为交叉销售带来新机会。比如，当客户在已有保单中增加一辆新车承保时，系统可以帮助销售代表获取并分析客户在企业内部和社交网络上的所有信息，并且预测该客户是否拥有一栋房子，这样就可以有针对性地为客户推荐适合的住房保险以及享受的相应折扣。同样，通过数字化分析技术，可以了解到年金产品持有客户更可能购买长期健康保险。这样一种围绕客户生活全景的数据视角能帮助保险公司与客户进行更多的针对客户定制化的互动，从而提升客户满意度与留存率。

可穿戴设备技术的兴起：近来保险市场上出现一种趋势，即将可穿戴设备技术用于承保领域。传统的承保定价方式依赖于对客户历史信息与理赔记录的评价等，而可穿戴设备技术能够帮助保险公司更多地利用实时数据。例如，行车记录仪等车载设备能够为财产险公司提供有关客户驾驶习惯的有效信息，从而帮助保险公司为客户定制更合适的产品和价格。在寿险领域，可穿戴设备如心率记录仪、智能手表、运动手环等，都能够为寿险企业提供与客户生活习惯息息相关的数据。这些信息能够帮助保险公司进行更科学的风险定价，并有助于保险公司利用其专业积累为客户培养良好的生活习惯提供建议。例如，某大型人寿保险集团已经在亚洲推出了名为 Vitality 的项目，项目参与者可以通过培养良好的生活习惯获得积分从而抵扣部分保费。与此同时，可穿戴设备也创造了更多的客户接触点，从而增加了高效和客户沟通，并使后者体验提升的机会。

3. 支付

账单和支付：中国的支付市场，特别是第三方支付方式的发展程度以及客户接受程度均处于世界领先地位。保险行业因其金融行业特殊性，也需要在保证客户账户安全的情况下，尽量为客户提供便捷的支付方式。现在新的数字化技术能够帮助保险公司实现这一点。保险公司必须充分利用它们，以满足客户已经养成的便捷支付习惯。例如，新兴技术已经能够支持客户将信用卡拍照上传给保险公司，保险公司通过光学文字识别技术自动识别并记录客户账户信息，从而避免了客户因为在手机屏幕上输入一长串数字和字母的烦恼。

4. 求助

自助服务：设计精良的自助服务功能可成功将客户从高成本的电话求助和当面预约渠道转换到低成本的自助服务渠道。这里值得注意的是，保险公司需要通过数字化技术时刻跟踪客户在自助服务渠道的进度，并在客户自助服务遇到障碍时及时介入，解答客户问题，并完成客户需要的服务。同时，还应通过分析自助服务渠道信息（如投诉最多的环节、客户停留时间最长的环节、客户跳转率最高的环节），动态识别体验提升点，从而使自身保证持续的不断完善的服务能力。

5. 获取保险金

理赔：卓越的理赔服务要求理赔除了注重流程的简便，更要注重客户体验。数字化技术确实重塑了理赔流程，提高了处理效率与理赔人员的专业程度。但更重要的是，数字化技术能够帮助保险公司理赔从专业的技能提供者转变为良好体验的提供者。特别是寿险理赔一直是一个十分敏感的话题，客户往往沉浸在悲痛中，难以平静地向保险公司提交报案，而受益人更加徘徊于默哀和理赔的尴尬之间。通过数字化理赔方式，家庭成员可以在悲痛的同时接触保险公司，通过网上报案即可；受益人也可以随时随地通过保险公司提供的数字化渠道获取理赔信息，而不必再为了理赔和默哀而纠结不已。

（二）公司外部

尽管客户对保险公司、保险产品的挑选与评价分享属于公司外部环节，但是并不意味着保险公司不能有所作为。实施数字化战略的一个有力工具就是对社交网络的应用。社交网络被用于品牌营销、公关管理甚至是销售渠道已经不能再算作创新，海外甚至产生了基于社交网络的新型保险模式，这也为国内尚将社交网络仅仅视为工具的网络保险公司提供了启示。德国的一家保险公司以"让保险回归社会"为口号，创立了依托于社交媒体的网络P2P保险公司。该公司通过社交媒体将朋友圈聚集在一起，为它们提供共同购买财产保险产品的机会。每人只需要投入一小笔钱建立交通事故保费基金，其余由保险公司支付。之后一小部分现金将被留用作小额赔付，并且如果在年末资金池没有用于赔款之时，这些资金还将会在朋友圈中平均分配。在这种创新的保险方式下，由于朋友之间一般不会诈骗保险金，从而大大降低了保险公司面临的欺诈风险，并为其显著减少了需要处理的小型理赔业务及虚假索赔。保单持有者通过这种方式也可以平均节省高达50%的保费（因为小额的赔案不用保险公司出面参与，支付通过网络就能够完成）；同时，由于社交网络带来的病毒式传播效应，保险公司也能够降低市场营销、运营和客户获取的高昂成本。

目前国内互联网保险的创新模式还比较集中于以第三方中介机构为主的保险销售和推介平台，一些有代表性的互联网网站和手机App也因为其不断进行业务创新，深受消费者欢迎。例如某电子商务平台依托其国内颇具影响力的财经门户资源，以互联网为媒介，通过集合最优秀的保险营销员，设计业内领先的保险产品测评体系，建设安全交易保障机制，打造了一个兼具C2C与B2C属性的交易平台，为消费者提供寻找最专业的保险营销员，购买最合适的保险产品，完成最安全的保险交易等一站式服务。而近期一个创新的手机APP更是基于"保险试用装营销"的商业模式，初期上线四周便完成交易流程用户约40万人。因为几乎所有产品都是采取"前期免费服务+后期升级保险销售"的设计形式，其在产品创新、及时高效和用户体验上均比传统保险公司有很大提升。对于未来的预期，该App也希望自己不仅仅是一个保险设计平台，而是以保险为核心，以移动互联网为载体，融入到各行各业和大家生活实处，从而形成一个庞大的生态体系，让各种合作渠道以及所有个人用户的生活因保险变得更好。相信今后随着各种业务创新的不断增加，保险对我们每个人生活的影响力将与日俱增，保险意识也会进一步深入人心。

四、提升售后服务能力，为数字化战略护航

保险公司希望提供端到端的数字化体验，还特别需要重视售后服务。为了保证客户满意度与留存度的提升，保险公司需要在制订数字化战略时充分考虑到客户对售后服务的需求，这也要求客户服务职能与客户获取职能的高度统一。由便捷的数字化渠道和简明的产品信息所吸引而来的客户，若在售后未能得到良好的服务，反而会造成客户反弹与流失，毕竟数字化渠道下客户转换保险公司的成本非常低廉——只要卸载原来的APP并下载一个新公司即可。打造端到端的用户体验要求保险公司扩大对客户全方位信息的获取与分析，识别客户全路径接触点，并充分考虑在每个接触点可能产生的多样化需求。与此同时，在识别出接触点和需求的基础上，保险公司需要保证客户从所有渠道所获得的体验和服务的质量是一致的，渠道之间感受的强烈差异通常也是造成客户流失的一个重要原因。毕竟今天我们所谈的数字化已经不再是某一渠道事业部/部门的战略，而是关乎整个保险公司全局的未来发展方向之一。

总而言之，数字化革命已经促成了各行各业的很多重大变革。当前数字化转型的机遇已势不可当地来到了保险行业面前，数字化也将成为保险公司进行快速转型的催化剂。在数字化的世界里，停滞不前或者被动跟进就意味着远远落后。未来的保险业佼佼者们将具有更强的数字化服务能力，以及崭新的技能、精练的度量方法、升级的工具和重新定位的企业文化。为了在将来实现上述目标，中国的保险公司必须在今天快速行动起来，抓住互联网浪

潮的机遇，充分利用数字化技术，紧紧围绕客户需求，制订并落实端到端的企业级数字化战略，才能在不断变化的市场中打造自身优势，从竞争激烈的互联网时代脱颖而出。

安永一直致力于建设更美好的商业世界，希望通过自身的行动和中国的保险公司一起努力打造保险数字化的崭新时代，共同建设更美好的数字未来。

浅谈互联网保险与第三方平台的合作与发展

蚂蚁金服集团保险事业部　王　蕊

互联网保险，这个名词随互联网金融一起在近几年突然热得发胀，仿佛一夜之间无互联网不成战略。所有在激烈竞争中厮打的保险公司像发现新大陆一样争先涌入这一"蓝海"，开拓互联网"渠道"。注意这里我们用了"渠道"一词，这是大多数保险公司常用的定位，那么我们就从此谈起。

一、如何看待互联网保险

保险公司的网销渠道包括官网和第三方平台。2013年行业网销统计数据显示，财产险公司网销保费中96%为车险，绝大部分通过其官网销售，由于车险是刚需型保险产品，消费者多从习惯与品牌喜好入手，直接搜索保险公司、比对产品价格后即行购买；寿险公司则完全不同，其网销保费90%为理财型产品，由于这类产品后续服务少，第三方平台更有利于消费者进行收益比较，所以目前寿险公司的网销主要依赖于第三方平台。无论是财产险公司还是寿险公司，网销保费的险种结构都比较单一，线上保险产品的实际售卖品类非常有限，除了车险与理财型保险这两款成熟的标准产品外，大多是同质化严重的意外险产品。那么，是消费者真的没有其他保障需求，还是互联网只适合销售这样的产品，抑或是我们提供给网络消费者的产品太有限？

大多数保险公司视互联网为销售渠道之一，把代理人、银行等渠道的相同或类似产品放到互联网上进行售卖，也有公司由于内部架构中电销、网销属于同一部门，有时也会直接把电销的产品放到网上售卖，这样做当然内部管理成本最低，无须做特别的产品开发和系统改造，仅需在业务系统内区分好渠道能够统计即可。然而网络销售与传统销售截然不同，代理人渠道因为

注：本文是作者为中国保险行业协会独家撰写。

销售人员可以直接和客户面对面进行交流，可以按照客户的反应第一时间对产品进行讲解，并对计划和价格及时进行调整，以确保当次销售可以继续进行；电销场景下，坐席人员也可以在对话过程中感受客户情绪的变化而根据客户反应适当调整销售策略，以引导达成销售，但在网络销售中这一切都无法复用，能够与客户进行人工交互的情景少之又少，客户在第一个页面接触产品时遇到看不懂或对产品不满意的情况，很可能会直接关闭页面，不给任何二次引导的机会，销售过程瞬间终结。也有些保险公司虽然提供有吸引力的产品与价格，但其目的也许仅仅是廉价获客，消费者在投保过程中需填写大量的个人信息与调查问卷，导致转化率仍不理想，这需要去认真审视用户体验的愉快性问题，因为大多数消费者会因购买流程过于复杂而直接关闭页面放弃当次购买。

互联网市场是一个高速变化的市场，具备自由、开放、平等等特性。现在网络消费群体主要为24～35岁人群，"80后"、"90后"消费者对于代理人的购买依赖已经越来越低，他们不愿意求人、更不愿意被打扰，互联网可以让他们不再必须在约定的时间、地点和陌生人（代理人）进行面对面的交谈，而是可以随时随地浏览各种心仪的保险产品，按照自己的方式、习惯与时间在独立的空间中去进行选择与购买，那些能够让他们看得懂、性价比高、差异化且购买体验"轻松愉快"的保险产品才会受到青睐，这些也都是促成购买的关键因素。研究这个群体并顺应他们的需求需要专业团队通过大量的市场及行为数据分析和用户调研来支持，而这恰恰是第三方平台的优势所在。

二、第三方平台与保险业的合作现状

目前第三方平台与保险公司的合作大多还集中在售卖阶段。第三方平台主要分为两大类：专业保险售卖平台和综合电商平台。

专业保险售卖平台往往配备专业的保险团队，通过对用户需求及市场上同类保险产品进行研究比对，及时根据市场供应及客户需求调整平台产品，保险公司只需配合提供相应的产品即可。这类平台拥有自己的客户群体，且部分群体的保险需求明确，成交转化率高，但由于流量有限，保费规模变化通常也会比较平稳。

综合电商平台则完全不同，这类平台拥有庞大的用户及流量资源，可支持大量简单化、碎片化、场景化的保险产品销售，对合作保险公司的产品创新能力、响应能力与响应速度会有较高的要求，其大数据能力也会在一定程度上对保险公司的风险控制与产品创新提供有力支持。你可能无法想象单一险种单日成交突破1亿笔；消费者在网上可以支付几十万元为孩子购买长期寿险；大促销期间大批用户在线等待抢购定期寿险；每日成百上千位客户通过手机购买养老保险等，这些现象在不断提示着我们网络群体的需求与特殊性，需要保险行业的精算、承保和理赔部门用全新的眼光来看待这块市场并提供差异化的产品、定价和服务。

近些年来，有一批中小型保险公司在互联网上悄然崛起，在中国新一代消费主力群体"80后"、"90后"的消费者心目中，对于这些保险品牌的认知度之高绝不亚于传统老牌公司，它们把互联网保险从一个口号变成了现实，将实惠与便利交给了消费者，让我们看到用户在互联网上对保险产品的渴求与接受程度远不止为数不多的那几款产品，这取决于险企有多大的意愿和能力去了解你想要获得的用户和市场。

三、第三方平台与保险业的深入合作

保险公司基于对传统销售渠道的保护和传统的风险管理经验，在与第三方平台合作的过程中呈现出相对保守的态度，而互联网金融平台讲求普惠与用户体验，这常会使双方的合作陷入僵局，在原地徘徊而进展缓慢，双方需要相互信任，秉着开放的心态才可以通过互联网服务服务好更多的客户。

互联网金融平台拥有海量数据。每天上亿名用户几十亿次访问产生大量的用户行为数据，通过这些行为数据可以挖掘出包括消费习惯、社会关系、经济能力、品牌偏好、个人信用等多维度深层次的信息，这些信息在提示用户的骗保概率、出险概率以及甄别用户骗赔方面起着关键作用，就目前来看双方的合作可以涉及以下几个方面。

1. 数据合作——精算定价与风险控制

与传统渠道一样，网销过程中，保险风险的控制主要分为核保、定价及核赔三个核心环节。

在核保环节，保险公司担忧网络那一端的客户的风险识别问题，对于用户的风险预判、风险保额累计等难以通过传统核保手段完成，虽然大型公司早已建有黑名单体系，但覆盖面有限，所以只能通过限制保险金额、限制客户年龄、保留复杂问卷、提高保费等方法来控制风险。这一点对于大型第三方平台来说则容易得多，具备风控能力的大型第三方平台通常遵循重核保、轻核赔的原则，尽量在早期识别出高危用户并挡在大门之外，以最大程度降低骗保风险。平台可以在用户登录初期实时判断其在该平台上各公司人身险的累计风险保额，若累计风险保额超过自动接收限额即转人工核保，协助保险公司完成高保额风险控制；平台还可以基于用户特征属性及历史信息来判断用户是否适合当前保险产品的保障内容，这主要依赖一系列的逻辑规则及预测模型来判断一个用户是否存在骗保的可能（定性）及骗保概率的大小（定量）。这些规则及模型是根据过往大量历史用户的出险理赔数据训练得到的，其中最关键的是骗保概率模型（Probability Fraud，PF）。该模型以用户多维度的特征为变量，通过逻辑回归方法给出每个用户的骗保概率值；骗保概率高的用户会被直接拒保。

对于某些用于具体场景的产品，该模型还可以提供基于风险的定价，即对于通过核保的用户，以用户本身的PF值为基础，考虑具体的保险产品特点、购买场景及用户的历史出险率，建立差异化的保险定价公式。此外，风控体系依赖强大的海量数据处理及实时计算平台，针对巨大的网络流量提供高性能的在线数据服务，使得亿万名用户在购买保险产品时，其背后经历着繁杂的核保模型计算、定价计算及核赔模型计算，但用户对此毫无感知，他们看到的仅仅是一款适合他们的保险产品而已。

在核赔环节，最主要考虑的防范保险欺诈，针对用户的保单及理赔信息，结合用户在购买保险前后的特征变化等信息，建立欺诈风险模型，预测欺诈概率。对于欺诈概率在一定阈值之下的用户予以直接赔付，极速到账；而对于阈值之上的用户则转入人工理赔服务甚至直接拒赔。通常大部分高危用户已在核保阶段被筛出，因此绝大部分用户可以获得快速的理赔体验。现在有些保险公司已经在尝试与第三方平台共同进行数据挖掘与研究，双方提取数据样本在数据实验室中进行反复校验与比对，根据平台用户各种特征结

第六章 ◆ 互联网金融观点精选

合历史赔付数据共同开发线上风控模型，因人定价、因场景及产品定价，在风险可控的前提下实现创新。

2. 产品合作

互联网正在全面向移动互联时代变革，人们更加关注"随时随地"的概念，互联网已经与人们的现实生活的各个场景紧密相连。保险产品也可以通过移动终端辐射到日常生活的各种场景中，一改保险不到缴费用户就没有感知的过去，让用户可以随手即买、随手即查、随手即可申请理赔。互联网保险产品必然要向移动互联的场景化销售进行转型，不再是你想卖什么就卖什么，而是在什么样的场景下用户需要什么你就卖什么；不再是成交后服务结束，而是成交后服务才刚刚开始，保险=服务=O2O。第三方平台有大量的销售场景可以供保险产品推送销售，产品设计上由于移动端的特殊性及用户的阅读习惯致使产品本身及售卖形式有别于线下传统销售模式与PC端。在移动端的售卖过程中，用户将复杂的产品看完的耐心极其有限，保险公司通常只有一个手机屏幕大小的页面将产品展示给用户，同时需要将条款、保险责任、责任免除这些重要内容完整的呈现给用户，保证充分地尽到告知义务。因此，保险公司需要把复杂的保险产品尽量简单化、碎片化，让用户能够轻松地了解想要购买的保险产品。从目前移动端售卖的情况看，除旅行险外，其他险种如意外险、健康险、财产险等产品均存在简单产品售卖情况好于复杂产品的情形，单一责任产品转化率明显优于综合责任产品。也就是说，我们在产品设计阶段就要认真剖析用户需求，尽量避免出现"被用户"的尴尬。大型第三方平台经历了多年的PC端互联网发展，近两年全面向移动端的转移，在用研数据能力方面较保险公司具有一定的优势，对于用户的消费习惯、行为特征及用户分层均有较深的分析判断能力，如果在产品设计阶段就能够与第三方平台进行充分沟通、深度合作，必然能够为保险产品的售卖增加成功率与精准度。

3. 系统合作——全闭环在线体验

系统性能与稳定性：大型第三方平台的系统性能可以支持快速响应与大量并发，如2014年"双11"当天，淘宝保险平台针对运费险一个险种共实施了18亿次的保费计算与保险推荐。保险产品对于用户来说并不像苹果粉丝追i-watch一样那么疯狂，所以即使是车险这类复杂产品在PC端的报价响应也需要在7秒内完成，如果是在移动端就更短为3～5秒，试想一下，一个用户拿着手机等待一个保险产品页面跳转的耐心能有几秒？系统能力是开展互联网业务的基础，保险公司可以通过更多标准化预核保的产品减少系统交互次数，或者是将系统上云。

系统功能：目前的保险网销还主要集中在销售端，也就是说大部分保险公司的网销系统仅仅开设了承保模块，销售结束后所有的后续服务仍由线下人工的传统方式进行跟进，这与本文开篇提及的保险公司多把互联网看做"销售渠道"之一相吻合，但这却与互联网用户的消费购买习惯相背离。互联网用户已经非常习惯于一站式的网络服务体验，即购买、查询、售后服务可以在同一个地方实现。这其实与线下代理渠道有些类似之处，客户在一个代理人那里购买了保单后如遇到退保、加保、续保、保单变更、理赔及查询等问题都会第一时间联系该代理人进行协助处理。从成本的角度来看，全闭环在线处理的运营成本也要远低于线下的传统模式。但目前的互联网保险市场，不论是保险公司还是第三方平台，大部分仍没有实现全闭环的在线操作，而查询、理赔、保全模块的在线开放对客户体验来讲是非常重要的。这里所指的开放并不是将保险公司的核心业务系统对第三方平台开放，而仅是申请入口与查询入口的开放和基础数据的传输功能。如果网络保险可以实现全闭环在线的各项功能，在大幅降低保险公司的理赔与保全成本的同时，也可以给用户提供更质优价廉的产品，但这尚需第三方平台与保险业共同努力去推进。

网络正在持续地改变人们的生活。生活方式的转变，意味着生产方式也将发生巨大的变化，互联网与传统行业的融合必将日趋加剧。对于保险业而言，互联网渠道的创新带来的低成本，可以将保险产品快速推向海量客户；互联网的大数据与云计算功能，可以帮助保险切入到人们的微观生活与行为习惯中去，为保险产品的完善与创新提供更广阔的空间。第三方平台与保险企业深入的合作才能够真正打开互联网的保险之门，以互联网的技术和手段加速保险业的发展和变革，利用互联网的大数据完备保险公司的风控能力，降低经营成本，为老百姓把保险产品做实、做透，通过互联网对新一代年轻人的保险意识进行深入的影响与培养。

保险O2O发展路径分析
——以和讯放心保为例

和讯保险中心　茹珊珊

随着费率市场化和保险资金运用改革等关键行业壁垒逐步松动，保险业迎来持续快速增长。互联网基因的融入给风口上的保险业插上翅膀。不论是保险公司还是BAT、京东等互联网巨头均先后杀入互联网和保险融合的试验场。

本文将以和讯的互联网保险经营模式为例，剖析当前保险O2O模式典型发展路径。和讯早于2002年便在财经网站中率先成立保险频道，为保险行业和消费者提供优质的资讯和数据服务。2013年，和讯将保险频道升级为保险中心并推出互联网保险服务平台——"放心保"，在继续提供媒体服务的同时，积极发挥自身禀赋探索互联网与保险经营相结合的发展路径。和讯的禀赋在于互联网技术实力和多年来积累的媒体公信力与经验，其互联网保险发展也是由自身优势入手，将通过互联网工具和媒体服务促进营销员这一传统保险线下渠道的转型与升级作为互联网保险的切入点。经历近一年的努力与完善，和讯确立了一条有别于市场上主流模式的互联网保险发展路径：首先以保险营销员为服务对象，打造针对这一群体的展业工具与服务，再进一步辐射消费者群体，完成从线上到线下的保险O2O[①]服务。

注：本文是作者为中国保险行业协会独家撰写。

① O2O即Online To Offline（线上到线下），是指将线下的商务机会与互联网结合，让互联网成为线下交易的前台，这个概念最早来源于美国。O2O的概念非常广泛，既可涉及线上，又可涉及线下，可以通称为O2O。

一、国内互联网保险市场分析

（一）保险B2C

和其他网购类似，保险B2C通过将保险产品的介绍、选择、购买支付等环节放在网上，丰富了消费者的选择空间，令消费者通过PC和手机端就能完成保险产品的购买行为。自2012年起，保险公司陆续在淘宝建立门店；自2014年起，京东也开始进军保险网上直销。互联网渠道保险规模保费从2011年的32亿元增长至2014年的858.9亿元，发展迅猛，同时也显现出以下四个特征。

1. 车险一支独大

目前看来，条款简单，标准化和刚性需求的车险更适合保险网上销售的要求，也因此导致价格和流量因素在比拼中地位凸显。2014年，以车险为主的财产险通过保险公司官网实现的互联网业务保费占互联网财产保险总保费比重的九成以上，通过第三方平台实现的保费仅占5%。

2. 人身险单件保费偏低

2013年全年，互联网销售人身险件均保费128元，2014年上半年，互联网销售人身险件均保费145元，短期小额险种占比很大。

3. 重理财轻保障

截至目前，网上热销的人身保险产品均以高收益理财型保险为主，保障型保险的网销业绩长期处于低迷状态。理财型保险的网销热度也未能持久。2014年，理财型保险的B2C遭遇其他高收益投资品种强力狙击，业绩增长乏力。

4. 场景营销异军突起

保险网销中有一支力量日益壮大，也是目前最具生命力的网销保险模式，通过捆绑互联网应用场景搭售相关保险模式。例如，携程网和去哪儿网捆绑销售航意险，阿里巴巴与华泰合作退货运费险，阿里巴巴和泰康合作乐业保。在这一模式中，场景拥有者具有很强的话语权，甚至可以主导保险产品设计。

保险 B2C 难点分析

B2C 高度依赖自发自主简易的购买行为，目前看来，除车险外，人身险的 B2C 要取得更多市场份额，还需要更为成熟的市场环境和产品配合。因为以下情况对人身保险产品 B2C 形成制约：

一是作为家庭大额开支，相比住宅、汽车而言，人身保险在目前国内社会认知中不属于刚需范畴，国民意识有待提升。

二是保险产品有最复杂金融产品之称，尤其是保障型保险，消费者认知门槛高，对比选择困难，产品投保过程复杂，难以标准化。

三是保险不属于快消品，尤其是保障类保险产品的购买频度很低，很多人相隔数年才可能购买一次，网上购买难以形成习惯和忠诚度。

四是因为"二"和"三"的存在，也导致消费者学习保险知识的意愿很低，更倾向于通过专业顾问购买。

（二）保险 O2O

保险尤其是寿险产品其复杂性与专业性与互联网市场存在一定的矛盾，把保障型产品直接搬上互联网并不容易。因此，一些互联网保险的参与者着眼于通过为营销员提供互联网推广。从市场上现有的保险 O2O 看，多数是效仿餐饮和家政行业帮助营销员建立个人门店，意图帮助其与更多客户在线上取得联系，而后转入线下跟进成交。这就是目前国内保险 O2O 的主要运作方式。目前，业内几家代表性网站不同程度地遭遇了消费者用户数量危机。

保险 O2O 难点分析

一是由于长期保险业粗放式发展，国内营销员群体良莠不齐，社会形象欠佳，导致消费者存在信任难。线下面对面的沟通和亲朋好友的转介绍尚且令许多消费者在购买保险时心存疑虑，通过在互联网这个虚拟世界里的营销员个人展示就想要赢得陌生消费者的信任自然更是难上加难。

二是与 B2C 类同，O2O 的效果同样对用户流量依赖较大，也因此会面临导流成本居高不下的状况，如果没有持续的推广投入，营销员线上获客难有保障。但是，大多数保险产品并非快消品，消费者重复购买率很低，对平台忠诚度也因此比较低，维持线上客流数量稳定所需的导流成本都会越来越高,遑论客流增长。持续增长的推广投入将会令平台难以为继。

(三)保险C2B

传统的保险产品是由保险公司的产品部门通过市场调研,根据经验判断"客户可能需要什么样的保险"来设计和开发,再通过不同渠道向客户推荐,客户只能在现有的产品中选择,并且在产品组合、保险责任、保险期间、交费频率和期限上,都受到严格限制。部分保险公司正在尝试将这一过程逆转,即客户根据需要在网上定制属于自己的保险产品。由于这一模式对于保险机构而言,保险产品的开发能力和有效需求的采集能力均有很高的要求,因此目前仍处于试点阶段,尚未形成规模。

(四)保险B2B

目前市场上的保险B2B服务和B2C在模式上有较多相似之处,区别在于终端目标是机构客户而非个人客户。然而,由于机构客户的保险服务一般需求较为复杂,服务要求更高,因此保险B2B服务通常需要线下环节补位,或者针对机构客户的单一需求着力,形成批量服务能力。

二、和讯互联网保险的路径选择

通过对互联网保险市场各种模式的观察分析,和讯互联网保险团队认为,保险C2B和保险B2B两种模式目前市场空间和成熟度均不足,还处于较为小众的位置。

在保险B2C领域,电商巨头阿里巴巴、京东等均已进军保险产品网上直销,依靠自身流量优势占据保险B2C高地。后来者如果没有独到的产品优势,势必陷入与先发对手的低附加值比拼。此外,由于保险购买频度较低,消费者忠诚度和使用习惯难以形成,保险B2C的导流成本会持续上升,这些都将导致保险B2C快速陷入红海竞争。

在和讯互联网保险团队看来,更为重要的原因是,保险作为最复杂金融产品之一,其专业门槛高、购买频度低、大额等特性决定线下的顾问式销售在一定时期内具有不可替代性。基于这一认识,和讯选择O2O作为互联网保险的战略切入点。

针对目前市场上的保险O2O主要存在的信任难、导流难等瓶颈，和讯保险O2O采取不同于传统意义上的O2O模式。和讯通过互联网保险平台——"放心保"先着力于为保险营销员群体提供服务，包括提升展业效率和专业技能；改善个人品牌形象，扩大传播范围；提供线上线下培训学习机会；打造同业交流圈子。通过服务，和讯"放心保"吸引到越来越多的保险营销员成为会员，形成保险O2O的储备资源。在会员群体基础上，和讯"放心保"将通过会员数据的采集和积累建设保险营销员信用评级体系，筛选出其中的优秀群体，以和讯的公信力为其背书增信，打破信任难瓶颈，吸引更多消费者放心在网上咨询和选购保险。

（一）优势分析

第一，作为耕耘18年的财经门户，其媒体公信力和社会影响力均是重要的无形资产。

第二，与监管机构及各家保险公司均建立了良好的长期合作关系。

第三，拥有强大的互联网技术实力和信息传播经验。

第四，拥有广泛的媒体和财经专业领域资源。

以上这些都是和讯开展保险创新业务必须依托的重要基础。

（二）营销员团队特点分析

300万名保险营销员群体正是与和讯禀赋最契合的群体，尤其是其中的优秀营销员。营销员团队有如下特点。

第一，在行业里地位非常重要，但孤军作战鲜有支持。

第二，为大众普及保障，但缺乏社会认可。

第三，和自己的客户黏性超强，但内心却最为孤独。

第四，他们迫切需要各类工具提升展业和管理效率，需要信用背书与品牌塑造获得社会认同，需要志同道合的圈子共享资源交流提升。

之所以选择O2O模式，是因为和讯的禀赋刚好和以上营销员群体的特征相匹配：

第一，互联网技术可以开发展业工具帮助保险营销员提升展业效率。

第二，媒体能力可以帮助保险营销员更好的建设和传播个人品牌展现自身优势。

第三，公信力与社会影响力和针对这一群体建设的信用评级体系可以促进社会对保险营销员的认知与认可，为保险营销员群体增信。

第四，媒体和财经领域资源可以帮助保险营销员获得学习培训交流的机会。

三、和讯的保险O2O规划

根据对当前市场的分析并结合自身的特点，和讯确立了以品牌、增信、工具等围绕保险营销员的服务为切入点，打开和讯保险O2O之门，并制订了分步走的O2O规划，首先通过"放心保"平台的工具及服务聚拢保险营销员群体，进而将服务延伸至终端消费者，形成完整的O2O闭环。

目前，和讯"放心保"的工作重点是改进保险营销员传统的展业方式，以互联网工具、服务和圈子提升其工作效率以及品牌传播力度，同时为保险营销员提供更多交流学习机会。

四、保险O2O线上及线下互动工具

（一）移动展业工具

营销员个体的技术力量和品牌打造能力薄弱，保险公司给予他们这方面的的支持很少。第三方开发的展业工具可以切实有效的解决营销员展业和管理中遇到的问题。

目前的工具类产品主要包括微信端移动展业工具及以APP为载体的展业工具。

1. 微信端移动展业工具

微信工具作为营销员品牌推广及客户关系互动工具，建设搭载于微信之上的营销员个人门店，可以帮助营销员通过微信方便的传播个人品牌，传递客户服务，加强互动营销。

比如，和讯"放心保"平台推出的"微站"产品，致力为300万名保险营销员打造指尖上的保险工作室，建立惠及大众、功能强大、标准规范的保险业移动营销品牌。"微站"配合保险顾问金融服务的要求，可在微信上完成客户沟通、资讯发布、团队管理、产品查询等诸多的营销和管理功能。主要特色功能如下：

（1）实时算费、建议书系统。目前营销员实时计算保费，为客户出具保险建议书等日常工作都缺少自动化工具，和讯"放心保"填补这一市场空白，提供PC端和移动端的自动算费功能，可实现保险产品实时精准算费，保险营销员可随时随地计算保费。同时，和讯"放心保"还提供保险建议书系统，为营销员出具专业建议书提供方便快捷的途径。

（2）团队工作及数据管理：团站。团站专门针对高阶营销员开发，方便他们管理下属团队的日常工作情况，信息沟通发布以及内部交流互动。

团队管理功能上线后，高级用户可以申请建立团队，并邀请其他任意版本的"微站"用户加入团队，团队成员能共享团队长统一发布的活动信息、查看本团队的共享数据，未来还将在此基础上实现更多的团队品牌宣传、营销过程管理和信息沟通功能。

2. 以APP为载体的展业工具

APP因其独立、功能延展强、可搭载重应用（如用户管理）等特质将成为移动端布局的主要棋子，可与微信等轻应用产品实现串联互动。消费者未必会在手机上单独安装一个保险类的APP，但保险营销员一定会在自己的手机上给展业工具留下一个位置。

例如，目前和讯"放心保"在"微站"基础上，开发的APP产品——保险大犇。该APP除涵盖微站主要功能外，还增加了用户管理（CRM）的功能。

优秀营销员的客户数量少则数百名，多则上千名。客户信息管理和关系维护是一项非常重要而又繁重的工作。用户管理系统（CRM）将包括客户信息管理、客户沟通日程管理、销售日志的记录和审批、签到等非现场活动管理功能。营销员再也不必为海量信息头疼，自动提醒和智能归集查询功能将令营销员面对再多客户时也能从容应对。

（二）线上、线下活动

保险 O2O 还通过举办会员线上线下活动，为保险营销员提供形象宣传、学习交流的机会。

1. 消费者教育活动

2014年，和讯"放心保"与保险频道独立策划或与监管部门及行业协会合作举办了多个有影响力的行业活动，如"保险业首届万人诚信宣言"、"保险微视频全国大赛"、"保险漫画全国大赛"等，通过和讯网平台进行推广，有效传播保险理念，直接或间接提升保险营销员乃至整个保险业的社会形象与地位。

此外，和讯"放心保"与保险频道还举办了系列交流研讨活动，为保险营销员提供与行业监管部门、专家、保险公司高管和消费者面对面交流的机会。

2. 培训及认证体系

针对保险营销员素质综合化、技能专业化的趋势，和讯"放心保"借力和讯网专业财经门户的资源，正在为保险营销员打造线上+线下的培训认证体系，助力保险营销员的个人成长和信誉提升。

第六章 ◆ 互联网金融观点精选

互联网金融[①]
——神话与现实

中国社会科学院金融研究所 殷剑峰

大家好！感谢大家给我这个跟大家一起交流、探讨的机会。大家知道互联网金融现在很热，之前我也一直在关注，前段时间做了些功课，对这个所谓的互联网金融作了一些探索。

一、"互联网金融"的神话：从"电子金融"说起

（一）金融和金融系统的功能

作为一名研究人员，就某个新的现象进行讨论的时候，习惯于去收集资料，看看别人是怎么说的，特别是看看互联网技术、金融比我们发达的欧美国家，它们是怎么来看待互联网金融这样一个新生事物的。非常遗憾的是，在国外的货币当局、国际组织和国际金融机构、业界、学术界的研究文献、研究报告中，我都没有发现谁在讨论互联网金融（Internet Finance），根本就没有这个词，同样也没有 Network Finance。有一个词叫网络经济学，是互联网崛起之后研究互联网产品的一门很严谨的学科，但是没有互联网金融。也就是说，互联网金融在我们这儿炒得热热闹闹，但是在互联网技术、金融比我们发达得多的欧美国家，无论是学术界也好，业界也好，还是货币监管当局也好，都没有人在讨论这个事情。

那么，这是一个什么东西呢？通过作进一步的文献收集，我发现有一个东西叫电子金融。在讨论这个问题之前，我们先来看看什么是金融。金融说白了就是资源的跨时空交易，当这种交易使用货币的时候，就是资金的跨时

---

① 本文为中国社会科学院金融研究所副所长殷剑峰在"中国保险大讲堂"上的讲话。

空交易。金融的这种跨时空交易是通过金融系统完成的，而金融系统则是由各种金融中介和"金融市场"构成的。这里给"金融市场"打引号，意思是说，它实际上不是经济学中所说的瓦尔拉斯拍卖市场那种非常纯净的市场，这个市场中有很多金融中介。金融中介和金融市场之所以能够存在，是因为它有金融功能。这个金融功能包括提供流动性，特别是商业银行体系的支付结算功能。金融中介还担负了信息收集和处理的功能，事实上金融中介在很大程度上就是信息生产商，还有风险管理（包括期限错配风险、价格波动风险）的功能和保险的保障功能（基于大数定律的这种保障功能），最后将资源集聚和分配，即把很多细微的资金集聚起来，投资大的项目。

现在说的金融系统大体有两大类：一是银行，包括银行在内的金融中介及金融市场。它担负的功能就是将资金从资金盈余者手中转移到资金需求者手中，同时向资金盈余者提供金融产品或者金融合约。二是非银行金融机构。事实上金融市场的资金流动和金融产品的流动过程中也有很多金融中介，比如证券公司、做市商、经纪人等，这些非银行金融机构也发挥了很大的作用。这就是金融和金融系统。但是现在所谓的互联网金融正在创造一个扁平化的模式。有了互联网之后，众多的资金盈余者可以绕开金融中介，绕开存在各种非银行金融机构的金融市场，直接进行资金交易，也可以自己去寻找资金短缺者。反之亦然。互联网金融提出未来是自融资世界，要去中介化，甚至没有中介，甚至把互联网金融上升到民主、人性这样一个高度。

（二）从2000年前后热议的"电子金融"说起

互联网和金融比我们发达得多的欧美国家当时没有互联网金融，但在2000年前后，就是美国互联网泡沫破裂的前后，国际学术界、业界和货币监管当局讨论的是电子金融（e-finance）。实际上e-finance和当时讨论的电子商务（e-commerce或者e-business）都是相关的，另外还有电子交易。它们讨论的对象是什么呢？按照当时的研究报告，电子金融研究的就是利用电子通信和计算技术来提供金融服务。电子通信和计算技术包括从16世纪出现的电报、电话，一直到20世纪出现的计算机和互联网技术。由于当时正处于互联网热潮时期，所以国际学术界、业界讨论的电子金融主要是利用互联

第六章 ◆ 互联网金融观点精选

网来提供金融服务,并研究互联网对金融业可能产生的影响。所以,我们今天讲的互联网金融就是利用互联网来提供金融服务的。从这个角度来理解,今天的互联网金融与2000年前后国际上讨论的电子金融实际上是一回事。当时对电子金融的讨论非常热烈,2001年美联储还专门在纽约组织了一次关于e-finance的讨论,讨论得非常热烈。

大概从2002年之后,关于e-finance的讨论突然减少,甚至戛然而止,再也没有发现关于e-finance的研究报告、研究文献了。为什么会这样?为什么互联网金融比我们发达得多的欧美国家热烈讨论了e-finance之后突然一下对e-finance失去了兴趣?关键的原因就是e-finance,包括今天所说的互联网金融,其鼠标要替代砖头的这个预言破裂了。当时在e-finance讨论热烈的时候,很多e-finance的追捧者认为,e-finance电子金融的出现导致的第一个结果就是金融机构将会用虚拟网点取代物理网点,比如商业银行分支机构无须存在。然而,2001年美联储的一个研究报告发现,尽管到1999年的时候美国商业银行开设了网上银行,可以进行网上银行交易,商业银行的资产已经占到美国银行业总资产的90%,但是美国商业银行的分支机构数量并没有每年减少。从互联网开始起步的1990年前后,美国银行的分支机构数是4万多个,到1999年、2000年,互联网泡沫最热的时候分支机构数上升到6万多个,到全球危机爆发的2008年上升到8万多个。也就是说,对于银行来说,虚拟网点并没有取代物理网点。

2001年美联储的报告指出,尽管像商业银行这样的机构在纷纷开设虚拟网点、网上银行,但是很多的金融机构,比如保险公司,对网上的这种保险交易非常不热衷。1999年,网上的保费收入在美国的保险业只占到0.02%。美联储认为,保险公司(包括其他金融机构)和银行有两大不同:在资产方,保险公司通常买入并持有长期债券,对交易没有什么需求,也不需要进行网上交易,尽管当时基于e-finance的电子交易非常热;在负债方,投保、承保和理赔的时候保险公司和客户需要打交道,当然这种打交道是可以通过网络的,但其他时间保险公司不需要跟客户打交道。由于这种资产负债的特征,保险公司跟其他机构相比,对网络、e-finance的热情远远没有其他机构那么热。

美国另外一个投资银行作了一个研究，研究保险公司哪些产品适合在网上进行销售。研究结果有两个维度，一个是看这个产品的交易金额，另一个是看这个产品的复杂程度。产品越复杂，交易的金额越大，比如一些明星产品、大型商业保险，这些产品就越不适合在网络上销售；交易金额越小、越简单的产品越容易在网上销售，这个道理非常清楚。计算机和互联网只是把原来不能够标准化的信息变得标准化了，在网上销售的金融产品、证券都是基于标准信息完成交易。所以只要这种产品能够标准化，不需要买卖双方的协商、沟通，不需要专业机构的专业咨询，就可以放到网上去交易。所以，电子金融很热时的预言——虚拟网点会替代物理网点失败了。

当时电子金融第二个预言就是去中介化，与今天的互联网金融是一样的。去中介化的第一个理由是，随着计算机和互联网技术的崛起，信息的收集和处理变得高度自动化和标准化，在这种情况下，作为信息生产者的金融中介，比方说银行，就不需要它的功能了。但事实上是不是这样呢？首先来看一下，美国信息收集体系有一个非常独特的机构，在后面讲到互联网金融的时候也会提及，就是征信局。征信局事实上是一个独立于金融机构的私人征信企业，它不做金融业务，而是征信。美国有个很有名的征信机构，成立于1899年，到20世纪60年代的时候成为美国最大的征信机构之一。它主要收集各种资料，到20世纪60年代的时候它已经收集了上百万美国人和加拿大人的档案材料。这些档案材料包括当事人的婚姻、就业、学校，甚至是性生活，方方面面都涉及。收集这些信息干什么呢？这些信息在当时主要是被卖给保险公司，作为保险公司承保前评估当事人风险的依据。但是从20世纪90年代开始，这个公司的主要客户变成了放贷机构，就是银行类机构。

在美国，这种独立于金融机构的征信局，依据的是两个重要的法律。一个是《信息自由法》。美国《信息自由法》规定，除非有很好的理由限制，所有信息都可以采集，当然在英国正好反过来。这样的法律就允许这种独立的私人机构去收集信息。另一个是美国20世纪70年代颁布的《公平信贷机会法》。《公平信贷机会法》规定，在银行放贷过程中不能有歧视，除非这种歧视是从实证经验中推出来的，并在投资上是有效的。有了这两个法，这种独立的征信机构就可以获得数据，然后用来评估潜在的金融机构的客户，再把这些信息卖给金融机构。这样，征信局逐渐发展出了信用评分技术。信用评分技术在20世纪70年代就已经出现了，就是利用潜在借款人的各种消费、生产、生活各个方面的数据来判断当事人的信用风险。今天所谓的大数据实际上不是那么罕见的东西，在那个时候就已经有了。它们收集的很多信息实际上与当事人的借贷行为、金融交易行为没有任何直接的关系，而是用这些信息进行信用评分。信用评分技术是20世纪60年代第二次世界大战之后随着美国消费信贷的发展而出现的，在20世纪80年代随着计算机技术，特别是20世纪80年代末以后随着互联网技术的发展，得到了极大的发展。

一方面，计算机和互联网技术能够让信用评分依赖的这种信息收集变得自动化。以前的征信信息都写在纸上，现在可以全部储存在计算机里，而且可以通过互联网进行收集；另一方面，计算机和互联网技术也为信用评分技术的进步提供了支撑，比如信用评分所依赖的人工智能技术，只有互联网才会有。

计算机和互联网技术让信息收集和处理变得自动化和标准化，那么，有没有取代银行呢？实际上，美国的银行业在20世纪70年代之前放贷就靠所谓的关系融资。银行判断一个客户是不是能够还得起钱不是靠数据，是靠长期关系的磨合，特别是社区银行。从20世纪80年代开始，美国的银行业也开始用信用评分技术。大银行会自己发展信用评分技术，而小的放贷机构要购买征信局提供的数据评分。银行只是简单地采用了新型的技术，并没有因为计算机、互联网的出现而消失。

电子金融的另外一个预言是，资产证券化，资产证券化会导致去中介化。原因是，随着计算机、信用评分技术的发展，特别是随着计算机、互联网技术及电子交易的发展，金融市场交易的成本大幅度下降，而且形成了一个覆盖全球的金融市场。在这种情况下，金融产品很容易就在全球销售，银行贷款也很容易。比如通过信用评分技术衍生一个标准化的产品，然后覆盖全球的金融网络进行销售。所以，当时关于电子金融的讨论，认为资产证券化的出现，会导致银行的消失。在美国主要的几类金融机构中，包括货币增长基金、各种退休金和商业银行、寿险公司、产险公司等，商业银行的份额从1991年的35%左右下降到2000年的不到30%，但2000年到2008年，银行资产的份额又开始上升。也就是说，银行并没有因为计算机、互联网技术的出现而逐渐消失，实际上银行的资产份额在不断上升。什么原因呢？和信用评分一样，银行适应了证券化的发展，银行的业务模式从过去的放贷并持有，变成了放贷然后销售。所谓放贷然后销售，就是放出贷款，然后立刻通过这个金融市场变成资产证券化产品全球销售。所以可以看到，在危机前美国的非银行金融机构希望创造的信用（包括资产证券化）相当于银行贷款的比重，已经达到250%。也就是说，如果扣除证券化只相当于150%，证券化产品创造的信用相当于美国贷款的1倍，而证券化产品大部分是银行参与的。

所以，电子金融预言的鼠标取代砖头的这么一个过程并没有发生。传统的金融机构，包括银行、保险公司在内的传统金融机构只不过适应了新的技术，改变了业务模式和产品。比如保险公司（如AIG），原来的保险公司是正如2001年美联储那份报告里面所认为的那样，很少参与金融市场交易，但AIG下属的一个公司大量地参与到CDS的交易中，成为CDS的最主要的出资方、信用保险的出资人。

事实上，随着计算机和互联网技术的出现，金融机构发生了很大的变化，原来的这种金融模式也在发生变化，如银行会将贷款变成标准化的证券产品在金融市场出售给资金盈余者，或者将贷款变成量身定制的、复杂的结构产品CDO。当然，像CDO这种东西是造成此次全球危机的罪魁祸首。总而言之，随着计算机和互联网技术的发展，欧美的金融体系已经变成了一个互连互通的体系，金融中介和金融市场之间已经完全打通了。在欧美这样一种体系中，今天所看到的所谓的互联网金融根本就没有生存的余地，即便有，也不可能像今天炒得这么热。

传统的金融机构不断采纳新的技术创造新的业务模式，从中可以发现新型银行和传统银行之间的差异。经济危机前，像德国的Deutsche Bank、Citibank以及传统的西班牙的Westpac Bank，其资产负债已经发生了很大变化。以Deutsche Bank为例，资产方大量来自市场交易，而负债方大量的则是在市场上可流通的负债。再比如Citibank，Citibank在表外有大量的资产，实际上就是我们所说的影子银行。现在我们知道，这种转化构成是造成危机的一个主要原因。但是从金融中介的角度来说，我们可以看到它们很灵活地适应了新技术的发展，并没有被电子金融所取代。当然，电子金融确实引起了很多变化，比方说市场。在美国传统的市场中，以债券市场为例，有很多诸如交易商这样的中介环节。投资者要跟交易商进行交易，而交易商之间则要通过经纪人。随着电子金融的出现，多边电子交易系统使得传统的债券市场的交易发生变化，投资者可以直接通过多边交易系统进行交易。这确实表现出金融市场的去中介化，交易成本大幅度下降。2000年前后，美国有大量的文献研究 e-finance 以及电子交易，而今天那些热炒互联网金融的报告中，我觉得它们的深度还不及当时研究深度的百分之一甚至万分之一。

二、由互联网中诞生的新金融模式

既然所谓的互联网金融事实上在电子金融时代就已经讨论了，那么今天热炒的这个互联网金融是个什么东西？我认为，它实际上是由互联网发展中诞生的几种新的金融模式。而新的金融模式也不是互联网金融神话里说的自融资、去中介，这些模式从货币金融发展的历史来看，并不是一个新鲜的东西。新金融模式主要有三种：第一种是基于电子商务的金融业务；第二种是基于网络平台的筹融资，第三种是网上金融超市。今天炒得热热闹闹的互联网金融，实际上就是这三种模式。

（一）基于电子商务的金融业务

基于电子商务的金融业务，实际上就是互联网企业进入金融行业，它的本质是这些企业利用电子商务提供的客户资源和数据、信息来发展金融业务。这和美国的征信局、独立的征信机构本质上是一样的，只不过是从电子商务中收集信息，并且开始做金融业务。这种模式做金融业务的发展路径也很清晰，从网上交易，然后到网上支付，再到包括信贷、保险在内的各种金融业务。

这种发展脉络事实上是没什么奇怪的，大家可以考察一下货币金融史，例如金融的诞生、现代银行的诞生。当然如果考察中国历史，就会发现在宋代我们就有纸币。按照西方的说法，现代银行诞生的过程很简单。17世纪一些平民成了有钱的商人,把黄金存在国王的国库里。英国查理一世挪用了这些金子,这些有钱的商人发现国王不可信,就把钱存到金匠那里,要用的时候就去取。后来这些商人发现,不一定非要取真正的金子去用,他需要用钱的时候、要交易的时候,把金匠给的凭证交给对方就可以了,于是金匠的凭证就变成一种支付凭证。当金匠发现他的凭证可以替代黄金从事支付结算、交易功能的时候,他就有动机去做假的凭证。当凭证有了支付功能后,金匠还可以把这些凭证借给别人,别人拿了这些凭证再购买商品、货物,就变成信用,实际上就是信贷。所以,现代银行的诞生事实上与今天互联网企业、电子商务企业,从网上交易,到网上支付,再到包括提供信用债类的金融业务的历程,都是一样的。

今天我们炒得很热的互联网金融企业,像阿里巴巴、淘宝等,在美国早就有了,因为美国是互联网技术的源头。互联网金融企业在美国就是eBay和PayPal。PayPal类似于中国的支付宝,这个公司是在1998年,也就是互联网泡沫正在发热的时候成立的,2002年10月被eBay以15亿美元收购,成为eBay主要的支付渠道,就跟支付宝成为淘宝的主要支付渠道一样。到2012年,PayPal在全球193个地区可以用,注册用户超过2.5亿人。PayPal因为有大量的账户支付,A付给B、B付给C,所以就会有资金沉淀下来。这跟银行的诞生一样。银行的诞生跟前面讲的金匠的故事一样,是因为支付会产生大量的现金流,有一些现金流就会存留在银行的账户上。PayPal就把这些账户和货币市场基金结合起来,投资于货币市场基金。投资货币市场基金,其热度也是随着宏观环境的变化而变化的。我们知道,2001年互联网泡沫破裂,再加上恐怖袭击,美联储大幅度降低了利率,所以2002年至2004年美国的整体利率是在下降的。在利率总体水平下降的过程中,获益市场基金的汇率也在大幅度下降。所以PayPal做的美国版本的余额宝、货币市场基金,因为收益很低,客户大量流失。从2005年开始,美联储觉得美国房地产有泡沫的倾向,于是开始逐渐提高利率。从2005年到2007年,美国的整体利率水平在上升,货币市场基金的利率也在上升。这个时候,PayPal的货币市场账户规模大幅度上升,最高的时候达到10亿美元,差不多相当于一个中等规模的货币市场基金的水平。但是2008年次贷危机之后,随着QE的推出,美

第六章 ◆ 互联网金融观点精选

国的利率水平又大幅度下降（接近0），PayPal的货币市场账户规模又锐减。

所以，美国版本的余额宝和货币市场基金一样，利率上升它的规模就上升，利率下降，它的规模就下降。同时，PayPal货币市场基金账户，也得益于美国的一个管制。美国的利率管制大约是在20世纪80年代取消的。1986年的《银行法》取消了存贷利率的限制，但是规定银行的活期存款账户不允许支付利息。这个规定是一直到2010年美国的《多德—弗兰克法案》出台之后才取消的。这使得PayPal的货币市场账户可以在银行的活期存款账户之间和货币市场基金之间进行套利。随着这个法案被取消，银行也可以为活期存款账户支付利息，而且美国的利率是自由化的，是随行就市的，因此PayPal的货币市场账户的吸引力就大幅度下降。所以，美国版本的余额宝能够繁荣主要有两个原因，第一是管制，第二是利率大幅度上升。

接下来看中国。中国在出台了第三方支付的管理办法之后，对第三方支付有一些详细的规定。第三方支付是指具备一定实力、信誉保障的非银行独立机构等提供的服务，包括互联网支付、移动支付等，其支付的资金在1亿元人民币。第三方支付有很多形式，无论哪种形式，它事实上与银行的信用证业务在本质上是相同的。信用证业务就是买方向开证行提供开证申请。

信用证支付流程是开证行向通知行提供信用证，通知行再告诉卖方，说钱要到账了，然后卖方将货发给买方，并把货单交给通知行，通知行通知开证行说货已经发过去了，最后开证行通知买方付钱，钱划给通知行再到卖方。

那么第三方支付流程是怎样的？第三方支付事实上把开证行和通知行合在一起了。买方告诉第三方金融机构我要买东西，第三方金融机构通知卖方，说钱到账户了，然后卖方把东西寄给买方，买方收到货物后，告诉第三方支付机构货收到了。二者的差异是，银行的账户里是真正用于支付的货币，而第三方支付机构的账户是一个虚拟账户，它要变成可以真正用于支付的货币，还需要由卖方的银行账户向买方的银行账户转移。事实上船运公司掌握了出口商和进口商货运的情况，货是不是装船了，船是不是到岸了，在这个基础上来做信用证业务。更进一步的是，船运公司还可以做其他金融业务，比方说进口商买方没钱，我给你提供一笔贷款，做了贷款业务，或者我可以提供保险业务，海运保险、提供信用保险等。所以第三方支付从电子商务中脱离出来，第三方支付及其衍生，与金融的发展历史事实上并没有特别不同的地方。

第三方支付的盈利模式，主要是靠介入费用，商户第一次进入第三方支付需要交一笔一次性的费用，几百元到数千元不等；第二个是服务费，发生了支付行为，商户给第三方支付服务费；然后是交易佣金，买卖双方的交易佣金，一般按笔来收。但是仅仅靠收费事实上利润并不那么可观，关键是沉淀资金的应用，因为做得越大，沉淀的资金就越多，资金沉淀了怎么用呢？这些沉淀资金主要包括三类：客户交易保证金、交易担保金和未结算资金。所有的第三方支付机构都打沉淀资金的主意，都在以各种方式使用沉淀资金。典型的模式就是淘宝加上支付宝，再加上余额宝。支付宝与淘宝的关系就类似于 PayPal 和 eBay 之间的关系。支付宝于 2004 年 12 月创立，其交易模式即所谓的第三方担保交易模式，和银行的信用证的环节事实上是一回事，从金融的角度看没有任何创意。有了大量的资金就有了余额宝，事实上就是阿里巴巴和天弘基金进行合作，拿了钱做货币市场基金，尤其是投资于同业存款。

余额宝现在非常红火。余额宝为什么会那么火呢？它的命运会怎么样呢？会不会像 PayPal 搞的货币市场账户一样呢？接下来看一下余额宝主要投资的对象。银行同业存款 7 天的存款利率在 2013 年底达到 9%，1 个月和 6 个月的存款利率最高的时候达到 6% 到 7%。这么高的存款利率，比 1 年期存款利率要高得多，比活期存款利率要高更多。余额宝那么有吸引力，以至于很多人，甚至不是淘宝的买家、不是支付宝的支付账户，也主动拿现金去投资，原因就在于储蓄存款利率和同业存款利率之间存在较高的利差。存在这么高利差的原因是什么呢？就是所谓的"钱荒"导致的。2013 年 6 月以来，银行同业之间的市场利率一路飙升，银行金融同业开始出现流动性紧缺。但是问题在于中国的 M_2。用广义货币比 GDP 来衡量一个国家钱多还是钱少，可以发现中国的钱是最多的。M_2 比 GDP，中国要比美国、日本、德国等所有的大型经济体都高得多。那么钱哪去了？下面来看一下银行同业回扣利率。2013 年 6 月，我国同业回购市场利率一度飙升到 12%，而且越短的回扣品种利率越高，7天高于1个月，1个月高于3个月。这与金融里面讲的正常的收益曲线是完全不一样的，正常收益曲线应该是往上翘，而当时是往下降。考察国债市场也是这样。

到2013年下半年，同业拆借利率还是在飙升。例如，2013年底和2014年初，达到8%~10%。但是最近7天回扣利率下降到2%，而且回扣市场收益曲线变回正常，7天低于1个月，1个月低于3个月。为什么在过去回扣利率会这么高呢？如果仅仅看广义货币总量M_2和狭义货币总量M_1的同比增速，2008年第一季度到2014年第一季度，广义货币的同比增速一直保持很平稳，大概在15%。也就是说，广义货币没有减少，为什么会缺钱呢？实际上主要看狭义货币。狭义货币M_1反映的是流动性紧缺，是真正的流动性。广义货币在银行资产负债表的负债方，反映的是那些长期的不能动用的存款，真正能够用来进行交易的货币M_1，其增速决定了市场流动性。M_1增速从2009年底开始就持续下降，一直低于M_2的增速。在宏观分析中经常会用M_1的增速和M_2的增速来分析未来宏观经济的宽紧，以及物价变动情况。如果M_1的增速超过M_2的增速，流动性开始改善，流动性开始增加，通常未来3~6个月CPI会上涨。反之，M_1增速低于M_2，意味着流动性紧缺，宏观经济不好，物价会下降。2014年1月份M_1的同比增速只有百分之几，2月M_1的增速开始上升，流动性开始逐渐转好，这反映着同业拆借市场利率下降。如果同业拆借市场利率下降，那么同业存款利率也会下降，余额宝高收益必然会下降。这个跟PayPal的货币支付账户一样。

从金融机构的资产方来看，为什么会没钱呢？其中很重要的原因就是2009年以来过山车似的宏观调控：2009年之后所谓的4万亿元、几十万亿元的信贷，上百亿元的金融扩张。但是从2011年开始，从2013年本届政府上台之后，开始调存量，改善增量，压贷款。压贷款的结果是什么呢？因为很多贷款如果你不持续放贷的话就变成不良资产，银行只能做的是把这些贷款变成各种理财产品，变成信托、证券公司通道业务等，总而言之，就是变成各种类型的同业资产。实体经济的债务结构从贷款向同业资产的转变，导致了三个负面效果。第一，实体经济的负债期限缩短。第二，实体经济的债务成本上升，比如2013年同业业务的收益率平均在14%~17%，远远高于贷款利率。第三，导致资金链条拉长，一旦有个风吹草动，就会出现"钱荒"。原来A银行借钱给B企业，现在A银行把钱先借给C银行，C银行再借给D信托，D信托再借给B企业。原来仅需要一笔金融交易，现在需要进行很多交易来完成。一旦这个借款企业出现了违约，或者中间某个环节出现了流动性紧缺，整个链条就会发生问题，这与美国的雷曼兄弟公司倒闭所引起的反应一样。现在看到，1月宏观调控的思路看起来似乎在转变，贷款的增速在加快，同时在压银行的同业业务。这是在向好的方向转变。

现在社会上也在争论余额宝是不是吸血鬼。首先，可以肯定的一点是余额宝和其他金融同业业务一样，对实体经济的发展没有什么贡献。它就是资金在金融部门内部的打转。其次，它有没有什么负面效果呢？任何一个网络产品都有强烈的网络外部性。随着余额宝业务的发展，用的人越多，这种产品越受欢迎。从余额宝就能看出来，余额宝的速度滚得这么快，把大量的储蓄存款变成了金融银行的同业存款。原来银行基于储蓄存款去放贷，但现在储蓄存款变成同业存款之后，同业存款不在银行的存贷考核范围之内。按照目前银行的存贷比考核，银行的贷存比会上升，会突破管制。那么银行只有两种选择。第一种选择是把贷款收回来，贷款收回来很可能就会导致大范围的实体经济企业的破产、违约。第二种选择是把贷款变成理财产品，变成信托，导致的结果就是实体经济的负债的期限缩短，偿债压力上升。所以，对余额宝进行及时的监管是绝对有必要的。真正要发展的方向不应该是让这些互联网企业去这么疯狂地不受监管做这样的金融业，应该是有序的金融改革、金融创新。

那么，从电子商务向支付领域和货币市场基金奋斗之后，像阿里巴巴这样的企业进一步向其他领域，比如向信贷、保险领域渗透，就像我刚才举的例子，船运公司从支付到开信用证到放贷、到海运保险等，这个过程是一样的。阿里巴巴最有名的是阿里巴巴小额贷款（以下简称阿里巴巴小贷）。阿里巴巴小额贷款公司是2010成立的，它的优势在于阿里巴巴通过电子商务积累了海量的客户信息，这点是阿里巴巴小额贷款和传统的商业银行、传统的保险公司所不同的地方。阿里巴巴之所以能够迅速地扩展到金融领域，我们可以看到，它的顶层是各种类型的金融服务，底层实际上是电子商务。商品供应商、商品购买者通过淘宝、天猫、阿里巴巴、支付宝、阿里云等进行大量的交易，这些交易会产生大量的有关经济当事人（无论买家还是卖家）的行为数据。这些行为数据正如美国的独立的征信评级机构收集的信息一样，可以用来建立信息评分模型。有了这个信用评分模型，可以卖这个评分模型的结果，也可以利用这个信用评分模型直接进入金融业。

基于这个海量的数据，阿里巴巴小额贷款风险管理相对于其他小额贷款公司来说也有优势。首先，是贷前风险管理，可以根据企业在平台上的经营数据进行判断；其次，是贷中风险管理，企业进行交易也可以控制，像船运公司可以控制出口方和进口方的信用一样；最后，是贷后风险管理。阿里巴巴小额贷款和银行的小微贷有很多比较优势和相对的劣势。从监管主体来看，阿里巴巴小额贷款是由地方金融办牵头的，没有银监会和人民银行系统严格的金融监管。其资金主要来自注册资本金，还有超过注册资本金50%的银行贷款。客户数量是一个亮点，阿里巴巴现在有将近8000万名注册用户，1000万个企业账户和70多万名会员，而民生银行的小微企业客户数只有几十万名。阿里巴巴小额贷款2012年贷款规模是130亿元，民生银行小微贷款2500多亿元。小企业贷款的衡量指标不是贷款规模，正如世界银行考察一个地方小微贷款发展是不是好不是看贷款规模，而是看贷款的笔数，看给多少人能放到贷款，这是最有价值的。包括阿里巴巴集团内部的这些从事金融的高管也承认，阿里巴巴金融的所有的基础是数据；这一系列的微贷、理财、保险、消费等，都来自基础数据。有了这些基础数据，可以像美国独立的征信局一样，建立信用评分模型。信用评分模型构成了金融业务的基础，因为金融机构说白了就是信息生产者。

（二）基于网络平台的筹融资

现在炒得比较热的第二种互联网金融是基于互联网这个网络平台的投资和融资模式。这里主要有两种，一种叫众筹，一种叫人人贷。"众"是什么意思？就是大众。某个人提出一个倡议，号召大家来为这个创意融资。众筹这个概念在西方源于另外一个概念：我想做一件事，比方说我想盖一个房子，大家能够来帮忙，你提供一块砖头，他提供一块木头。在19世纪的美国，一个报业的经营者普利策（今天的普利策奖就是根据其遗愿设立的）在安装法国送给美国的自由女神像时，发现没钱买底座，于是在报纸上发布了一则信息，问大家能不能筹钱帮忙把底座为自由女神像装上。6个月之内，12.5万人筹集了10万美元（当时很高了）。所以Crowdfunding不是有了互联网才有的东西，早就有！只不过原来需要一家一家去游说，或者通过报纸来筹钱，有了互联网之后可以通过互联网信息平台来筹钱。Crowdfunding在欧美国家有好多种。有捐助型，靠的是募捐；有礼物馈赠型，我想做一个东西，你给钱了，我送你一个礼物；还有信用型，信用型就是我们后面讲的人人贷；还有股权型，比如我准备拍部电影，没钱，大家能不能入股，电影播出后我按票房收入给大家分钱。

这种众筹模式在互联网起来之后，20世纪90年代在美国发展得也很热，但是遇到了很大的问题，后来逐渐销声匿迹了。众筹实际上就是今天人们所说的自融资，没有金融中介。在没有金融中介的情况下众筹融资会遇到什么问题？典型的信息不对称，会导致借款人的逆向选择。众筹网站上越来越多的是劣质的借款人，那些真正有好项目的借款人被劣质的借款人取代了。因为借了钱就不打算还，所以承诺的利率会非常高，实际上跟非法集资是一样的。另外，对出资人来说，也有一个很重要的问题，就是"搭便车"问题。这么多人来筹钱给这个家伙，谁来监督这个家伙呢？谁都不想花时间、精力去监督，都指望别人来监督，这就是所谓的"搭便车"问题。这些问题实际上就是金融中介产生的理由。因此20世纪90年代众筹融资的时候，所谓的自融资实际上都是失败的。另外，还有知识产权保护的问题，比方说我有个很好的主意，我要拍个电影，我刚把这个主意在网络上公布，另外一个有钱的家伙不用众筹，他直接就把这个主意给拿过去了。在美国就有出现过这样的官司。总而言之，今天互联网金融所鼓吹的所谓自融资、去中介的神话早就在十多年前的美国破灭了。

众筹之后的发展，就是人人贷，人人贷是peer-to-peer lending的缩写，当然也有说person-to-person的，中国人译为人人贷。这种人人贷公司也不是互联网金融讲的自融资，里面存在着金融中介，例如，2005年英国的Zopa，2006年美国的Prosper，还有美国的lending club等。lending club在美

第六章 ◆ 互联网金融观点精选

国是一个很大的P2P企业。

P2P并不是没有金融中介。通常P2P的借贷双方不认识，银行的存贷款双方通常也不认识，因此需要通过P2P的借贷公司，这是一个通过中介的网上交易。因为贷款人的贷款是无担保的，所以出现违约借款人要承担损失。

随着P2P的发展，美国证监会在2008年依据1933年《证券法》，要求P2P企业必须将它的产品注册为证券。事实上，在2008年之前所谓的P2P在我们国家就是非法融资、非法集资。美国证监会是要将其产品变成证券，使之受《证券法》的监管。P2P企业提供的服务包括建立在线平台、沟通借贷双方、建立信用评估模型、核实借贷双方的身份，另外还包括贷后服务。以Zopa的P2P为例，其业务流程看起来很复杂，事实上很简单。借款人注册，出借人初测，然后Zopa根据借款人情况，跟出借人进行匹配，匹配之后双方达成买卖合同，按照合同的约定进行还款，还款本息流都通过Zopa的网上平台。

需要注意的是，P2P的平台，本身就是一个金融中介。而且在匹配借贷双方的过程中间它还引入了其他的金融中介，比如Zopa、Equifax及美国独立的征信局、独立的征信机构等。它把潜在借款人的信用风险提前作了信用评分，然后提供给Zopa，Zopa再提供给出借人。所以P2P贷款与银行贷款事实上是一回事，只不过有些服务是外包的，信用评分外包给Equifax，所以它事实上也是有中介的。

国内的P2P的模式主要有三种：一种是纯中介型，这类似于国外的Zopa，因为国内的P2P是从国外拷贝过来的，像拍拍贷等；第二种是逾期垫付型，一旦借款人还不起钱了，P2P平台替借款人把钱还给出借人；第三种是第三方担保，通常第三方担保机构将自己评估过的企业拿到P2P平台上去寻找融资，并承担信用风险。后面两种是P2P引入中国之后的改进模式。例如，拍拍贷是一个纯粹的中介；而人人贷引入了一个担保公司，叫中安信业创业投资，提供抵押的融资担保。人人贷在贷款的过程中，也开始发展自己的信用评分系统。所以这点是中国和美国一个很大的不同。美国从19世纪就开始发展独立于金融机构的信用评分体系、征信体系，而中国没有。在中国的征信体系中，银行也是信用评级机构，但银行的征信是不对外公布的。

所以这就导致 P2P 到中国之后，这些平台都得自己去建信用评分系统，而不能像美国那样利用现成的信用评分系统。P2P 实际上在美国的规模非常小，几乎可以忽略不计，在中国规模就更小了。P2P 与像阿里巴巴这样基于电子支付的所谓的互联网金融比较起来，其最大的劣势就是作信用评估的时候没有海量的数据。

所以，我个人看来，P2P 前景并不妙。当然，P2P 也有其存在的价值，比如集聚闲散资金、满足微小贷款的需求等。但其存在的问题更多：一是整个社会信用环境不好，P2P 经常发生违约行为。二是面对法律的问题，比如 2008 年美国证监会收拾美国的 P2P，而中国的 P2P 现在都注册为工商企业，实际上是做金融，却不受金融监管。未来会不会受到监管的约束呢？如果它要做大，肯定会受到监管的约束。三是其自身缺乏放贷的基础。放贷机构要进行信息收集和处理，自己没有信息，信用评分就缺乏数据。

（三）网上金融超市

第三种互联网金融，就是网上金融超市。网上金融超市跟金融机构官网区别很明显，是独立于金融机构的第三方机构，通常要保持公正、中立的立场。其功能非常简单，就是展示、比较、评价，甚至评级；业务模式就是把各类金融机构的产品拿到它的网上去展示、比较，然后评价，并且向消费者推荐。整个过程中金融消费者不会分给它一分钱，那么收入从哪来呢？网络产品有个特点，针对网民都是免费的。其收入可能是从金融机构收取佣金，比如网上金融超市替保险公司完成一笔交易，保险代理人做成一笔业务，给其一笔佣金。在美国，这类网上金融超市模式，对于保险来讲，有一个叫 InsWeb。这是一个互联网金融平台，1995 年成立，2011 年之后出售给了 Bankrate，后面会讲 Bankrate。InsWeb 的业务很简单，就是为投保人提供保险产品的报价、比较、分析，然后将这些潜在投保人引见给在其网站上注册的保险代理人，如果交易成功便可向代理人收费。其模式非常简单，但是经营很惨淡。2011 年 InsWeb 出售给 Bankrate。Bankrate 也是个网上的金融超市，但它的品种比 InsWeb 要丰富得多。

Bankrate 是 1976 年成立的，当时是个印刷出版商。它提供全面的信息，包括300类的金融产品类信息，甚至包括住房抵押贷款、住房按揭贷款等。2011年InsWeb加入之后，Bankrate开始经营保险产品。大家可以上它的网站上去看，就是www.bankrate.com。Bankrate在美国纳斯达克上市，然后退市，后又到主板上市。

Bankrate在中国叫银率网。银率网在中国并不成功，主要有两个原因。首先，中美的金融消费环境不同。在美国Bankrate是将各类金融机构的按揭贷款、消费贷款全部集合到网站上，美国消费者借钱消费，消费者喜欢在网站上比较，看看哪种贷款利率低。但中国的金融消费者是储蓄者，他是要去理财、去投资，所以对借钱不感兴趣。可以看到，中国银行的贷款结构只有20%是个人贷款，其他都是政府和企业贷款。其次，Bankrate、银率网意识到中国的环境不同，开始转向理财，把银行包括信托的各种理财产品都放在网上，希望能够做网上的金融超市。但据我所知做得不怎么样，原因也很简单，中国的金融消费者，比方说银行的存款人习惯去开户行购买理财产品，不会到独立的第三方网站上去。中国广大的消费者按对理财产品的需求划分，可分为两大类。一类是私人银行接待的很有钱的客户，这类客户不会到网站上去，因为他们持有的资金金额很大，像保险产品金额大了不适合在网上交易。这类理财客户需要的是私人银行公司，需要一对一的咨询、分析和家族的理财。另一类理财客户是普通大众，即一般的银行存款人。其实在中国的网民中，真正有素质的，比方说中产阶级，大家上班都很忙，谁去理财，谁去看你的网站？而且他们也不相信。我们都不相信保险公司或者银行能帮我们理财。因此，由于这种独特的结构和独特的金融消费文化，导致了Bankrate在中国经营失败。

当然，还是有很多在尝试。就保险来说，在互联网时代，基于保险的交易实际上有三种模式：第一种是淘宝保险，这是刚才说的基于电子商务的新型的金融业；第二种是保险公司自己的在线官网；第三种就是网上的电商平台、网上金融超市。这几种模式发展得怎么样呢？截至2013年，网上有很多的网上保险超市，每个保险超市合作的保险公司数目都不一样。我做了一个统计，中民保险网是最多的，2013年有43家保险公司跟它合作。那么效果怎么样呢？尽管网销的保费收入上升很快，但是比例依然很低，到2012

年只有0.2%多一点，2013年是0.4%。保险网销份额很小，这种态势事实上与2001年美联储报告中美国保险公司遇到的情况是一样的。网络销售保险有两种说法。一种说法，空间很大，前景美好；另一种说法，网络销售保险就不是主流。当然究竟如何，各位做保险的可能比我清楚。

总结来看，适合网销的保险产品实际上很简单，就是信息标准化，只需少量参数即可描述和定价，如车险、定期寿险等。这与当年美联储报告里所讲的情况是一样的。从分析来看，网络保险好像空间很大，但可能永远成不了主流。

三、"互联网金融"，"传统"金融业如何应对

对于互联网金融，"传统"金融业应该如何来应对？

（一）网民数还将持续增加

我们来看一下互联网的发展趋势。截至2013年第四季度，城市的网民有4.2亿人，农村的网民有1.4亿人，总共有6亿人左右。网民数量还在增长，随着城镇化，农民变成城里人，上网人数还会继续上升。大家越来越多地会从实体的物理世界向虚拟的世界过渡，因此会有很多社交网络。还有一个趋势，是手机上网。截至2013年第四季度，在6亿名左右的网民中，手机上网的网民达到4.8亿人，所以移动支付也是一个发展趋势。另外还有一个特点，网民结构年轻化。50岁以上的网民占全部网民的数量大概只有6%、7%，大量的网民是50岁以下的。所以，未来网上的交易、社交，会成为一个趋势。

（二）网民结构年轻化

观察一下中国的网民结构，初中生、高中生大概占了百分之六七十，网民的素质也不是那么高。但毫无疑问，网络作为一种生产生活方式，它就像轮船、飞机一样，正在改变我们的整个经济的组织方式。2008年电子商务的交易额只相当于GDP的10.3%，其后持续上升，到2012年电子商务相当于GDP的15.1%。也就是说，通过网上进行的这种交易活动会逐渐成为主流，

正如汽车、轮船、飞机发明之后，人们不再用人力车、牛车、马车去运送货物和进行生产交易一样。所以电子商务是长期发展趋势。这就意味着今天的金融业应当像当年的金融机构介入了航运业、介入了飞机运输去发展金融业一样，也需要把握经济发展的趋势。虽说金融是经济的核心，但是经济环境变了，金融的业务模式也要发生变化。同时，在电子商务交易中，B2P的比重是最高的，尽管有下降趋势，到2012年还占到整个电子商务的80%，这个现象值得关注。因为今天的阿里巴巴、淘宝、支付宝、余额宝，它的发展主要基于B2C和C2C。企业和企业之间利用网络进行交易所产生的这种金融服务需求，可能还需要逐渐发掘。

（三）基于电子商务的电子金融是长期发展趋势

另外一个趋势是网上支付。尽管其增速会下降，并且有机构预测，到2015年增速会下降到20%，但这个增速依然会非常高，移动支付数量会持续上升，这都是互联网对经济行为的改变。面对这些改变，我想首先回答一个问题，互联网金融为什么在中美之间热度不一？因为互联网金融除了P2P和网上超市之外，最有前途的就是像阿里巴巴这种电子支付企业。那么，为什么在美国没有这个热潮，或者说像微软为什么没有进入金融业？实际上有两个主要原因。第一，美国已经有完善的、独立的信息收集、处理的体系，就是信用体系，不再需要这种互联网企业去干这样的事。第二，美国在20世纪80年代就完成了金融自由化、利率市场化的过程，美国的金融业已经是高度竞争了，一个高度竞争的行业，按照经济学的说法，边际收益已经等于边际成本，经济利润为零，进入一个经济利润是零的行业是得不偿失的，所以微软不会进入金融业。那么中国为什么那么热呢？一个是因为中国管制，包括利率管制、金融管制所造成的池内和池外水位的差异；另外一个就是，管理体制和资本项目开放以后，目前国内的银行业存款有20%左右的法定存款准备金率，这意味着银行吸收的100元存款，20多元就被收走了，银行只能用那剩下的80元做业务，所以很不划算。互联网企业不一样，互联网企业沉淀资金有100元，就可以拿100元做业务，它的准备金实际上是远远不够的。互联网有很大的风险。所以可以想象一下，如果真的阿里巴巴开始办银行了,它会不会像今天这样赚钱?我觉得要打个很大的问号,如果它的存款也要缴20%的法定存款准备金,你想想看,它的利润要被削减多少。所以互联网金融热度的差异,实际上是由各种因素造成的。

(四)应对措施

我认为,传统的金融业对于所有的互联网金融的一个基本态度是,要充分重视,但无须夸张。也就是说,战略上重视敌人,战术上藐视敌人。我认为,比重视互联网金融更重要的是,即将到来的金融改革和金融自由化浪潮,它的冲击一定会比所有的互联网金融要大得多。

具体的应对措施,我认为,就互联网金融来讲,应像以前利用电话、电报来改造金融业务流程一样,我们要继续利用计算机和网络技术,来改进自身的业务模式和流程,要继续建立和健全官网的功能,探索建立网上金融超市。但建立网上金融超市,目前因为金融机构之间彼此的界限很深,单家机构很难做到,因此是不是可以考虑像阿里巴巴这样的电子商务企业一样,发挥其独特的信息优势。另外,未来的移动支付如果也进入金融业,也会有很大的挑战。那么这些互联网企业应该怎样融合?融合有多种手段,兼并、收购,还有合作,目的很简单,获得信息和消费渠道。

我的演讲就到这儿,不当之处请大家指正。

互联网思维[①]
——推动未来经济发展的革命力量

网利金融　陆晓野

大家下午好！

今天我分享的很多观点，有一些不是我的原创，是我从别人那里借鉴过来的；有一些是我从实际工作中总结出来的，难免会有偏颇，会有不对的地方，与大家共同切磋和探讨。

一、互联网的来源

首先，我们讲互联网，2003年是互联网元年，2013年是互联网金融元年。互联网从余额宝开始给我们带来了很多冲击，给我们带来了很多变化。我们在实际工作中学习互联网，最重要的是要把握互联网的精髓及其本质，即互联网的思维方式。互联网思维，是推动未来经济发展的一种革命力量。

我随机罗列了一些问题，比如互联网为什么突然就爆发了？互联网到底给我们带来了什么？我们怎样去应对风起云涌的互联网浪潮？互联网、金融互联网，以及后来又出现了很多关于互联网的词汇，这些词汇为什么是伪命题？这些问题的答案不见得只有一个，就像一千个人眼中有一千个哈姆雷特一样。最重要的是我们要找到思考方向，找到解释这种问题的思考逻辑。我下面就尝试着回答以上的这些问题。不保证结论正确，只提供一种思考逻辑供大家参考。

二、互联网的基础

互联网是什么？互联网时代，扬弃的是工业时代，是知识时代的特征

[①] 本文为网利金融联合创始人陆晓野于2014年5月7日在"中国保险大讲堂"上的讲话。

表述。

互联网经济不是从石头缝里蹦出来的，不是瞬间爆发出来的，它的产生是有社会经济发展的内在逻辑的。在我看来，它的产生是一种内生性的需求。那么它的内生性需求起源于哪里？它抛弃的是什么？我认为它是起源于工业时代。它抛弃的是工业时代的规模化、标准化、一成不变的流水线，抛弃的是以边际成本和边际收益来衡量的文化、商业模式或者思考问题的方式。那么互联网有什么特征？互联网的特征就是包容，就是平等，就是说我们可以个性，我们可以多姿多彩，我们可以从不同的角度看问题。那么，互联网时代，它扬弃的是什么呢？它的基础就在于工业时代已经创造了极大丰富的产品和具有极大生产能力的一个时代。就是它已经具备了很强大的生产能力。基于此，互联网才能够在它的基础上产生出来。比如定制化，如果没有低成本的生产能力，我们去家具店订一个桌子、椅子，我们要变一个样子，这种个性化的产品也是实现不了的。所以从这个角度上来讲，互联网时代，它扬弃的是工业时代。

那么，为什么说它是一种知识时代的特征表述呢？为什么说在美国没有互联网经济或者互联网金融现象？其实这句话本身是有问题的，只能说是在美国没有显性的这些概念词汇，但是有互联网精神的实质。美国在20世纪60年代已经进入知识经济的时代了，就像早在20世纪60年代，麦克罗汉在《理解媒介》中就清晰地提出："技术的进步会十分深刻地改变人类的活动、人类的行为、人类的关系，以及人类这些活动行为的规模、速度及发展方式。"美国包括美国人的这种创新精神，特别是知识经济的创新，已经融入其整个经济发展的体系。例如，facebook、Google是迅速崛起的互联网企业。所以说，美国更多表现出的，是一种知识经济或者知识时代的特征。

在中国，因为传统研发体系的制约，资本市场对基础科学创新发展没有提供有力的支持，而在互联网应用领域突然爆发，促进了知识经济时代的来临。在中国当前环境下，互联网其实是知识经济的特征表述，能促进经济进入一种新形态。

三、互联网的本质

刚才分享了互联网应用的来源和基础，再来看看互联网的本质是什么，或者说互联网的内涵是什么。互联网在商业化范畴的普及，就是以平等、自由思想为基础，逐步把信息交换与认知成本不断降低的一个过程，这就是互联网化，它是一个过程，这个过程里边有两个非常典型的特征：平等和自由。为什么没有民主？这个跟政治无关，因为一般都是平等、民主、自由并列的。民主是在争取自由过程中的过渡阶段。现实社会中的民主都是代议制，本质上它也属于一种专制的形式。所以在互联网的体系里边，如果提民主的话，我自己没有想清楚这样的民主现实性定义跟互联网特性怎样能够结合起来。所以在这里我就回避了这个问题，我只提了它的平等和自由两个概念，或者说这两个基础的内涵。

（一）平等

什么叫平等？在互联网经济的特定体系下，平等其实就是商家与客户位置的再平衡。原来商家跟商家之间竞争是平等的，客户跟客户之间都是平等的，现在是商家与客户之间平等了。比如流行的商业模式，C2C、C2B、P2B等，所有的这些东西，都重新定义了客户在整个商业链条中的位置。这个平等是整个互联网经济中最精髓的一个理念。

以贷款平台P2P为例，原来的民间借贷，在贷款人和借款人之间有一定的不对称。但有了互联网之后，他们就可以平等地互相做选择。比如定制生产，客户甚至可以把自己的个性需求提出来，厂家按订单需求生产。所以，这相当于重新把客户作为中心，把客户作为商业流程起点。互联网就是强调客户体验，大家都知道这句话。所谓的强调客户体验不是从商家的角度强调客户体验，有可能商家认为很好的东西，客户根本就不理解，觉得这东西不是他要的。再平衡之后，我们要真正把客户作为商业的一个中心点。举个例子，有个公众账号叫逻辑思维，一个很有趣的商业模式实验。它把商家和客户组在一块，形成一种社团经济。客户之间，客户与商家之间是平等的，共同构成了社团。在社团中，不仅是商家与客户之间互动，客户和客户之间也可以产生很多的化学反应。有趣的是，有客户会提出一些建议，要求服务模式改一改，商家认为不合适的，坚决不改。理由是：我跟你是平等的，我就是这种模式，我们各自选择各自的价值。这并不是说坚持以客户为中心，就一定要听客户的所有的诉求。这里面平等概念的潜台词是商家与客户各自建立自己的独特价值，然后互相自愿交换独特价值，这就是平等。

所以，互联网带给我们的就是一种人和人之间的平等，商家和客户之间位置的一种再平衡。

（二）自由

互联网经济中的第二个典型特征为自由。自由是什么？自由就是来去自愿。我选择你和不选择你都是我的自由。还有一句话说得比较好，就是在互联网时代，如果想做一件事情，找人帮忙可能找不着，但可能也没有人会阻拦。这就是自由。

巴拉巴斯写过一本书叫《链接》。我感觉互联网经济被称为链接经济，是从巴拉巴斯这本书来的。其基本观点可概括为在自由的特征下，复杂无标度网络里面节点和链接之间的关系符合幂率分布，少数节点拥有绝大部分链接，满足"二八定律"。网站、商家等作为节点，其跟客户之间的买卖关系、服务关系形成链接，即构成符合幂率分布复杂网络。比如，Google、微信的链接与其他网站的链接相比要多很多，链接多也就意味着它更有价值。

比如，微信，它做得好，所有人都去链接它，所谓的易信、米聊就没有空间了，它的链接就很少。再比如，微博的大微，动辄有上千万的粉丝，抛开道德评价，只谈商业逻辑，它有了链接，自然就有了价值。从这个理论推导，时下流行的互联网经济是去中心化、去节点化的理论本身也是一个伪命题。大家可以思考一下，在自由特征下的互联网经济与工业经济的差异在什么地方？如何重新思考商业的定位？

四、互联网对商业模式的冲击

（一）商业模式

下面我罗列了一些互联网思维中的新商业模式，这些商业模式，我认为更多的还是一种思考方式。我们不仅要分析现象，更要看到它的内涵和外延。

第一，竞争逻辑和魅力逻辑。这是典型的工业化思维和知识化思维，或者互联网化思维下两种不同的认知逻辑。在工业化语境下，大家都知道，生产制造产品主要靠竞争。比如生产肥皂，我生产出来的肥皂，一定要想办法侵占别人的市场。因为工业化的生产逻辑，产生的各种工业用品，比如肥皂，它本质上是没有多大区别的，都是流水线生产出来的大批量的同质商品，在市场上必然靠争夺抢同质市场，这叫竞争逻辑。什么是魅力逻辑呢？在互联网的情况下，常见的商业模式考量，不论是个性化也好，还是以客户为中心也好，目的是要吸引客户过来。我们怎样吸引客户过来呢？就是让客户觉得舒服。那么怎样能让客户觉得舒服呢？可能一些感性的东西就比较重要了。工业化产品主要强调的是功能，比如肥皂是用来洗手的；车是用来代步的。然而在互联网下，生产的不是一种功能，而是一种个性化的需要。就是对客户要有魅力，对客户要有吸引力。因为现在物品已经极大丰富了，大家去买什么都可以，随便都能买得到。但是客户为什么买这个而不买那个，就是因为这个东西对客户有吸引力。所以说就一定要让人有精神上的认同感觉，他才会跟你建立起比较强的一种链接，他才会成为你的客户，这就是互联网语境下的魅力逻辑，跟刚才我讲的客户和商家的再平衡，他们之间建立平等关系，思路是一脉相承的。

如何产生魅力呢？这里也借鉴了 Daniel H. Pink 的一本书 *A Whole New Mind*。本书阐述了左脑、右脑思维的差异。男性思维是左脑思维，是线性逻辑思维。在整个工业时代下，物质匮乏，生产力不足，利用逻辑思维从头到尾设计标准化产品。在新的知识经济形态下，右脑、直觉、艺术、感知等网状思维模式就要占很重要的比例。用线性逻辑思维模式产生标准化产品的时代已经过去，应该用右脑直觉、艺术的方式给产品赋予一些客户精神上的东西，形成魅力去吸引客户。那么客户拿到的东西就是他认为是他需要的，能满足他的个性需求。准确地说，把左右脑加一起，综合平衡线性逻辑思维与直觉感性思维，来重构我们的一种商业模式，或者工作流程，是互联网经济环境的必然要求。

第二，不对称的逆袭。先说现象，从2013年开始，微信非常火。我们原来理解，微信和微博完全是两样东西，跟阿里巴巴淘宝更扯不上关系，大家平行发展。但后来我们发现，微信火了之后，微博莫名其妙地非常受伤，微博受伤了之后，过一段时间，阿里巴巴也躺着中枪了，结果阿里巴巴就封杀微信，这是一个挺有趣的现象。这就是互联网经济内的一种特征，叫做不对称的逆袭。不对称的逆袭背后的原理是什么呢？我觉得就是竞争的对象与维度变了。工业时代很简单，我要产肥皂，舒肤佳品牌就是竞争对手。但是在互联网时代下，忽然发现找到竞争对手不是那么直接了，马云说他拿着望远镜都找不到对手，结果身边就有一个对手。那么微信到底竞争的是什么？微信、微博包括淘宝，其实抢的都是客户手机的使用时间。我们一天只有24小时，微信依靠其核心社交，及延展到的信息分享与朋友圈购物等产品功能，相比于微博与淘宝的单一功能，高维度产品对客户的吸引力大，客户使用的时间自然变长。之前，工业时代产品都是基于空间的，一对一、线性的竞争；互联网时代产品属性扩展到时间维度，竞争维度更高了。站在三维空间观察竞争，感觉到的就是不对称的逆袭。所以理解了互联网经济里边时间、空间甚至更高维度竞争格局形成的不对称竞争关系概念，如何实践是我们大家要共同去探讨的。

第三，去中心化和去中介化。刚才已经提到了，在自由的情况下，复杂网络必然会产生节点中心。为什么大家抽象归纳出一种商业模式叫做去中心、去中介？它去的是什么？它去的不是中心节点本身，不是中介节点本身，不是中介机构本身，它去的是服务效率低和没有把价值充分发挥出来的简单利用信息不对称的中介，而取而代之的是新产生的在效率上还是在模式上都会有价值增值的中介。比如，资金融通中介银行可以做贷款，为什么还有P2P出来呢？就是因为银行的贷款，一是大量中小微企业根本不服务，二是审批流程与周期时间长，三是贷款产品单一。这就为可能服务更高效的

第六章 ◆ 互联网金融观点精选

P2P的产生形成客观空间。再比如，券商的佣金模式，以前靠牌照躺着挣舒服钱，券商作为一个低效节点，是很危险的。所以，去中心化也好，所谓的脱媒也好，都是一种简单地利用不对称去贩卖信息的模式，已经不能再持续了。

第四，双边市场理论。羊毛出在狗身上猪掏钱，这是很有趣的一种概括，是互联网经济非常有趣的一点，是双边市场理论的通俗表述，其本质即为重构业务流程或者商业生态。举一个简单的例子：某互联网金融公司经营网上金融超市，代销银行理财产品，面签环节要求网站客户亲自去银行柜台办理，但是客户都不愿意去银行。为解决这个问题，公司经理跟银行讲，这个高端客户是我拉来的，我卖的是你的产品，银行能不能从营销费用中出点儿小钱派车来接客户。公司经理同时跟几家银行谈好，每家分摊下来的费用很小。最后客户很舒服地用专车办业务，客户好像拔了公共"羊毛"，但是这个"羊毛"出在谁身上呢？客户以为是互联网金融公司，其实是银行拿的钱。在整个过程中，虽然说"羊毛"出在狗身上，猪掏钱，但这里边不论是羊呀、狗呀、猪呀全都获利。这是一个典型的多元局面。

所以我们在重新思考自己的业务模式的时候，就要仔细想怎么去综合周边的上下游以及左右商业伙伴的价值，就变得非常重要。有可能经过重新组合后整体效益提升，大家都很Happy。工业时代是以竞争为主体的，而互联网时代是以协作为主体的。协作和竞争的差异点即是思考框架变了，我们换个角度去想这个问题，大家都很Happy，如果是从原来的角度思考问题，那这个事就废了，很难把它想清楚。在工业时代下，生产产品卖钱，消费者给钱，要完成一个商业循环的线性模式；而在互联网下已经变成了网状模式，双边市场模式将成为未来的主流商业模式。

第五，品牌已死。"品牌已死"这句话本身不是很精确，之所以这样说，有点儿用语不惊人死不休的效果吸引眼球。为什么在工业经济时代，品牌那么重要？我认为在工业时代，产品的同质化程度很高，竞争激烈，如果想提高产品辨识度卖给消费者，就一定要给产品本身赋予另外一层意义、含义，就叫品牌。比如我们卖巧克力，如何做到与众不同？德芙巧克力就做了连续剧广告，传递了一种很美好的东西。在吃这个品牌巧克力的时候，我联想到的是美好。这个品牌背后传递给我的一种美好的东西，是一种真善美的东西，那我买德芙而不是其他品牌就给了自己一个理由，这叫品牌。但在互联网经济时代下，互联网的产品刚才我们已经讲了，要满足客户的个性化的需求，靠右脑的感性思维形成产品魅力，每个产品都是与众不同的，原来通过品牌体现的辨识度已经内化到互联网产品功能或服务里面了。

没有品牌的外在精神依赖，客户忠诚度就只是传说了。工业时代，我喜欢某一个品牌的车，无论怎样升级换代，我都买那个品牌，因为各品牌车功能差不多，但我认可那辆车背后传递给我的精神层面的东西。而在互联网时代，有各种车满足我不同个性化的需求，选择不再仅仅依赖于品牌分类。所以大家都抱怨说客户一点忠诚度都没有，今天花钱把他拉来了，明天别人又花钱把他拉走了。这是商业逻辑发展的趋势，因此在做自己的产品、服务和模式设计的时候，是需要仔细考虑的，这是互联网时代下商业模式的新特征。

第六，大河模式和堆雪山模式。在工业经济时代，醋厂模式（采买原料、酿造、销售、回款、再去买原材料，开始新周期）是一种从上往下的流程组织生产模式，类似大河流水。工业经济模式，包括咨询等知识服务，都是类似单一产业链的线性大河模式。互联网经济中的堆雪山模式，指的是先做价值，不谋求尽快收费，不着急进行直接商业业务拓展，而是不断锻造内在个体价值。比如微信，一开始没人看得清其商业模式，也可以说没有商业模式。张小龙只专注让用户喜欢用，不惜一夜之间封杀几万公众账号，只为创造清爽的使用氛围。如果不是因为腾讯公司受到的资本市场变现压力，其公共账号等商业化探索进程还会慢很多。这个例子说明堆雪山模式就是堆价值，只要能够扛得住成本，就一定要把价值构造得足够大，商业垄断的护城河就足够深。

人类早期的农耕时代，能做桌、椅、斧、犁等工具的匠人是很受欢迎的。在工业化时代，他们忽然就变得不吃香了，各种各样的东西全部被标准化大规模生产了，个体技能似乎不太必要了。但是在互联网经济个性化需求被激活的时代，人的需求不再标准化，具备独特价值的小而美的手工作坊、个人工作室等业态又焕发勃勃生机。这也是靠积累个体技能的堆雪山模式的例子。

只要不断积累核心价值，就像堆雪山堆得越高，势能就会越大，其价值展现或价值货币化自然是水到渠成。

第七，渠道论。有观点认为互联网就是一个渠道，我觉得这句话对，但不全面。传统渠道完善产品流通环节通过分发商品赚取佣金实现价值。我掌握通道，客户在我这里，你给我货我去卖，我赚取佣金，如券商经纪业务、产品全国总代理等都属于这种传统的占位式渠道方式。其模式为通过占据一个位置来赚过手钱。但从互联网商业思维角度分析这种简单占位式赚钱的模式前景不乐观，新的模式要求渠道要有除商品分发之外的价值增值，唯此才能在竞争中占据优势。举个例子，从传统渠道方式看拥有巨大流量的淘宝，预测在上面销售公募基金应该会有良好效果，事实是截至目前，淘宝上的基金专卖店的销量惨不忍睹，很多基金公司在淘宝专卖店卖产品的收入可能连开店的装修费都不能弥补。但有趣的是，卖货币基金的余额宝的效果就很好，销量节节攀升，达6000亿元，搞得整个金融市场风声鹤唳。为什么呢？余额宝相当于附加支付宝支付价值的账户余额增值场景服务。不是渠道与产品销售流程简单拼凑在一起，而是多种价值叠加。价值叠加，不是加法而是乘法效果，不是物理而是化学效果。所以，再面对传统代理渠道、分销渠道时，我们要思考如何与产品或服务结合挖掘深层次的价值，形成价值的化学反应、乘法反应。

传统渠道与产品或服务提供方应该是互为合作伙伴、互为渠道的关系，而不是简单的生产销售关系。

第八，价格战。科幻小说《三体》里讲到一个场景，生活在四维或更高维度空间里的高等级文明，为争夺有限的物质和能量，会降维到低维空间消灭低维生命文明，同时保留相关信息能够恢复到高维空间，这需要很高明的技术，普通降维会损失信息导致不能恢复到高维度。普通的价格战可以类比于普通的降维，一旦陷入价格战，行业的利润率会迅速被压缩。但像《三体》中的高级高维度文明降维攻击低维度文明一样，互联网商业世界里价格战这种最简单最直接的降维式攻击，背后暗含着生态性的商业逻辑，通过模式设计使失之东隅的利润，通过其他相关方式收之桑榆。貌似简单的价格战甚至免费的低维度竞争带着相关收益补偿信息，构成完整的高维度商业文明。

下面讲一个房地产的互联网思维故事。我没有求证过它的真实性，但很有道理。一个聪明人怎么做房地产的呢？在过去十几年里，房地产行业的效益非常好。他首先看好一块地，但没有足够的资金，就去找其他有钱但不懂房地产且没有时间的人，组织十几个人，大家凑钱一块儿拿那块地。这是大家第一次见面。地拿了之后，这个人负责房地产项目设计，请投资人来一块探讨设计初稿，增加一些大家的偏好，让投资人有一种参与感。这是第二次见面。房子盖好进入销售环节，再请投资人来，第三次见面，确定每人负责多少套房子的销售。为什么这些人愿意负责卖呢？想一想，如果是在过去的十年里，你突然跟周边的亲戚朋友说，我有几十套房源，可以比市价便宜点卖给你们，那大家是不是觉得这个人很有面子？而且这些投资人还有优先购买权，有实力的话可以把房子留着将来涨价后再倒卖。所以看整个过程，从资金提供到销售，都用众筹的方式解决了。这个组织者还得到一个副产品，很多投资人都来找他要复制这模式。最后他开始筛选什么人能够进入到这个圈子里来，逐渐地把投资人组织成线下俱乐部形式，这些人不仅仅一起做房地产生意，还经过沟通产生了很多新的商业机会，形成正向价值的圈子。作为发起者以及组织者，这个人成为了圈子的中间节点，也获得很多商业机会。从故事中我们看到：传统的地产组织模式，被改变成另外完全不同的状态了。

（二）企业组织模式

以上就是我对互联网商业模式的一些简单的观点。因为能力所限，肯定挂一漏万，我们如何找到新模式？什么样的组织适合产生新模式？什么样的个人适合设计新模式？

诺贝尔学奖得主、经济学家科斯的一篇核心著作《企业的性质》，探讨了企业这种组织模式存在的原因。企业边界在于内部交换成本低于外部的交换成本。这是个有趣的现象，高度计划性的企业构成了高度市场化的市场经济。这种组织形式为什么在工业经济时代非常有效？传统企业是金字塔式的自上而下的科层管控模式。因为工业经济时代是以流水线生产为主的，只要把边际收益、边际成本计算清楚之后，整个生产组织协调都可以从上往下计划。负责各工序团队之间的边际也很清楚，考核标准很容易界定。日本企业精益管理法的精髓即测度每个工序产出品的质量到几个Σ，判定能否验收进入后续工序，6Σ管理模式是这种自上而下科层管理模式的极致。但是在知识经济时代，这样的方式还有效吗？

举一个简单的例子。保险行业也好，资产管理行业也好，互联网公司也好，都是用知识创造价值，各工序之间的边界日益模糊，团队之间信息交换质量评估变得非常困难。在科层管控模式下，容易滋生负面的结果为中层领导之间以一种互相博弈争取上级认可的状态存在。在世界上价值的获取只有两种方式：创造和掠夺。组织里，"摘果子"、"搭顺风车"等少做事多占业绩现象，都叫掠夺。在金字塔式管理模式下，所有的人都以向上爬格子的方式来获得自己的价值最大化。员工的最优经济方案肯定是：有价值的东西，我要沾上；有责任的东西，我尽量远一点，努力成为上级的自己人而不用费心费力创造价值就可以爬上去，用最小的成本获得更大的利益。这就是科层体系造成这种非价值创造博弈现象的根源，这样的企业显然没有产生创新的土壤。

那如何改善组织管理模式呢？这里简单分享一些观点：领导不是做管理的，而是做战略方向选择和团队服务的。企业内部创新业务哪里来？创新业务不是专职设置的创新团队闭门造车出来的。应该说任何员工有好的主意，只要这名员工说这个东西愿意自己去推动落实，那么领导就要为团队服务，把员工面临的制度性障碍扫除，创造环境让员工去做，服务于员工，帮员工去筛选模式中具备的长远性因素，或者说帮员工去剔除掉一些不合理的东西，把员工从传统业务中抽离出来，支持员工去做。这种创新型组织，团队层级一定要小，一定要扁平化，因为一旦中间夹了很多层级的话，信息传递会变慢、会变形，好的主意会被扼杀在摇篮中。所以领导的定位一定要清晰，不是发表并灌输个人意见，而是去听别人的意见，跟别人一起去筛选各种主意，是去服务于别人创造价值的需求。通过这种管理方式，员工的工作动力不是来自领导给你的考核指标，而是来自员工之间创造价值的良性竞争。现代社会的年轻人，特别是20世纪八九十年代的人，更多的是追求自我价值的认知和自我价值的张扬，在这情况下，如果你强硬命令他去做什么，他基本上都是逆反的，但如果他发现别人能作出价值，而自己没有作出价值，他们是不能忍受的。所以说在新的管理模式下，其实员工最大的压力来自他的同事。只有这样才能在公司和员工之间形成一种理性的或者说一种鼓励创新式的氛围，员工会主动尝试各种创新。大家竞争创新而不在竞争跟领导的关系了。所谓管理3.0，就是把金字塔倒过来，让一线员工自己去想问题，自己给公司承诺，自己去组织团队，自己去承担团队所做的创新的结果。我在公司内部自己管理的领域里面，尝试这种管理模式，让每一个团队独立去发掘领取自己的任务，我就是服务的，每天从早上晨会，一直到晚上开晚会，我一直在跟不同的团队沟通，他们做的什么、未来的发展方向是什么、做到了什么状态、评估进展是否合理、需要哪些资源等。比如，当初一个同事提出尝试做数据库营销，我觉得大数据分析值得做，就去跟领导沟通，领导问能承诺销售量吗？我说行业内没有成功案例，没法承诺，结果当然是没有预算了。最后，就从部门费用中抠出5万元，也雇不起市场上很贵的专家。但这位同事没有放弃，自己跑到了人民大学统计系，一个一个教研室去敲门，以实习的名义找了一个博士生、几个研究生过来，一天给100元，就把这事给启动起来了。我们懂基金销售业务，他们懂基本的数据统计模型，互相配合，结果做得效果很不错，获得销售团队和领导的高度认可。所以，新的管理模式不是作为领导你什么都要去指挥的。如果某同事真想做某事，他自己会找到一些方法去实现的。讲这个例子就是在说，在竞争激烈的商业环境里，企业优势是要激发员工本身的创造力，领导把自己的地位压低一点，做好服务；再把自己的境界抬高一点，做好战略方向的选择。

另外一个例子。在腾讯内部，微信开始时很难清晰地界定其与QQ的本质区别到底是什么。理论上同属社交软件，已经有了QQ，就不该有微信，但结果是微信和QQ都很成功。其产生的原因就是企业的组织模式文化，不是工业时代的线性科层式思维模式。

企业鼓励员工创新竞争的商业机制：在成本控制允许的情况下，企业追求的不是做事成功概率，追求的是做事结果的数学期望值。做1000个创新尝试，999个都失败了，一个成功就够了。

我们刚才分析了企业的组织模式，举了几个例子。要我们现在马上去做组织结构的大调整不太现实，但是，我们可以看一看真正产生创新的企业里人家是怎么做的，要先认识到，路漫漫其修远兮，千里之行始于足下，要从自己身边开始慢慢调整。

（三）个人模式

下面看一看个人如何适应互联网时代。如果说改造企业路径还很长的话，我们可以改造自己，世界上改造别的人很难，只有改造自己是没有障碍的，想改就改，除非自己不愿意改。如何改变？我这里面也罗列了几条，希望能够把我的这种考虑同大家作为一个分享。

我认为，最重要的是个人模式的调整。

第一，自己在思考问题和看问题的时候，要分清楚成见和初心。成年人的思考框架都是基于过去经验沉淀出来的东西。以过去的沉淀经验去看未来，必然带有自己的成见。但在快速变化纷繁复杂的世界里，看待新事物，最好还是要把我们内心的成见放到一边，以一种"人生若只如初见"的初心状态去迎接新的东西。只有这样才不会上来就会产生一个快速的自以为是的判断。如果我们保持初心去看新事物，最好的情况是我们能够深入研究并能够利用它；如果不能理解的话，最好保持初心和好奇心在旁边观察研究它，不要把它直接屏蔽到自己大脑之外，思考框架之外，那我们会丧失很多的有价值的认知。麦克罗汉曾说"我们不能带着19世纪和20世纪形成的认知枷锁去跌跌撞撞的奔向21世纪"。我觉得他这句话，非常能够概括我刚才说的这个意思。为什么硅谷在创业的时候，喜欢要没有经验的人？因为过去的很多经验反过来可能是新业务的枷锁。

第二，在个人模式上要锐化创造力和欲望。对于我们这种在新中国成长起来的人，可能有点为难，因为我们讲究的中正、平和、中庸之道，很难把自己的创造力和欲望给锐化出来，就像内心诉求很强烈，话也要说得很中正，事也要做得很平和。但真正创新的人，真正取得一些突破的人其实都是很明确地追求自己梦想的人。锐化创造力的背后就是锐化我们的欲望。其实欲望是人生的原动力，不能压抑，压抑了也就丧失创造力了。

第三，否定主义。我自己觉得不要轻易否定，包括底层员工提的很多建议，包括一些不靠谱的建议，可以跟他们一块去探讨，工作时间一块探讨可能没有时间，那就吃饭的时候一块探讨。麦克卢汉说，人在整个进化过程当中，对于一些很尖锐急剧的外在环境变化，人会焦虑，人焦虑之后神经的自然反应就是关闭接受外界的信号，不接受新信息，这样会很舒服。既然这是生理上的而不是主观的问题，那就挑战自己的动物本能，慢慢锻炼总会有进步。逐渐降低对离经叛道的观点与建议的否定本能反应概率，更容易进入积极的互动学习境界。

第四，追求本质的独立思考能力在新知识经济内变得越来越重要。互联网上信息越来越多，容易被各种不同甚至相悖的信息弄得无所适从。所以，独立思考追求事物本质在新商业环境中甚至成为必要素质。比如，当下争议较大的货币基金背后产生的原理到底是什么呢？是如银行体系内的某些专家所说的货币基金提高了整个社会的融资成本吗？我认为，中国式货币基金的繁荣其实是中国利率管制、影子银行泛滥大背景下自然出现的结果。因为，民间融资成本动辄三分利、二分利太正常了，哪里来的钱？影子银行。老百姓的钱都是靠3%的定期或者是百分之零点几的活期成本存款存在银行里，那么银行资产端利率为6%的贷款形成的利差已经很可观了。为什么银行愿意给货币基金7%、8%的同业存款呢？背后的本质是民间高息的钱很大一部分就是通过各种渠道从银行流出来的，作为影子银行资金来源的这部分资金成本在10%以上是很正常的。银行给那么高利率的同业存款，自然有高利率资产端去消化掉这种成本。货币基金获得相对高息同业存款的现象只是传统金融与民间金融形成的结构性资本利率双轨制，中小企业融资需求远远得不到满足的小小例子，根本谈不上提高社会融资成本一说。

第五，我认为，现在中国式教育体系严重扼杀了孩子的兴趣，毕业后的孩子都是类似的，小时候的各种兴趣都变成考试升官与赚钱两种兴趣。因为我们没有锐化的兴趣，没有创新的源泉，也懒得思考追求与金钱无关事物的本质，更不会锐化我们的创造力，这样的思维模式显然不适应知识经济的要求，这只有重构教育体系了。

面对现实，我们传统金融机构或者传统金融机构的从业者何去何从？新知识经济体系内，社会个体之间的联系越来越紧密，竞争也变成全方位的。每个个体处在或大或小的生态环境里面，每个人、每一个商业机构，都隶属于同一个生态环境，每个生态能够存活下去最重要的前提，要把生态中的落后物种淘汰掉，让适应的物种获得占有更多的资源，这是社会达尔文主义的精髓。每天面临各种变化、各种竞争，只有不断地挑战自己，以积极的心态去迎接变化，以学习的心态去适应新变化，才能使自己成为变化的一部分。恰恰这种积极投入到动态变化社会里的选择反而是最稳健与保险的。

读过托克维尔《旧制度与大革命》，关于其主旨我总结一句话，"革命是以张扬和暴力的方式进行的温和的社会改良"。法国大革命够暴力，但绝不彻底，对法国社会基层的东西，制度性的东西改造远不如想象中的那么大。那么，当下轰轰烈烈的互联网热潮用张扬的方式给我们带来了什么？它改变了大众对事物的思考框架以及事物的内在运作模式，但没有改变人性和各种业务本质。

谢谢大家！

互联网金融的发展趋势及下一个十倍大风口：保险

申万宏源证券研究所　易欢欢

我非常有幸能来到中国保险大讲堂与大家分享我的想法。今天我所讲的内容包括五大部分：第一部分系统性地回顾了整个互联网金融的发展历程；第二部分分析了中国互联网发展的特殊性；第三部分分析了互联网金融对三个大的产业的冲击；第四部分分析了互联网金融基础设施和产业关键环节；第五部分简述一下2015年互联网金融的前景。

一、互联网金融的前世今生（缘起）

（一）从技术发展角度看互联网金融的发展

首先，通过自己的经历给大家分享一下整个互联网金融的缘起和中间产生的很大的核心要素。互联网最早起源于2008~2009年，先是物联网大规模推出，物联网看上去是个名词，但它背后带来的是从2009年以后，我们所使用的存储、CPU、带宽，它还使我们整个社会出现了无处不在的RFID、传感器、智能终端、智能设备。物联网出现的结果是，我们周围的各种信息和数据在不断地被采集，大量的数据不断地从实体社会转换成虚拟社会。

数据显示，到2020年中国所产生的数据量将占到全世界的40%，整个数据量的规模每上一个字母就增加10的3次方，这是一个非常大的数据量的爆炸增长。如果我们还是按照当年的方法去建设我们的IT、业务、计算及储存能力，那么我们到2015年就肯定看不到阿里巴巴、百度、腾讯了，因为按照以前的方法，这个方面的投入会很大，会让所有的公司破产。2010年，中

---

① 本文为申万宏源证券研究所执行所长易欢欢于2014年3月6日在"中国保险大讲堂"上的讲话。

第六章 ◆ 互联网金融观点精选

国移动就非常敏锐地发现了这个问题，它开始大规模地把小型机的计算能力合并，用云的方式来为用户提供服务，这就是云计算。什么叫云计算？云计算是通过大规模的并行计算来处理海量的数据处理，它的优点是降低了单位计算和存储的成本。比如阿里巴巴，如果阿里巴巴在"双11"没有使用云的话，那么当时会让整个公司陷入困境。但是云计算也有缺点。现在很多业务和数据用智能终端完全可以解决，由于每一个智能终端上面体现的只是一个简单的UT，或者一个简单的APP，后端复杂的业务和复杂的逻辑全部存储在云端，这个时候我们会发现云把业务和数据、把前端和后端完全做了分离，让用户养成了愿意把数据存储在远端服务器的一个习惯，结果就是数据量有了，计算能力有了，存储以及用户的使用行为也有了，这就是云计算带来的最为重要的副作用。

这么多数据储存了之后，对我们每个保险公司到底有什么帮助？这些数据怎样去提升我们的管理效率？这些数据怎样帮助我们衍生出新的业务、形成新的产品、构建新的服务、改善客户体验？2011~2012年大数据的提出，给我们回答了这些问题。到了2012年、2013年，当时我们去很多民营企业作调研，我们给那些企业家讲物联网、云、大数据，它们反馈的信息是，企业现在完全不缺效率，最缺的是更低的融资成本、更恰当的融资服务模式、更便捷的融资通道、更适当性的金融产品和融资行为。当时我们就在想，我们一直在讲数据未来会越来越成为判断一个企业、一个产品的核心价值和评价标准，那么数据跟数据之间的交换能不能变成一种价值交换行为呢？数据和数据之间的交易能不能成为一个金融行为呢？用数据能不能对一个企业进行重新的定价呢？从那个时候我们就开始全面进入到了互联网金融的研究。互联网金融的本质是什么？很多人说是互联网，也有很多人说是金融，我认为这两个都只在分子层面，它们两个之间的本原构成金融行为。构成互联网金融行为的本质是数据的流通和流转，通过数据再形成新的定价、新的决策、新的配置、新的交易的一种全新的方式。这个我认为是互联网的明天，是互联网金融的明天。所以，在互联网金融里面出现了一大批，包括像第三方支付、网络供应链、大数据、P2P、众筹等，一大批现在大家耳熟能详的各项业务。

总的来看，我认为互联网金融发展的本质是围绕着数据的采集（物联网）——数据的处理（云计算和存储）——数据的应用（大数据）——数据的变现、定价、交易这么一个完整的数据生命周期运行的。

关于互联网技术的新发展有以下三个方面：

第一，生产。当前，如红包、余额宝等，都是大家耳熟能详的互联网产品，但一个非常重要的新领域大家一定要关注，那就是它们主要的操作人员是谁？操作人员是阿里巴巴、百度、腾讯。从1994年到现在，中国的互联网发展了20年，互联网对人们最大的影响是大量地面向C端的消费者。过去的20年，互联网主要改变了消费者的行为，主要围绕消费者的衣、食、住、行、用、社交、医疗、学习、支付，互联网完成了整个业务的发展全过程。但随着虚拟化程度的不断加深，互联网的深度开始逐渐变到了一台机器、一个车间，逐渐进入到了一个企业、一个链条、一个生态系统。未来20年，我们的整个互联网将从消费互联网进入产业互联网这么一个阶段，主要围绕每个产业里面的生态环境，形成它的生产，并从当年的按计划排产能，转变为消费者提出需求、提出创意，个性化、定制化地为其提供产品。对于企业来说，是生产；而对于保险公司来说，就是保险产品的设计。

第二，流通。过去由于物流环境的限制和条块的分割，使整个社会不可能形成一致的大市场，其活跃度不高。现在出现了互联网，它把整个流通环节进一步地压缩，只保留其中最为关键的核心节点和核心要素，大大提高了活跃度。我给大家讲一个最典型的案例，我自己写了本书，叫《大数据时代的历史机遇》，当年卖得很好，但是最后只拿到了6%~7%的版税，其中的93%~94%全部被书店、印刷厂、流通渠道拿走。后来这本书出英文版和繁体版的时候，我没再找出版社，而是找了亚马逊，亚马逊有一个非常重要的电子阅读器，叫Kindle，它给每个消费者提供的是一本电子书，整个出版、印刷、排版的过程成本非常低，而且还压缩了大量的中间环节，它把70%的收益分给了作者，亚马逊只拿走30%。这就是互联网在流通环节的优势。

第三，交付。过去我们的交付过程非常复杂，现在我们的交付过程变得越来越个性化和定制化，最后还有融资方式。互联网金融将成为直接融资和间接融资之后的第三种融资模式，融资的核心是定价，它的定价就取决于它的数据，它根据整个产业链条上的数据活跃程度来进行新的融资和定价。但在这个层面上我们会发现，它的玩家跟当年不一样了，如我们所知的阿里巴巴，当年想跟用友财务软件合作失败后，阿里巴巴的人觉得财务软件和管理软件非常简单，回去投了30亿元做了一个自己的"钱掌柜"；而用友发现电子商务也很简单，自己做了伟库网。结果是阿里巴巴的30亿元基本上打了水漂，用友的伟库网也就1万人的用户量。原因是我们从消费互联网端的经验走向产业互联网端的经验，中间有一个非常大的鸿沟，信息不对称很严重。所以，从2012年开始，腾讯整个思路就发生了很大的扭转和变化。腾讯不再百分之百地去控制它们投资的公司，包括四维图新、顺网科技、京东、大众点评，它更重要的是发挥其拥有的数据、客户、产业经验将其服务到下游，只保证在上游做好流量导入工作就可以了，这个事情是非常重要的。

在产业互联网领域里有几个非常重要的因素：第一是数据，包括对整个链条上关键数据的把控及对产业链条上关键数据产生的井口占领，这是非常重要的。第二是交叉补贴的商业模式。例如4S店，随着互联网的出现，4S店不再在于拥有多少店铺，而在于拥有多少从这些店里面出去的用户。当年4S店的任务是把客户吸引进来，卖完车之后从此了结，但是未来4S店的发展趋势是，卖完车后跟客户之间的联系才刚刚开始，这就是一个重要的变化。所以，当我有了数据以后我一定会通过金融的方式来给你提供各种各样相应的服务，这里面是最大的一个盈利点。

（二）从政策监管角度看互联网金融的发展

互联网金融最初的政策监管始于第三方支付。在2010年以前，阿里巴巴、腾讯都在做支付，但基本上是不合法的，因为没有发放牌照。到2010年，监管机构第一次给这些互联网机构颁发了第三方支付的相应牌照，从此，整个中国的互联网支付行业迎来了巨大发展，每年基本上按照100%的速度在直线增长。截至2014年底，互联网支付整个规模突破了8万亿元，增长了50%；移动支付规模接近6万亿元，增长了近400%，这是非常可观的。第三方支付带来的结果有两个：第一，中间有一个资金池；第二，中间形成了一套隐性的社会征信以及信用体系。在这种背景下才会出现余额宝。

为什么会出现余额宝？因为中国传统的金融业态极其不发达，中国有将近60万个线下的银行网点，基金公司、保险公司、信托公司和证券公司，基本上都要依托银行的渠道而生存，所以造成了中国除了银行以外的其他金融机构在金融资产里面的占比非常小，这就阻碍了整个基金行业、保险行业、信托行业和证券行业的发展。在2012年，第三方支付及互联网的商务业态开始快速、蓬勃地发展，监管部门就讨论如果将证券公司、基金公司跟互联网结合在一起，会产生什么样的效应。余额宝就是二者相结合的产物。

从2013年开始，余额宝实现了两个突破：第一，它把当前支付宝里已经健全的用户信息直接授予给每一个基金用户，这样基金用户就不需要在线下跑到银行网点重新签字、拍照，去做无用功，只要在线上操作即可。第二，把证券公司的非现场开户进一步地放开，把非现场开户的时间从当年的半小时压缩到现在的120秒，这是一个非常大的变化。从2014年开始，基金行业在互联网上销售基金的规模已经全部超过了线下，这是一个非常重要的关键点，而证券行业依旧是个非常小的行业，两个证券交易所开户数总共才1.8亿元，实际上的用户不到9000万人，而随着互联网的发展，我们看到，证券交易所每周突破百万级的用户大规模地涌入。

我们看到，在制度刚放开的时候，第三方支付、互联网基金、互联网证券，谁也看不清楚商业模式，但是制度一旦放开，大量的创新者涌入到行业里，各种各样的创新层出不穷，大量用户在不断地被激活，大量用户的数据被不断地采集，就形成了一种高黏度的、新的商业模式，这种商业模式一旦爆发，极有可能对行业产生非常大的影响。所以，我认为这里面有几个关键因素：第一，新"国十条"的颁布，提升了保险业的地位，明确了行业目标。第二，在互联网保险的征求意见稿里面，我认为任何一个互联网与金融的结合，中间都有一个区域壁垒，一定要打破这个区域壁垒。第三，重视任何一个行业跟互联网的结合，其结合会从标准化走向非标准化，从小额走向大额，从碎片化走向集中化，这是整个电子商务发展的一贯规律，我们在中间可以看到保险业未来费率的改革，产品设计的更加多元化和个性化，这也将成为整个保险业启动的一个非常大的优势。

互联网与银行的结合产生了 P2P，P2P 实际上是对现有银行业务的一个改造，或者说是取代。互联网与证券、资管的结合，带来的结果是在一霎那间把当年需要很长时间建设、购买形成的资产规模放大了，但是它也带来了较大的波动性和杠杆率。对保险行业来讲，第一，互联网跟保险的结合可以把保险产品更加碎片化，融入到我们每个用户的任何一个场景之中；第二，保险在互联网上类似于一个黑洞，不断地把各种流量转换成我们的保费、资金、投资趋向，互联网保险有利于替代我们成本极高的代理人、费率极高的银行渠道，成为一个非常重要的利器。

二、中国独特性与土壤（孕育）

为什么中国会出现这么大的机遇？它们存在的特殊性和土壤究竟在哪里？第一，我们可以看到，中国在纸媒、广播和电视方面的渗透率都远远低于美国，但是在互联网方面，尤其是在移动互联网方面的渗透率、数据流量位居世界第一，中国的互联网对中国人生活的方方面面的影响会更大。第二，互联网与移动互联网有非常大的本质区别：一是移动互联网随时随地在线。二是二者的输入和输出方式是不一样的，比如，计算机用的是键盘，而手机用的是语音、拍照、定置。三是移动互联网的屏幕非常小，它可以站线的信息业非常少。四是移动互联网对我们身份的识别非常的精准，通过互联网聊天，很难确定对方的身份；而通过移动互联网聊天，能非常清晰地知道对方的所有的生活状态。

互联网有四种传统的商业模式，产生了四家非常大的互联网公司，或者软件公司。互联网的第一大商业模式是广告，它产生了百度；互联网的第二大商业模式是游戏，它产生了腾讯；互联网的第三大商业模式是电子商务，它产生了京东；互联网的第四大商业模式是卖软件。由于移动互联网的出现，传统的互联网四大商业模式的作用越来越小：它所能站线的广告位更小、它的游戏市场变得更窄、它的电子商务要求更精准、它的软件产品开始免费。这就是互联网到移动互联网的一个非常大的变化。那么，什么会成为移动互联网新的商业模式？我们发现，是手机，手机是打通我们线上到线下的一个非常重要的关键入口，也就是我们所说的O2O。电子支付在O2O的环境中变得至关重要，而且从这中间会衍生出小额贷款、消费金融、退货运费险及各种各样的金融服务。互联网企业摆脱了当年的商业模式，发现了新的商业模式，于是阿里巴巴、百度、腾讯、小米、京东、国美、苏宁、360开始全面地进入到了互联网金融的相关领域。

为什么阿里巴巴要做金融？当年阿里巴巴做的是电子商务，如淘宝、天猫，它从上面获得了5.4亿人的注册用户和4.5亿人的活跃用户，获得了几百万个中小企业的客户。但是，当时阿里巴巴的商业模式是广告，1万亿元的交易规模去掉广告费用之后，也就挣了100亿元的收入。阿里巴巴迫切面临大规模从互联网向移动互联网转变。互联网用户与移动用户的使用感完全受不一样，如淘宝，很多女性喜欢用淘宝的关键因素是商品琳琅满目，可选择的余地非常多，还可以跟店小二聊天，但是到了手机上，如果商品推送得太多，用户的感受是非常差的，这是一个非常大的不同。在手机上购物，也许京东会比淘宝做得要好。因此，当我们的商业模式出现问题的时候，对于阿里巴巴来讲最重要的就是当前自己所有累计的用户，用户的行为、数据、交易记录、位置等所有的关键信息，这些关键信息构成了整个阿里巴巴生态系统的基石，即自己的信用体系。当有了信用体系之后，是完全可以来给它提供一个更高黏度的业务的，那就是金融业务。

阿里巴巴从什么角度来做金融？第一，做支付。2014年，阿里巴巴交易规模突破了4万亿元，而且这中间承佃了一个超过数百亿元的巨大的资金池，建立起了大量的小商户的关键信用。第二，做小额贷款。阿里巴巴小额贷款整个注册资金也就25亿元，但是它通过资产证券化做到了100多亿元，2014年放贷超过300万笔，放贷金额突破了1500亿元。为什么做得这么好？因为它有一个信用，平均每笔3万元，平均账期一周到一个月，它可以非常快速地发送。第三，做菜鸟物流。它们的菜鸟物流只做骨干的物流和骨干的仓储。我们发现，只要一个商家它的货物进入到菜鸟的仓储和运输系统里，阿里巴巴就敢于把这批货物按照一定的质押率进行质押，给予贷款，这是供应链金融。至于它的弊端，企业的用户进行了小额和供应链金融之外，对于C端的客户可以怎么样？可以卖基金、保险、理财，可以提供更多的服务，包括虚拟信用卡。

在2014年"双11",阿里巴巴的整个用户大概有几亿人,如果针对这几亿用户,要在一天之内给他们发放一定的信用额度,那么就有可能获得2亿张信用卡,而且绝大多数都是活跃信用卡,同时还是主卡。要知道,中国工商银行用了20年的时间,总共发了不到7000万张信用卡,而且活跃信用卡只有1000多万张。阿里巴巴围绕着数据,围绕着用户的消费、交易、应用、决策场景,从当年的卖广告变成了首先买卖就得收千分之五的交易佣金,同时给小额信贷提供消费金融、供应链金融,提供卖基金、卖保险、卖理财。现在阿里巴巴开始做一个叫"招财宝"的平台,通过数据摘选出来最好的用户,用自己的微众银行给他们放贷;把其次的客户都扔在"招财宝"平台上,给到其他的合作伙伴;给最差的用户使用P2P,这中间有一个非常大的差别。所以,聚焦数据,形成"羊毛出在狗身上"的新的围绕着金融的商业模式,就是这件事情的本质。

三、产业的冲击与冲突(演进)

接下来我给大家讲的是我们现在面临着怎么样的产业冲击和冲突。拿中国和美国作对比,第一,从销售量上,2014年"双11",中国电子商务市场销售总额接近1300亿~1500亿元,而在Black Friday,美国全国的电子商务零售总额是23亿美元,折合人民币150多亿元,相当于中国的1/8。第二,从区域分布上,美国的电子商务主要集中在东西海岸,而中国三线城市的增长速度大规模超过了二线城市,二线城市的客户绝对值在大规模的逼近一线城市。第三,从品类上,美国电子商务零售总额排第一位的是3C、图书、衣服三个品类。在中国销售额排第一位的是汽车之家提供的汽车以及汽车后装服务产品,排第二位的是小米手机(3C),排第三位的是余额宝(金融服务)。总的来看,中国的电子商务的业态开始从标准化走向非标准化,从有形态走到了没有形态,从当年的产品走向了服务,从几十元钱走到了几千元钱,甚至上万元钱,这是整个市场的巨大变化。中国零售业态的极其不发达,造就了中国电子商务的巨大发展。

我今年研究过一个小县城的金融行为,发现绝大多数居民的存款都是以以下三种形式存在:第一,现金;第二,活期或定期存款;第三,风险巨大的民间借贷。突然间出现了移动互联网，直接把当年所有的渠道全部打破，在乡村里面的农民可以用手机进行远程的证券开户、购买基金产品、进行理财、实现债权的转让。这时候你会发现，中国金融业态的相对保守会带来中国互联网金融的一个非常巨大而且蓬勃的发展，这就是这个事情最大的本质。

目前，几乎所有的互联网巨头都盯上了保险业，保险业马上就会出现非常好的景象。数据显示，从2012年第四季度开始，中国电子商务的渗透率就已经超过了美国，目前已经达到了8%，2014年接近10%。结论是，第一，当任何一个行业跟互联网接触之后，如果它的渗透率突破了20%，它将迎来非常快速的发展。第二，一旦这个行业突破了20%，所有的高净值、高附加值、高毛利的业务将全面互联网化。这是一个非常大的变化。

除了我们表面看到的电子商务的影响之外，消费者的变化对于金融行为的巨大变化也影响很大。2013年，中国互联网用户的平均年龄为29岁，2014年为30岁以上。这个数据意味着中国现有的金融机构实际上没有获得主流用户，什么叫主流用户？30~40岁的用户是最主流的用户，为什么？第一，他们未来几年的现金流、收入是持续上升的；第二，这类用户的负债率是最高的，他们有买房、买车、老人保险、小孩教育的需求；第三，他们的金融活跃度也是最高的，证券公司用户的平均年龄为46岁，基金公司用户的平均年龄为42岁，保险公司用户的平均年龄为50岁以上。为什么会这样？是因为我们用到的渠道大部分来自银行，去银行网点办业务的基本上是老头、老太太，只有他们才不用去上班，所以这就是银行所有的渠道到来的用户的核心优势和价值。余额宝出现了以后，获得了在1980~1990年出生的用户接近2亿人，这些用户当需要资金的时候，余额宝可以帮他们理财；当市场不好的时候，可以为他们提供货币基金，当债权市场好的时候，可以给他们固定收益；当股市好的时候可以帮他们转变成股票产品。

随着互联网用户的年龄结构还在不断往上增长，互联网用户的深度服务的复杂程度还会进一步地加速。所以，看好互联网保险，是因为当互联网用户的年龄平均到了35岁之后，这类用户对于未来的必须的需求、对于老人的养老需求、对于自己的保障需求会变成一个非常重要的需求服务。如果再叠加更多的制度上、程序上、服务上的便捷性，会形成新的天弘基金，会形成更多的国金证券和华泰证券。

来自中央银行的首席经济学家给我们提出一个观点，我们拿中国的银行业跟世界的银行业作对比，中国的证券、基金、保险行业是非常弱小的，原因是什么？中国银行业占到整个中国金融业资产的接近80%，如果加上信托肯定是85%以上，利润占中国整个金融业利润的95.2%。但是全世界银行只占到金融业的40%，美国只占到28%。我们发现，当人口红利存在的时候这个国家一定是一个投资型国家，这个国家的金融行为一定是储蓄型行为，因为国家要把利润的成本尽量压到更低；但是当人口红利消失的时候，这个国家一定会出现从投资型走向理财型，资产管理行业在整个金融业的占比一定会快速增加；当人口开始逐渐走向老龄化的时候，会有两个行业迎来大规模的增长，一个是保险保障行业，一个是移动互联网行业。中国的人口红利从2012年就开始全面消失，到2022年，中国开始全面进入老龄化社会。随着互联网的发展，颠覆了当年高度的金融管制，每一个消费者都可以根据自己的个性化和定制化选取任何一个相应的服务产品，不依托于现有的物理渠道，人口红利所带来的金融资产的进一步迁移会变得非常快。

数据显示，在没有跟互联网结合之前，中国基金行业的规模，尤其是股票基金规模也就不到2万亿元，与互联网结合之后，目前整个行业的规模增长了将近70%，加上货币基金的增长，这是一个非常重要的变化。所以，未来对于整个金融业比拼来讲，关键点在于谁拥有关键用户的账户。保险行业实际上是给大型的投资集团提供了一个长期的、低利率的、稳定的、投资的资金池，在中国这样一个转型大背景下，无法取得过高的投资收益的时候，一个稳定的现金流支撑，是一个非常重要的领域，我认为未来几年会有大量的互联网公司进入保险领域来提供相应的服务。

四、互联网金融基础设施和产业关键环节（创新）

第一，未来，移动支付、身份识别等设施会进一步地、大量地被提供，能让我们每个人在非现场开户，让每个用户的身份识别和验证变得非常简单。最典型的就是苹果6，它有FID、指纹、温度、位置，这几样东西结合在一起，对于某个人的身份识别会异常的精准。第二，在支付这一端，未来几年尤其在移动这块有两大阵营，一个是二维码，一个是NFC，互联网公司在倾全力进入二维码领域，在提供围绕着二维码而产生的整个环节，银行运营商和银联在推动NFC的进一步地普及。但我认为，在互联网上，高频次的业务永远能击破低频次的业务，更便捷的业务永远能战胜不便捷的业务，我个人更看好二维码。第三，中国的金融体系为什么一直发展得不是那么迅速，发展得不是那么好？一个关键原因是中国没有建立起自己的信用体系。我们去美国调研了东海岸和西海岸的很多企业，发现一个很重要的关键点，美国的整个商业活动都源自三大美国征信公司提供的核心支持。我们中国的征信首先它仅仅覆盖了不到3亿人的用户，其次它的征信模式完全模仿美国的模式，征信报告的依据是历史和银行之间发生的所有的信贷的往来。但是中国和美国是不一样的，中国人使用银行卡、银行的借贷也只有十几年，而美国接近几十年，我们的数据都是间断性的。所以，我们在提供征信服务的时候一定要加入更多的互联网数据、活跃数据、消费数据和平台数据来交叉进行进一步的验证。因此，中国的个人征信服务跟美国将完全不一样，一旦征信建立起来，社会信用将进一步完善，会进一步加大对保险等金融行为的支撑，这是一个非常重要的变化，一定要重视，而且征信牌照未来是一个非常稀缺的东西。

以前评价所有保险公司的标准，第一个是有多少资产，第二个是多少盈利，这是两个核心指标，其他是保监会考核指标。但未来，考核所有保险公司的最大标准是什么？第一是到底拥有多少用户，第二是用户累计产生了多少数据量、用户的活跃程度以及占据了哪些关键场景的入口。未来，移动端会变成个人金融的主要入口，搜索和平台会削弱物理渠道的作用，以前一些传统的金融业务将完全被替代。

互联网金融的发展可以总结为三个阶段：第一，我们称之为原有产品的场景化和网络化，就是从线下到线上；第二，叫大数据金融，通过数据重新来构建我们不一样的全新产品；第三，我们叫人人金融，当我们把消费者的需求数据化，把产品数据化之后，我们搭建一个平台，在中间实现一个自我匹配，不用管是保险、P2P、理财，还是证券，根据消费者的需求，自我定义，自我匹配。这是互联网金融发展的三个重要阶段。如果我们把客户按照低净值和高净值进行划分，把产品按照标准化和非标准化进行划分，所有低净值和标准化的产品在两年的时间内会全部在线化。高净值和非标准化的产品，包括车险、意外险，但是寿险是一种复杂类的东西，一定是O2O的模式，线上加线下。

五、2015年互联网金融前景（实践）

（一）互联网金融展望

第一，2015年跟房地产产业链相关的大额资产进一步恶化，但是基于大数据、征信，垂直行业因为大中商品价格的下降、企业成本的降低，盈利复苏的产业金融产品将逐渐地被优质化，降息、降准将带来无风险利率的下降，优质资产迁移，2015年至少还会有两次以上的降息和降准。第二，流量端，互联网金融落地加快，投资将更加多元化，一个核心的东西就是股市和保险会大规模分流现在P2P的相应用户。第三，竞争端，我建议越快越好，我还记得一年半以前，很多人在互联网上获得一个用户的平均成本是18元钱，但现在获得一个有效用户的平均成本接近200~300元，未来还会更高。

我建议大家一定要关注互联网加金融结合各大产业产生的各个行业的变化，包括从投资、金融、电信、医疗等各个行业、各个角度进行关注。以前谁拥有资金谁就是老大，现在不是了，谁离客户更进，谁离数据更近，谁就是老大。因为通过一个互联网平台就可以敲动大量资金去润滑整个产业，这里面叠加互联网、叠加金融，再叠加自己的行业特征，会带来各大行业的一个非常大的变化。

我们密切跟踪了全国2000多家互联网金融相关领域的企业，总结如下：第一，跟理财产品的结合，我们预计未来中国的互联网理财市场大概在20万亿元的规模体量。第二，消费信贷，这里面的每个数据我们都有非常详细的测算过程，将会打造10万亿元的消费信贷的空间。第三，小贷、保险，这里面给的是保监会的目标数据，但是我认为未来跟互联网的结合，越来越多的保险的增量都会从线上这一端开始进行。有关盈利周期，我认为

2015年P2P和互联网证券会逐渐地盈利，2015年会有几家互联网P2P平台上市，无论在A股、港股、美股，这一批公司上市之后，它们的市值规模会非常大。2016年我们看好金融门户，互联网产品在线上销售，有一个临界点，当互联网门户的整个代销总额突破1万亿元的时候，中间会形成一个非常大的环境，同时还有保险。我们认为，2017年这两个业务可能前期投入会比较大，而且2017年我们将会看到蚂蚁金服、路金所、微众银行进一步上市，中间会出来非常大的一些相应的体系。

大家对众安肯定不陌生，众安最大的变化是什么？第一，场景；第二，产品的碎片化；第三，IT后端的支撑。一个产品的销售额达到几百万元就能够覆盖其成本，很多保险一个新的险种出来，要想做到一个更大的规模，只有把各种各样的产品更加多元化，遍布在每个用户的各种行为之中，才有可能真正把跟客户接触的触角进一步激活。我认为，未来的行业一定会走向扁平化和多渠道。

（二）互联网金融加保险对保险行业的影响

为什么我们定义保险行业未来的增长会比较明显？第一，巨头都看上了这个行业，他们有流量、用户、场景、服务，就跟2010年、2012年的第三方支付、证券行业和基金行业一样。第二，保险作为一个资金池的低成本，长期可靠效应，对所有的民营巨头，对所有的人都会有着天然的吸引力，比如巴菲特每年的年报都要汇报他到底有多少的浮存金。第三，整个保险行业对于保险产品的跨区域，对于保险代理人的各种各样的服务，以及各种各样机制需要进一步完善；同时，对于整个保险的费率及产品设计的进一步自主化，现在刚刚开了一个口子，未来随着这个口子越来越大，里面会形成新的天弘基金、国金证券和华泰证券。

保险行业自身要发生的巨大变化在哪里？第一，从以前重视资产、重视利润，要变为重视用户。第二，要重视场景，平安保险定义了260个左右的用户的使用场景，把他们的生活服务以及各种各样跟保险相结合的服务切到每一个场景中去。第三，我们去接触用户的触点，从以前的代理人变成由我们控制的可穿戴设备，由我们控制的汽车的前装设备，由我们控制的旅游、酒店、体育相应的数据入口。把我们的理念一点一滴地运用于更多的场景。

从研究的角度来看，我认为互联网金融加保险是一场颠覆性的革命，会从信息不对称的服务业延伸到政府制造涉及的第一产业中，很多企业家的坐标系和商业知觉会失灵，很多投资人对趋势的判断一定会失效，最早体现在客户结构的变化上。数据资源的抢夺、数据入口的抢占会成为胜利的关键，谁把握了关键的数据，谁就会成为非常重要的前项免费圈数据，后项收费来变现会成为主流。

未来，我认为大家一定要关注以下几个方面：第一，客户、用户、商户、上下游是根本，我们要用几个指标每天不断地评价数量、时长、场景、体验、黏度，这几个指标每天都要不断地去权衡。第二，我们要跟客户的触点更加多元化，需求更加个性化、定制化，实现关键的变现路径。第三，重资产持续向下，我们的产品设计、资产管理、轻资产运营能力不需要那么多的渠道。互联网带来的结果是一定要注意轻资产和运营能力。第四，合伙人机制，包括执委会机制，也是一个非常重要的核心要素。第五，时机转瞬即逝，必须抓住行业发展的时间窗口。因为保险行业不仅仅是保险公司自己在"玩儿"，未来会面临着跟互联网公司、证券公司、银行、资产公司一起"玩儿"，谁的账户最活跃、谁的资产最优质，谁就可能最有优势。

最后总结一下，我认为对于中国来讲，合理的金融资产配置，应该是保险40%，资产管理30%，未来银行只能变成30%，这就意味着未来中国金融新的增量一定是在整个大资产管理行业里面。以上就是我所讲的内容，讲得不太恰当，欢迎大家进一步的交流和探讨，谢谢大家！

附录

2014年互联网人身保险网销专属渠道产品清单

附录 2014年互联网人身保险网销专属渠道产品清单

2014年互联网人身保险网销专属渠道产品清单

序号	公司名称	产品名称	产品类别
1	安邦人寿	安邦乐无忧1号少儿两全保险	两全保险
2	安邦人寿	安邦附加乐无忧1号少儿重大疾病保险	重大疾病保险
3	安邦人寿	安邦盛世无忧终身寿险（万能型）	终身寿险
4	北大方正	安佑少儿重大疾病保险	重大疾病保险
5	北大方正	附加安心少儿意外伤害医疗保险	费用补偿型医疗保险
6	北大方正	附加安顺意外伤害医疗保险	费用补偿型医疗保险
7	北大方正	保利来终身寿险（万能型）	终身寿险
8	北大方正	安顺综合意外伤害保险	意外伤害保险
9	北大方正	安途交通意外伤害保险	意外伤害保险
10	德华安顾	德华安顾附加境外旅行紧急救援医疗保险	费用补偿型医疗保险
11	德华安顾	德华安顾公共交通意外伤害保险	意外伤害保险
12	德华安顾	德华安顾境内旅行意外伤害保险	意外伤害保险
13	德华安顾	德华安顾境外旅行意外伤害保险	意外伤害保险
14	德华安顾	德华安顾自驾游意外伤害保险	意外伤害保险
15	德华安顾	德华安顾高铁意外伤害保险	意外伤害保险
16	德华安顾	德华安顾附加高原反应意外伤害保险	意外伤害保险
17	东吴人寿	东吴顺达E行身故意外伤害保险	意外伤害保险
18	东吴人寿	东吴如宁心e终身寿险D款（万能型）	终身寿险
19	东吴人寿	东吴如宁心e终身寿险C款（万能型）	终身寿险
20	东吴人寿	东吴如宁心e终身寿险B款（万能型）	终身寿险
21	东吴人寿	东吴如宁心e终身寿险A款（万能型）	终身寿险
22	复星保德信	复星保德信健康e守护重大疾病保险	重大疾病保险
23	复星保德信	复星保德信福星一号终身寿险（万能型）	终身寿险
24	富德生命	生命综合定期寿险	定期寿险

注：1. 按公司首字母排序。
2. 中国保险行业协会产品库统计，2014年在售的互联网人身保险产品多达2032个，因篇幅所限，本附录仅收录2014年网销专属渠道产品，共241个。

序号	公司名称	产品名称	产品类别
25	富德生命	生命成长红包年金保险	非养老年金保险
26	富德生命	生命康逸重大疾病保险	重大疾病保险
27	富德生命	生命康爱防癌疾病保险	防癌保险
28	富德生命	生命母婴康顺疾病保险	其他疾病保险
29	富德生命	生命境外紧急救援医疗保险	费用补偿型医疗保险
30	富德生命	生命安顺意外伤害保险	意外伤害保险
31	富德生命	生命安明视力矫正手术意外伤害保险	意外伤害保险
32	富德生命	生命安跃高风险运动意外伤害保险	意外伤害保险
33	富德生命	生命安达综合交通意外伤害保险	意外伤害保险
34	富德生命	生命聚利宝两全保险(万能型)	两全保险
35	富德生命	生命e理财A款年金保险(万能型)	非养老年金保险
36	富德生命	生命e理财年金保险(万能型)	非养老年金保险
37	富德生命	生命e启赢A款年金保险(投资连结型)	非养老年金保险
38	工银安盛	工银安盛人寿e+安行航空意外伤害保险	意外伤害保险
39	工银安盛	工银安盛人寿e+安行高速列车意外伤害保险	意外伤害保险
40	工银安盛	工银安盛人寿财富宝八号两全保险(分红型)	两全保险
41	光大永明	光大永明增利宝终身寿险(万能型)	终身寿险
42	光大永明	光大永明光明财富2号(M2款)年金保险(万能型)	非养老年金保险
43	光大永明	光大永明光明财富1号(6M)年金保险(万能型)	非养老年金保险
44	光大永明	光大永明光明财富1号(1Y)年金保险(万能型)	非养老年金保险
45	光大永明	光大永明光明财富1号(5Y)年金保险(万能型)	非养老年金保险
46	光大永明	光大永明光明财富1号(3Y)年金保险(万能型)	非养老年金保险
47	光大永明	光大永明光明财富1号(9M)年金保险(万能型)	非养老年金保险
48	光大永明	光大永明光明财富1号(2Y)年金保险(万能型)	非养老年金保险
49	光大永明	光大永明光明财富1号年金保险(万能型)	非养老年金保险
50	光大永明	光大永明E宝盈投资连结保险	定期寿险
51	光大永明	光大永明光明财富2号B款年金保险(投资连结型)	非养老年金保险
52	光大永明	光大永明智富年金保险(投资连结型)	非养老年金保险
53	光大永明	光大永明光明财富2号A款年金保险(投资连结型)	非养老年金保险
54	光大永明	光大永明光明财富1号年金保险B款(投资连结型)	非养老年金保险
55	光大永明	光大永明光明财富1号年金保险A款(投资连结型)	非养老年金保险

附录 ◆ 2014年互联网人身保险网销专属渠道产品清单

序号	公司名称	产品名称	产品类别
56	海康人寿	海康附加(随心宝)自驾车意外身故定期寿险	定期寿险
57	海康人寿	海康附加(随心宝)陆上公共交通意外身故定期寿险	定期寿险
58	海康人寿	海康附加(随心宝)水上公共交通意外身故定期寿险	定期寿险
59	海康人寿	海康附加(随心宝)空中公共交通意外身故定期寿险	定期寿险
60	海康人寿	海康(随心宝)两全保险	两全保险
61	合众人寿	合众爱家无忧定期寿险	定期寿险
62	合众人寿	合众安康防癌重大疾病保险	重大疾病保险
63	合众人寿	合众世纪安顺交通工具意外伤害保险(2013年修订)	意外伤害保险
64	合众人寿	合众步步稳盈两全保险(万能型)	两全保险
65	合众人寿	合众天天向上两全保险(万能型)	两全保险
66	恒安标准	恒安标准重大疾病保险	重大疾病保险
67	恒安标准	恒安标准恶性肿瘤危重疾病保险	防癌保险
68	恒安标准	恒安标准女性特定疾病保险	其他疾病保险
69	弘康人寿	弘康零极限B款增强版两全保险(万能型)	两全保险
70	弘康人寿	弘康在线理财两全保险(投资连结型)	两全保险
71	弘康人寿	弘康宝盈一号两全保险(投资连结型)	两全保险
72	弘康人寿	弘康慧理财两全保险(投资连结型)	两全保险
73	吉祥人寿	吉祥人寿附加交通意外伤害费用补偿医疗保险	费用补偿型医疗保险
74	吉祥人寿	吉祥人寿附加交通意外伤害住院津贴医疗保险	定额给付型医疗保险
75	吉祥人寿	吉祥人寿美满顺行交通工具意外伤害保险	意外伤害保险
76	吉祥人寿	吉祥人寿美满多福两全保险(万能型)	两全保险
77	建信人寿	龙生福瑞1号两全保险(分红型)	两全保险
78	建信人寿	e聚成金两全保险(万能型)1号	两全保险
79	建信人寿	e聚成金2号两全保险(万能型)	两全保险
80	昆仑健康	昆仑健康少儿重大疾病保险	重大疾病保险
81	昆仑健康	昆仑健康少儿住院医疗费用医疗保险	费用补偿型医疗保险
82	昆仑健康	昆仑健康附加吉祥行意外医疗费用医疗保险	费用补偿型医疗保险
83	昆仑健康	昆仑健康附加吉祥行意外住院津贴医疗保险	定额给付型医疗保险
84	昆仑健康	昆仑健康吉祥行航空意外伤害保险(A款)	意外伤害保险
85	昆仑健康	昆仑健康吉祥行意外伤害保险(A款)	意外伤害保险
86	昆仑健康	昆仑健康附加存乐长期意外伤害保险	意外伤害保险

序号	公司名称	产品名称	产品类别
87	昆仑健康	昆仑健康存乐长期护理保险（万能型）	护理保险
88	陆家嘴国泰	国泰附加旅行宝境内意外伤害医疗保险	费用补偿型医疗保险
89	陆家嘴国泰	国泰附加旅行宝境外意外伤害医疗保险	费用补偿型医疗保险
90	陆家嘴国泰	国泰旅行宝B款意外伤害保险	意外伤害保险
91	陆家嘴国泰	国泰意外宝B款综合意外伤害保险	意外伤害保险
92	陆家嘴国泰	国泰顺达交通B款意外伤害保险	意外伤害保险
93	陆家嘴国泰	国泰附加旅行宝境外紧急救援意外伤害保险	意外伤害保险
94	陆家嘴国泰	国泰附加旅行宝境内紧急救援意外伤害保险	意外伤害保险
95	陆家嘴国泰	国泰富贵满堂两全保险（分红型）	两全保险
96	陆家嘴国泰	国泰财富经典C款终身寿险（投资连结型）	终身寿险
97	陆家嘴国泰	国泰旅行宝意外伤害保险	意外伤害保险
98	陆家嘴国泰	国泰金得利C款两全保险（万能型）	两全保险
99	民生人寿	民生U爱金康两全保险	两全保险
100	民生人寿	民生乖宝宝少儿重大疾病保险	重大疾病保险
101	民生人寿	民生附加U爱金康防癌疾病保险	防癌保险
102	民生人寿	民生出行宝交通工具意外伤害保险	意外伤害保险
103	民生人寿	民生金元宝三号终身寿险（万能型）	终身寿险
104	民生人寿	民生金元宝一号终身寿险（万能型）	终身寿险
105	民生人寿	民生金元宝二号终身寿险（万能型）	终身寿险
106	农银人寿	农银通一号两全保险（万能型）	两全保险
107	平安人寿	平安安康无忧住院日额医疗保险	定额给付型医疗保险
108	平安人寿	平安E财富两全保险（投资连结型）	两全保险
109	平安人寿	平安慧丽关爱女性意外伤害保险	意外伤害保险
110	前海人寿	前海如e优选定期寿险	定期寿险
111	前海人寿	前海附加如e优选提前给付重大疾病保险	重大疾病保险
112	瑞泰人寿	瑞泰瑞行航空旅客意外伤害保险	意外伤害保险
113	瑞泰人寿	瑞泰瑞佑航空旅客意外伤害保险	意外伤害保险
114	瑞泰人寿	瑞泰瑞安意外伤害保险	意外伤害保险
115	太保寿险	丽人安康乳腺癌疾病保险	防癌保险
116	太保寿险	状元宝宝两全保险（分红型）	两全保险
117	太平人寿	太平附加关爱E生提前给付重大疾病保险	重大疾病保险

附录 ◆ 2014年互联网人身保险网销专属渠道产品清单

序号	公司名称	产品名称	产品类别
118	太平人寿	太平关爱E生两全保险(分红型)	两全保险
119	太平人寿	太平E淘金终身寿险(万能型)	终身寿险
120	泰康人寿	泰康蒲公英定期寿险	定期寿险
121	泰康人寿	泰康活力保定期寿险	定期寿险
122	泰康人寿	泰康爱相随定期寿险	定期寿险
123	泰康人寿	泰康e爱家定期寿险	定期寿险
124	泰康人寿	泰康旺财1号两全保险(万能型)	两全保险
125	泰康人寿	泰康e爱家两全保险	两全保险
126	泰康人寿	泰康e顺少儿重大疾病保险	重大疾病保险
127	泰康人寿	泰康e康B款终身重大疾病保险	重大疾病保险
128	泰康人寿	泰康e爱家重大疾病保险	重大疾病保险
129	泰康人寿	泰康附加e理财提前给付型重大疾病保险	重大疾病保险
130	泰康人寿	泰康附加e爱家豁免保险费重大疾病保险	重大疾病保险
131	泰康人寿	泰康微互助短期防癌疾病保险	防癌保险
132	泰康人寿	泰康微互助短期恶性肿瘤疾病保险	防癌保险
133	泰康人寿	泰康附加活力保防癌提前给付疾病保险	防癌保险
134	泰康人寿	泰康附加蒲公英防癌提前给付疾病保险	防癌保险
135	泰康人寿	泰康e康终身防癌疾病保险	防癌保险
136	泰康人寿	泰康e康妇婴疾病保险	其他疾病保险
137	泰康人寿	泰康e顺女性疾病保险	其他疾病保险
138	泰康人寿	泰康附加少儿白血病疾病保险	其他疾病保险
139	泰康人寿	泰康少儿家庭医生门诊急诊医疗保险	费用补偿型医疗保险
140	泰康人寿	泰康蒲公英门急诊医疗保险	费用补偿型医疗保险
141	泰康人寿	泰康蒲公英B款门急诊医疗保险	费用补偿型医疗保险
142	泰康人寿	泰康附加e顺旅行意外伤害医疗保险	费用补偿型医疗保险
143	泰康人寿	泰康附加e顺意外伤害医疗保险	费用补偿型医疗保险
144	泰康人寿	泰康蒲公英住院津贴医疗保险	定额给付型医疗保险
145	泰康人寿	泰康e爱家住院津贴医疗保险	定额给付型医疗保险
146	泰康人寿	泰康e顺高速铁路意外伤害保险	意外伤害保险
147	泰康人寿	泰康e顺(2014)旅行意外伤害保险	意外伤害保险
148	泰康人寿	泰康e顺(2014)交通意外伤害保险	意外伤害保险

序号	公司名称	产品名称	产品类别
149	泰康人寿	泰康e顺(2014)意外伤害保险	意外伤害保险
150	泰康人寿	泰康附加e顺旅行丧葬费用意外伤害保险	意外伤害保险
151	泰康人寿	泰康附加中国境外旅行救援(2007)意外伤害保险	意外伤害保险
152	泰康人寿	泰康附加中国境外旅行救援意外伤害保险	意外伤害保险
153	泰康人寿	泰康附加e爱家意外伤害保险	意外伤害保险
154	泰康人寿	泰康e爱家养老无忧终身年金保险(分红型)	非养老年金保险
155	泰康人寿	泰康e理财终身寿险(万能型)	终身寿险
156	泰康人寿	泰康旺财2号两全保险(万能型)	两全保险
157	泰康人寿	泰康e理财C款投资连结保险	终身寿险
158	泰康人寿	泰康e理财投资连结保险	终身寿险
159	泰康人寿	泰康e理财B款终身寿险(投资连结型)	终身寿险
160	泰康人寿	泰康e理财D款年金保险(投资连结型)	非养老年金保险
161	泰康人寿	泰康附加亿顺呵护意外伤害医疗保险	费用补偿型医疗保险
162	泰康人寿	泰康附加亿顺手术津贴医疗保险	定额给付型医疗保险
163	泰康人寿	泰康附加亿顺住院津贴医疗保险	定额给付型医疗保险
164	泰康人寿	泰康e顺航空意外伤害保险	意外伤害保险
165	泰康人寿	泰康亿顺天使呵护意外伤害保险	意外伤害保险
166	泰康人寿	泰康出行无忧交通意外伤害保险	意外伤害保险
167	泰康人寿	泰康e顺旅行意外伤害保险	意外伤害保险
168	泰康人寿	泰康e顺交通意外伤害保险	意外伤害保险
169	泰康人寿	泰康e顺意外伤害保险	意外伤害保险
170	泰康人寿	泰康旅行意外伤害保险(A)	意外伤害保险
171	泰康人寿	泰康亿顺无忧呵护意外伤害保险	意外伤害保险
172	天安人寿	天安人寿天保盈e管家终身寿险(万能型)	终身寿险
173	天安人寿	天安人寿安心盈B款两全保险(万能型)	两全保险
174	天安人寿	天安人寿安心盈A款两全保险(万能型)	两全保险
175	新光海航	新光海航母婴安康疾病保险	其他疾病保险
176	新光海航	新光海航金祥意两全保险(分红型)	两全保险
177	新华人寿	i守护定期寿险	定期寿险
178	新华人寿	安心宝贝少儿两全保险	两全保险
179	新华人寿	真诚相伴两全保险	两全保险

附录 ◆ 2014年互联网人身保险网销专属渠道产品清单

序号	公司名称	产品名称	产品类别
180	新华人寿	附加安心宝贝提前给付重大疾病保险	重大疾病保险
181	新华人寿	附加真诚相伴重大疾病保险	重大疾病保险
182	新华人寿	附加i自由境外救援医疗保险	费用补偿型医疗保险
183	新华人寿	附加i相随意外伤害医疗保险	费用补偿型医疗保险
184	新华人寿	i相随交通工具意外伤害保险	意外伤害保险
185	新华人寿	i相随意外伤害保险	意外伤害保险
186	新华人寿	i自由境外意外伤害保险	意外伤害保险
187	新华人寿	新华人寿i财两全保险(万能型)	两全保险
188	新华人寿	新华人寿利多派两全保险(万能型)	两全保险
189	新华人寿	i理财两全保险(万能型)	两全保险
190	信诚人寿	信诚(E本万利)两全保险(万能型)	两全保险
191	信泰人寿	信泰附加少儿白血病疾病保险	其他疾病保险
192	信泰人寿	信泰锦绣前程少儿两全保险(分红型)A款	两全保险
193	信泰人寿	信泰附加大学教育金两全保险(分红型)	两全保险
194	信泰人寿	信泰附加婚嫁创业金两全保险(分红型)	两全保险
195	信泰人寿	信泰附加高中教育金两全保险(分红型)	两全保险
196	阳光人寿	阳光人寿理财王两全保险(万能型)	两全保险
197	英大人寿	英大安康无忧少儿重大疾病保险	重大疾病保险
198	英大人寿	英大安康无忧成人重大疾病保险	重大疾病保险
199	英大人寿	英大附加安心意外伤害医疗保险	费用补偿型医疗保险
200	英大人寿	英大附加安心意外住院津贴医疗保险	定额给付型医疗保险
201	英大人寿	英大安心意外伤害保险(2014版)	意外伤害保险
202	英大人寿	英大e安行交通工具意外伤害保险(2014版)	意外伤害保险
203	英大人寿	英大e安行交通工具意外伤害保险	意外伤害保险
204	英大人寿	英大安心意外伤害保险	意外伤害保险
205	长城人寿	长城综合交通工具意外身故定期寿险	定期寿险
206	长城人寿	长城综合意外身故定期寿险	定期寿险
207	长城人寿	长城附加交通工具意外高残定期寿险	定期寿险
208	长城人寿	长城附加意外高残定期寿险	定期寿险
209	长城人寿	长城附加高原反应医疗保险	费用补偿型医疗保险
210	长城人寿	长城附加综合意外伤害医疗保险	费用补偿型医疗保险

序号	公司名称	产品名称	产品类别
211	长城人寿	长城附加交通意外伤害医疗保险	费用补偿型医疗保险
212	长城人寿	长城附加交通意外伤害住院定额给付医疗保险	定额给付型医疗保险
213	长城人寿	长城附加综合意外伤害住院定额给付医疗保险	定额给付型医疗保险
214	长城人寿	长城综合交通工具意外伤害保险	意外伤害保险
215	长城人寿	长城综合意外伤害保险	意外伤害保险
216	长城人寿	长城金元宝5号终身寿险(万能型)	终身寿险
217	长城人寿	长城金元宝1号终身寿险(万能型)	终身寿险
218	长城人寿	长城金元宝3号终身寿险(万能型)	终身寿险
219	长城人寿	长城金元宝2号终身寿险(万能型)	终身寿险
220	中国人寿	国寿如E两全保险(万能型)	两全保险
221	中国人寿	国寿如E学生儿童意外伤害保险	意外伤害保险
222	中韩人寿	中韩女性特定疾病保险A款	重大疾病保险
223	中韩人寿	中韩爱相伴少儿重大疾病保险A款	重大疾病保险
224	中意人寿	中意e路成长少儿疾病保险	其他疾病保险
225	中意人寿	中意附加e路成长少儿疾病保险	其他疾病保险
226	中意人寿	中意e心关爱专项疾病保险(A款)	其他疾病保险
227	中意人寿	中意e心关爱专项疾病保险(B款)	其他疾病保险
228	中意人寿	中意附加境外紧急住院医疗保险	费用补偿型医疗保险
229	中意人寿	中意附加境外紧急医疗保险	费用补偿型医疗保险
230	中意人寿	中意附加境外紧急救援及门诊医疗保险(E款)	费用补偿型医疗保险
231	中意人寿	中意境外旅行意外伤害保险(E款)	意外伤害保险
232	中意人寿	中意e路相伴交通意外伤害保险	意外伤害保险
233	珠江人寿	珠江安赢二号终身寿险(万能型)	终身寿险
234	珠江人寿	珠江稳赢一号终身寿险(万能型)	终身寿险
235	珠江人寿	珠江安赢一号终身寿险(万能型)	终身寿险
236	珠江人寿	珠江安赢三号终身寿险(万能型)	终身寿险
237	珠江人寿	珠江汇赢6号终身寿险(万能型)	终身寿险
238	珠江人寿	珠江汇赢3号终身寿险(万能型)	终身寿险
239	珠江人寿	珠江汇赢1号终身寿险(万能型)	终身寿险
240	珠江人寿	珠江宝赢一号两全保险(万能型)	两全保险
241	珠江人寿	珠江通赢一号两全保险(万能型)	两全保险

参考文献

[1] 中国保险行业协会：《2013互联网保险行业发展报告》，北京，中国财政经济出版社，2014。

[2] 芮晓武、刘烈宏：《中国互联网金融发展报告》，北京，社会科学文献出版社，2014。

[3] 郭勤贵：《互联网金融商业模式与架构》，北京，机械工业出版社，2015。

[4] 罗明雄、唐颖、刘勇：《互联网金融》，北京，中国财政经济出版社，2013。

[5] 胡世良：《互联网金融模式与创新》，北京，人民邮电出版社，2015。

[6] 孙宝文：《互联网经济：中国经济发展的新形态》，北京，经济科学出版社，2014。

[7] 谢平、邹传伟、刘海二：《互联网金融手册》，北京，中国人民大学出版社，2014。

[8] 易欢欢、赵国栋、闻学臣：《大数据时代的跨界与颠覆：金融业门口的野蛮人》，中国证券网，2013-08-16。

[9] 闻学臣、冯达、易欢欢：《下一个十倍的大风口——互联网保险》，证券时报网，2015-02-11。

[10] 艾瑞咨询：《互联网保险行业：2013年中国年度报告》。